21世纪高职高专规划教材·经贸类通用系列

# 经济法

主　编　廖爱兰
副主编　马　哲　于午丁

中国人民大学出版社
·北京·

# 前言

社会主义市场经济是法制经济。我国的社会主义市场经济已蓬勃发展，社会主义法律体系已基本建成。进一步健全社会主义法制，推进社会主义市场经济的快速发展，需要大批熟练掌握和应用经济法知识的人才。因此，我们组织长期在一线从事教学和科研工作的教师编写了本书，以帮助经贸类专业的学生掌握经济法知识，提高分析和解决问题的实际能力，适应经济社会发展的需求。

本书注重知识够用、理论适中、贴近实际、操作性强，力求课堂教学与实践应用紧密结合，使学生真正学有所获。本书具有以下特点：

一是全，按照经济法课程体系，介绍各主要部门法的主要内容，便于学生对经济法体系有全面的了解。

二是新，吸收了经济法最新的立法规范，按照最新修改或新颁布的法规内容撰写，并适当补充了一些有关的司法解释内容。

三是重点突出，在全面介绍经济法的基础上，根据经贸类各专业的特点，着重阐述相关法律的重要内容，便于任课教师有重点地讲授。

四是体例新颖，结合社会经济活动的实际，为便于学习，每章设有"学习要点"、"本章小结"、"思考与练习"，帮助学生加深对理论知识的理解，培养分析问题和解决问题的能力。

五是联系实际，不但阐述经济法律的主要内容，而且运用案例帮助学生准确地理解和运用经济法的知识。

本书可作为高职高专经贸类专业教材，也可作为企事业单位对员工普及法律知识的培训教材，同时还可作为广大社会人士参与经济活动、处理经济法律事务的参考用书。

本书由廖爱兰任主编，马哲和于午丁任副主编。具体分工为：廖爱兰编写第一章、第二章、第三章、第四章、第六章，张颢编写第五章，刘佳编写第七章，藤飞编写第八章，马哲编写第九章，于卉编写第十章，于午丁编写第十一章。

由于作者的水平和时间有限，书中难免存在一些粗疏和不足之处，敬请广大读者批评指正。

CONTENTS

# 目 录

目 录

# 第一章

# 经济法基础知识

## 学习要点

◇ 法的概念、本质、特征、渊源与结构

◇ 经济法的概念、调整对象及基本原则

◇ 经济法律关系的主体、内容、客体及保护方式

## 第一节　法学基础知识

经济法作为我国法律体系中的一个重要法律部门，其基本理论所涉及的都是法学中根本性的问题。因此，要掌握经济法学的基础知识，必须首先学习一些法学基本常识。

### 一、法的起源

法是人类社会发展到一定历史阶段的产物。在生产力水平低下的原始社会，人们为了生存和发展，彼此之间在原始的平等互助的状态下集体劳动，并逐步形成了氏族的习惯。这些习惯就是全体氏族成员共同遵守的行为准则。随着生产力的不断发展，人们的集体劳动逐渐被个体劳动取代，氏族公社也逐渐被个体家庭取代，私有制也随着社会生产力的发展而逐渐产生和扩大，社会也逐渐分裂为奴隶主和奴隶两大对立的阶级，代表奴隶主阶级意志的奴隶制国家开始产生。奴隶主阶级为了维护其统治地位及社会发展秩序，通过国家机关制定或认可了一系列反映奴隶主阶级意志和利益的行为规范，迫使全体社会成员遵守，法由此而产生。

可见，法是随着私有制、阶级和国家的产生而产生的，它是社会生产力和生产关系发展的必然结果。

### 二、法和法律的概念

一般来说，法是由统治阶级的物质生活条件决定的，由国家制定或认可的，反映统治阶级的意志和利益，并依靠国家强制力保证实施的行为规范体系。

“法律”一词，有狭义和广义之分。狭义的法律专指拥有立法权的国家机关依照立法程序制定和颁布的规范性文件；广义的法律则指国家制定或认可并依靠国家强制力保证实施的各种行为规范的总和。在法学上，法与法律是有严格区别的。法是指特殊的行为规范系统或总和，法律则是指法的渊源之一或泛指法的各种表现形式。我国历史上，法被长时间称为律，如秦朝的秦律、唐朝的唐律等，近现代法与律结合才统称为法律。

## 三、法的本质

对法的本质的认识虽然有不同的观点，但只有马克思列宁主义才真正揭示出法的本质，即法是统治阶级意志的体现。法的阶级性，就是法的本质属性。其含义包括五个方面：(1) 法是一定阶级的意志的体现，超阶级的法律是不存在的；(2) 法是在经济上、政治上占统治地位的阶级意志的体现；(3) 法是统治阶级的整体阶级意志的体现，而不是统治阶级中个别或部分人（阶层、集团）的意志的体现；(4) 法是统治阶级基本意志的体现，不是其全部意志的体现；(5) 法所体现的统治阶级的意志，是由统治阶级所处的物质生活条件决定的，而不是随心所欲、凭空产生的。

## 四、法的特征

法的特征就是法的本质的外在表现。它主要表现为以下四个方面：(1) 法是确定人们行为关系的规范，法律通过对人们行为的作用来调整社会关系。(2) 法是由国家制定、认可而形成的规范。制定是指国家机关通过立法活动产生新的规范；认可是指国家对既存的行为规范予以承认，赋予法律效力。在某些情况下，法律被制定和认可后还有一个再度创造的过程，这就是解释。(3) 法是由国家强制力保证实施的规范。所谓国家强制力，既包括一系列的国家执法组织，如法院、监狱及其他执法机关，还主要包括警察、军队及预备役部队等一切武装力量。(4) 法是具有普遍约束力的规范。一般来说，法律在一国全部地域范围内对一切人和组织发生效力。但在有些情况下，法律的“普遍性”程度是不一样的，因为不同的法律在空间、时间和对人的效力上是不同的。法律在空间上的效力区别取决于这个规范是在全国范围内普遍生效，还是只在某一确切规定的地域内生效，或是预先规定在国外生效。

## 五、法的渊源

法的渊源是指国家制定、认可和解释法的各种具体表现形式。由于法所调整对象的重要性程度不同，制定、认可和解释的国家机关不同，在法的体系中的地位和效力也不同。所以，法表现为各种不同的具体形式。根据我国宪法和有关法学理论，我国法的渊源主要有：

(1) 宪法。宪法是确定国家制度和政治经济体制和“一府两院”、公民的基本权利和义务的根本大法。具有最高的法律地位与法律效力，是制定一切法律、法规的依据。

(2) 法律。法律是指由全国人民代表大会及其常委会根据宪法制定颁布的规范性文件。它具有仅次于宪法的地位和法律效力，是制定其他规范性文件的依据。

(3) 行政法规。行政法规是由国家最高行政管理机关即国务院根据宪法和法律制定、颁布的规范性文件。其法律效力仅次于宪法和法律。

(4) 地方性法规。地方性法规是由省、自治区、直辖市的人民代表大会及其常委会，在与宪法、法律和行政法规不相抵触的前提下，制定、颁布的规范性文件。它只在本行政区域范围内具有法律效力。

（5）自治法规。自治法规是民族自治地方的人民代表大会根据当地的特点，依法制定和发布的地方性规范性文件。自治条例是民族自治地方根据自治权制定的综合性规范文件；单行条例是根据自治权制定的调整某一方面事项的规范性文件。自治法规只在民族自治的区域范围内具有法律效力。

（6）部门规章。部门规章是国务院各部、委或直属机构在其职权范围内依法制定、颁布的规范性文件。其法律效力低于宪法、法律和行政法规。

（7）地方政府规章。即省、自治区、直辖市人民政府以及某些经济特区的市的人民政府，依法制定和发布的政府决议、政府令等形式的规范性文件。它仅在该规章发布机关管辖的区域范围内具有法律效力。

（8）特别行政区基本法和特别行政区法律。特别行政区基本法是由全国人民代表大会制定通过，并在特别行政区施行的基本法律。目前我国有《中华人民共和国香港特别行政区基本法》和《中华人民共和国澳门特别行政区基本法》两部特别行政区基本法。特别行政区法律，是指根据宪法和特别行政区基本法，在特别行政区内施行的法规的总称。

（9）司法解释。司法解释是最高人民检察院、最高人民法院在总结经验的基础上，为明确法律的适用，统一全国的诉讼、审判工作而发布的指导性文件。

（10）国际条约和国际公约。是指我国与外国或地区缔结的双边、多边协议和其他具有协定性的文件。国际条约或国际公约虽不属于国内法的范畴，但对我国的组织和公民也具有约束力。

## 六、法的结构体系

法的结构体系是由法律规范、法律部门和法的体系三个层次构成的。

### （一）法律规范

#### 1. 法律规范的构成要素

法律规范是构成法的基本组织“细胞”，它通常由假定、处理和制裁三个要素构成。

（1）假定。是指法律规范中规定的可适用本法律规范的情况和条件，包括一定的事实和行为。

（2）处理。是指法律规范中规定的人们应该做什么、不应该做什么，或可以做什么的内容，即权利、义务规定和行为规定本身。这是法律规范最基本、最核心的部分。

（3）制裁。即法律规范中规定的违反本规范时将承担的法律后果，它是体现国家强制力的部分。

一个完整的法律规范，上述三个部分都是不可缺少的，但在具体的法律条文中，有时出于立法技术上的需要，并不一定将三者都一一列举出来。有的法律将假定部分集中规定；有的法律将制裁部分集中规定，或在其他法律中规定。

#### 2. 法律规范的分类

按照法律规范的性质和调整方式的不同，法律规范分为义务性规范、禁止性规范和授权性规范。义务性规范是要求人们必须作出一定行为，承担一定积极作为义务的法律规范；禁止性规范是禁止人们作出一定行为的法律规范；授权性规范则是授予人们可以作出某种行为，或要求他人作出或不作出某种行为的法律规范。

按照法律规范的强制性程度的不同，法律规范又可分为强制性规范和任意性规范。强制性规范，是指权利和义务的规定十分明确，不允许人们以任何方式变更或违反的法律规范；任意性规范，是指允许人们在法律规定的范围内自行确定其权利和义务的法律规范。

**（二）法律部门**

法律部门是指调整同一类社会关系的法律规范的总和。如调整国家行政管理活动关系的法律规范的总和构成行政法律部门；调整平等民事主体之间关系的法律规范的总和构成民商法律部门；调整各种诉讼程序关系的法律规范的总和构成诉讼法律部门。

我国的法律部门主要有：宪法（包括宪法相关法）、民商法、财政金融法（含税法）、行政法、劳动保障法、刑法、诉讼法、经济法、国际法、国际私法、国际经济法、非诉讼程序法、社会公共秩序保护法等。

**（三）法的体系**

法的体系是指由各种法律部门组成的具有内在联系的、互相协调的统一法律整体。一个国家的法律规范是多种多样的，它们涉及社会生活的各个方面，有着各种不同的内容和形式，构成不同的法律部门。但它们并不是杂乱无章、各不相关的法律规范，而是一个有着紧密联系的、完整的、有机统一的法律体系。

## 第二节　经济法的概念和调整对象

### 一、经济法的概念

**（一）经济法概念的由来**

“经济法”这个概念，是18世纪法国空想社会主义者摩莱里在1755年出版的《自然法典》一书中最早提出来的。1843年另一个法国空想社会主义者德萨米在他的《公有法典》一书中继承和发展了摩莱里的经济法思想。但这两位学者只是运用了“经济法”这一概念，并没有对经济法的内涵进行明确的界定。同时由于受到当时社会经济发展状况和自身的以唯理论为基础的自然法思想的限制，他们所提的经济法还仅仅是理论探讨中的一个名词，其调整范围也仅仅局限于分配领域，并不是现代意义上的经济法概念。

世界上第一部直接以经济法命名的法律是第一次世界大战以后，由德国在1919年颁布实施的《煤炭经济法》。从而使经济法的概念与国家的立法实践结合起来了。由于德国相继颁布的法律超越了传统的公法与私法的界限，以致使当时的法学家开始从理论上分析和论述这些法律，掀起了经济法学研究的风潮。在1922—1924年，德国学者对经济法的概念和其他理论问题进行了广泛的探讨，出版了不少以经济法为题的学术专著和教科书。随后经济法的概念及立法行为迅速传入日本、苏联、英、美等国家，并不断发展起来。从而使经济法概念的现代含义逐渐增强。1964年，捷克斯洛伐克颁布了《捷克斯洛伐克社会主义共和国经济法典》，这是至今为止世界上唯一的经济法典。

我国自1979年在全国人民代表大会的文件和中共中央、国务院文件中开始使用经济法这一概念。随后在我国的法学著作、法律教材、论文、工具书和资料中，也越来越多地使用“经济法”这一概念。并从1980年开始，在高等院校法律专业中开设“经济法”这门课程，随后很快在财政金融、审计、会计和经济管理类非法律专业也普遍开设这门课程，其目的是适应经济全球化和市场经济体制改革与建设发展的需求，提高学生的法律素质，以便毕业后能迅速适应市场经济条件下的就业需求。

### （二）经济法的概念与含义

经济法的概念虽早已被广泛接受和使用，但迄今为止，无论是国内还是国外，仍是众说纷纭，尚无一个统一的概念。在社会制度相同的国家甚至同一个国家，对经济法的概念的理解和表述也存在着不同的观点。中国法学界意见分歧的焦点在于对经济法调整对象的认识不一致。有的学者认为，经济法调整国家协调本国经济运行过程中发生的经济关系；有的学者认为，经济法调整需要由国家调整的经济关系；有的学者认为，经济法调整经济管理关系、维护公平竞争关系以及组织管理性的流转和协作关系等。

本书认为，我们在给经济法下定义时，不能仅仅考虑经济法的调整对象这一要素，还要考虑经济法的性质、目的以及经济法与其他法律部门的关系。因此，我们认为经济法的概念应表述为：经济法是国家为保障和促进市场经济的健康发展，维护社会经济秩序而制定的，调整需要由国家干预和调节的市场经济关系的法律规范总称。这一概念，包括以下几层含义：

（1）经济法调整的对象是社会经济关系，但不是全部经济关系，而是一定的经济关系。

（2）经济法调整的社会经济关系是发生在国家和市场主体之间的特定经济关系；其他经济关系则由民法、商法等法律调整。

（3）经济法调整的目的是维护社会经济秩序，保障和促进市场经济的健康发展。

（4）经济法是由许多法律、法规等构成的一个经济法律规范体系。

## 二、经济法的特征

### （一）综合性

经济法的综合性是由其所调整的社会经济关系的复杂性所决定的。表现为如下几个方面：一是法律规范的综合性。经济法是实体性规范与程序性规范，强制性规范与任意性规范规范，对内经济法规范与涉外经济法规范，公法规范与私法规范等相结合的部门法。二是调整经济关系的综合性。经济法调整的经济关系，既包括市场经济主体的管理、市场运行秩序的维护、市场经济活动的宏观调控型经济关系，还包括社会经济保障体系的建立等各个方面的经济关系。三是法律关系主体的综合性。凡是经济管理关系和经营协调关系所涉及的国家机关、企业、事业单位和社会团体以及企业内部机构、农户、个体经营户甚至各种不同身份的公民个人，都可以成为经济法的主体。四是调整方法的综合性。经济法的调整方法既包括惩罚方法，还包括奖励制度。五是责任的综合性。经济法实行民事、行政责任和刑事责任并举的方式，多角度、全方位地实施对社会经济活动的调控。

### （二）经济性

经济法的经济性特征主要体现在三个方面：一是经济法调整一定范围的经济关系——

经济管理关系和经营协调关系。一定范围的经济关系的存在和发展决定着经济法律规范的内容和发展方向。二是经济法作用于市场经济运行过程中，以降低市场经济运行中的交易成本、提高经济效益为己任。三是经济法反映了市场经济运行中的价值规律、竞争规律等基本经济规律。四是经济法调整的手段主要是经济手段，民事、行政、刑事手段只是辅助手段。

**（三）社会性**

经济法虽然也保护企业与个人经济利益，但它将社会公共利益放在首位，目的是促进整个国民经济的发展，兼顾国家、社会以及个人的利益。而不像传统行政法那样总是以国家、行政机关意志为主，在经济领域中往往片面强调国家的意志和利益，忽视企业的地位、意志和利益，也不像民法那样主要是为了保护个人的财产利益。

**（四）政策性**

经济法体现的是稳定的经济政策。国家为了搞好经济管理，促进市场经济有序健康发展，必须制定相应的经济政策。但为了防止这些政策的任意化，根据政策的发展与成熟情况，随之以经济法的形式使之固定下来。经济法的政策性的重要作用就是保证国家经济政策得到贯彻执行。市场经济发展的不同情况，经济政策也不同，体现经济政策的经济法也应进行必要的修改，即不同时期的经济政策要有不同的经济法予以体现。

**（五）规制性**

经济法的规制性是指经济法能够把促进与限制、奖励与惩罚结合并用，以实现宏观经济目标和立法目的。要有效地实现对国民经济的组织领导与管理，国家必须根据不同时期的经济形势和经济任务的要求，针对经济活动和经济关系的实际情况，相应地制定与颁布促进性和限制性相对应、奖励性和惩罚性相结合的经济法律规范，以便指导各种经济活动走上健康正确的发展轨道，调整好多种经济关系，为生产力发展提供良好的社会经济秩序和创造出最佳的社会经济环境。

## 三、经济法的调整对象

与经济法的概念相联系，经济法的调整对象是国家在干预和调整经济活动中形成的经济管理关系和市场运行关系。这些经济关系主要有以下几类：

**（一）市场主体调控关系**

它是指国家在对市场主体的设立和管理进行必要干预的过程中所发生的社会关系。

市场主体就是指市场上直接或间接从事交易活动的公司、企业、个人及各类中介组织以及政府、事业单位、社会团体和特殊情况下的国家，其中主要是公司、企业。

在市场经济条件下，市场主体的活动都是国民经济运行的组成部分。要规范它们的行为，使之符合市场经济规律的要求，就需要国家对其活动进行必要的干预性调控，履行国家管理社会经济发展的职能。

国家对市场主体的干预性调控，主要通过制定公司、企业的设立、变更和终止、企业内部机构的设置及其职权以及企业的财务管理等法律规范，并以其为依据干预、调控市场主体在设立、变更、终止过程中和内部管理过程中发生的经济关系。

**（二）市场运行调控关系**

要建立统一的、开放的市场体系，使各种生产要素在市场上能够自由流动，这就必须规范市场交易行为，完善市场规则。这不仅要建立统一的国内市场，而且要参与国际市场。参与国际分工，就必须遵守国际通行的规则，只有这样才能吸引外资，引进外国先进的技术和管理经验，缩短我国同世界发达国家之间的差距，使我国立于世界强国之林。国家在管理国内市场和参与国际市场经济运行过程中发生的经济关系，就是市场运行调控关系。这部分经济关系由经济法调整，有助于完善市场规则，维护市场的公平竞争秩序，促进市场经济的稳定和繁荣发展。

**（三）宏观调控关系**

它是指国家从长远利益和社会公共利益出发，对关系国计民生的重大经济因素，在实行全局性宏观调控过程中，与其他社会组织所发生的具有隶属性或指导性的社会经济关系。这种隶属或指导性关系既包括上下级组织之间的命令与服从、指导与被指导的关系，也包括同一级别组织之间在业务上的管理与执行的关系。

在市场经济条件下，市场主体为了占据市场份额，总是自发地进行大量的人、财、物的投入，甚至不考虑市场供求情况的变化，以至使其投入带有盲目性。一旦市场供过于求的现象出现，证明自己的投入不能得到预期的效益时，时间已经滞后了，前期的投入已无法收回。自发性、盲目性和滞后性是市场经济无法克服的缺陷和不足。

国家从社会公共利益出发，对国民经济实施必要的宏观调控，是对市场经济的缺陷和不足采取的补救措施，以促进国民经济协调稳定发展。经济法实现了宏观调控与法的功能的有机结合，规范和调整了宏观调控关系，并带有法律的规范性、强制性和客观性，有助于发挥宏观调控的长处，弥补市场调节的不足或缺陷，防止经济发展中的失衡和结构失调，有效地满足宏观调控的需要。

**（四）社会保障关系**

在市场经济条件下，社会成员因年老疾病、伤残、失业、灾害等原因会发生生存危机，对其基本生活应给予保障，但市场本身是无法解决这个问题的，因此需要国家出面进行干预，依法强制建立互济互助。社会化管理的是具有福利性质的社会保障制度。社会保障关系就是在社会保障过程中发生的关系，包括社会救助关系、社会保险关系、社会福利关系以及社会优抚关系。社会保障关系由经济法调整，有助于充分开发和合理利用劳动力资源，保护劳动者的基本生活权利，促进市场经济快速发展，维护社会的和谐稳定。

**（五）涉外经济关系**

涉外经济关系是指涉外经济领域内的具有涉外因素的经济管理关系和经营协调关系。包括企业组织与涉外经济管理机关之间的经济管理关系，以及外贸组织、企业组织、外国投资者等相互之间的经营协调关系、涉外金融关系、对外贸易关系和涉外税收关系等。经济法调整这些关系，有助于引导本国的市场经济融合到全球市场经济之中，并发挥重要的作用。

# 第三节　经济法的地位和基本原则

## 一、经济法的地位

### （一）经济法地位的概念

经济法地位是指经济法在我国法律体系中居于何种位置，是不是一个独立的法律部门，有没有不可替代的独立存在的理由和价值。因为经济法有其特定的调整对象，有其存在的理由和价值，是一个独立的法律部门，因此在统一的法律体系中具有独立的地位。

### （二）经济法与民法的关系

经济法与民法的共同点主要表现在：都调整一定范围的经济关系；都以宪法、法律、行政法规、部门规章等作为法律渊源；都具有维护经济秩序，促进国民经济发展的作用。经济法与民法的区别主要有如下几方面：

（1）主体不同。民法主体主要是自然人和法人，而经济法主体主要是国家的权力机关、行政机关、企事业单位、社会团体及企业内组织和自然人等。

（2）调整对象不同。经济法调整的经济关系属于民法无力解决的，需要由国家干预的特定的经济关系；而民法调整的经济关系仅是一种平等主体之间的财产所有关系和财产流转关系，比经济法调整的经济关系的范围要窄很多。不处于平等主体之间的经济关系，则不属于民法的调整范畴。

（3）国家干预的程度不同。经济法与民法虽然都要受到国家一定程度的干预，但由于经济法调整的特定经济关系更多涉及社会公共利益保护问题，涉及市场监管和宏观调控的内容。因此，经济法中的国家干预性较强；而民法作为平等主体之间的法律规范，更多涉及的是私人之间的财产关系，因此国家干预较少，自治性、任意性较强。

（4）调整方法不同。经济法通常采用行政的、民事的，甚至刑事的方法进行综合调整；而民法往往采用民事的单一方法进行调整。经济纠纷的处理，可以通过主管部门处理、仲裁或者诉讼的方式来解决；而民事纠纷的处理，则通常没有主管部门处理这一程序。

（5）调整的时机和理念不同。经济法调整特定经济关系的时机是“市场失灵”时，对于市场能够正常发挥作用的平等主体之间的财产关系，仍由民法予以调整。在法律理念上，经济法更多考虑“社会本位”，而民法则立足于“个体本位”。因此，民法只是保证市场主体自由配置资源，而经济法则保障资源配置的效率。

### （三）经济法与行政法的关系

经济法与行政法的共同点主要表现在：都体现了国家对社会生活的干预；都在不同程度上运用行政方法调整社会关系；都以宪法、法律、行政法规、部门规章等规范性文件为法律渊源；都具有维护国家利益和社会公共利益的作用。经济法与行政法的区别主要有如下几方面：

（1）主体不同。经济法的主体一方是国家权力机关、行政机关，而另一方则是社会组织和企业内部组织。作为经济法主体的行政机关，主要是指行政机关中的经济管理机关。行政法主体的一方是政府的行政管理机关，另一方则是下属的行政机关、企事业单位或其他社会组织和公民个人。

（2）调整的对象不同。行政法调整的对象是国家行政机关在行政管理活动中同其他国家机关、社会团体和公民之间发生的行政管理关系，包括有经济内容的行政关系和没有经济内容的行政关系；而经济法调整的是民法无力解决的、需要国家进行干预的特定的经济关系。没有经济内容的其他社会关系，不属于经济法的调整范畴。

（3）调整的方法不同。行政法通常采用行政程序，以命令、指示、批复等行政手段，调整上下级之间的隶属关系，遇有违法时按行政程序处理或者提起行政诉讼；而经济法除了有时借助于行政手段外，主要是采用法律的方法进行处理，遇有违法时则按调解、仲裁或诉讼的方式解决。

（4）社会功能不同。经济法的社会功能：一是在市场调节失灵的情况下弥补民商法调整的不足，恢复市场的有序竞争；二是弥补行政法在适用行政手段干预社会经济生活方面的不足，确保市场机制的作用。而行政法的社会功能主要在于维护社会秩序的稳定。

（5）调整的角度不同。行政法是从行政管理的角度，调整行政效益，保障行政权力的组织性和有效性；经济法则是从社会经济整体的角度，调整各个方面的利益，维护社会经济秩序，保障社会经济协调稳定发展。

（6）法规构成不同。行政法的规范构成只能是行政法律、法规和部门规章；而经济法的规范构成除了原来被包容于行政法之中的某些规范外，还有在性质上并不属于行政法的法律、法规和部门规章，如《反垄断法》、《反不正当竞争法》等。

## 二、经济法的基本原则

经济法的基本原则，是指能够体现经济法的本质和特征，适用于一切经济法律规范的具有高度概括性的指导思想，贯穿于经济立法、执法、司法和守法的根本法律准则。经济法的基本原则可归纳为以下几项：

### （一）国家适度干预原则

这是体现经济法本质特征的原则。所谓适度干预，就是要求国家授权政府在法律规定的范围内对社会经济发展进行干预。这种干预既应当积极主动进行，同时又要干预适度，不能过多也不能过少。在不同的国家或同一国家的不同历史时期，国家干预社会经济发展的情况是不一样的。目前，我国正处在经济体制转轨时期，国家已经不再像过去那样对社会经济运行进行直接和全面的干预了，但还存在没有完全摆脱过多干预的情形。值得注意的是，适度干预社会经济发展的要求、范围和手段，主要来源于经济法的立法和执法，而不是来源于政府的行政行为。因此，国家适度干预社会经济发展，应当成为经济法的纲领性原则。

### （二）社会本位原则

作为调整社会关系的各个法律部门在确定其调整范围时，都以维护哪方面利益作为自己的出发点，也就是以什么为本位。行政法强调以国家为本位，注重保护国家利益；民商法强调以个人为本位，注重保护民事主体的利益。在市场经济运行中，市场自身的缺陷已经表明，个人利益只有在与社会公共利益平衡发展时才能得到实现。因此，经济法以保护社会公共利益作为自己的基本出发点，即强调社会本位。它要求个人利益与社会公共利益协调发展，必要时为了社会公共利益的需要，个人利益应做出必要的牺牲。

**（三）维护公平竞争原则**

维护公平竞争原则是经济法反映社会化市场经济的内在要求和理念的一项核心的、基础性的原则。它是国家通过主动干预协调来纠正市场“看不见的手”所导致的弊端，同时又力求使其在最大范围内、最高程度上发挥作用的产物。维护公平竞争原则应当作为经济立法和执法的重要依据之一，它是市场经济条件下经济法的永恒追求。

**（四）平衡协调原则**

平衡协调原则是由经济法的社会性和公私交融性所决定的一项普遍原则，是不同社会经济制度的经济法所共同遵循的一项主导性原则。经济法作为现代新兴法律部门，既要保证整个社会范围内的经济秩序，实现整体社会效益的增加和国家对经济生活的意志，又要保证民商法调整范围内的意思自治。只有通过经济法的平衡协调，方可创造并维护一个令自由市场机制和民商法得以充分发挥作用的外部环境。

**（五）责权利效相统一原则**

责权利效相统一原则是指在经济法律关系中各管理主体和公有制经营主体所承受的权利义务和职责必须相一致的现象。其核心是主体的责权利相一致，同时，经济效益和社会效益是我们一切经济工作的基本出发点和终极目的。因此，“效”既是责权利的起点，也是责权利的终点，还是检验责权利的设置和制衡机制是否正确得当的实践标准。如若效益不高或未达到预期目的，则必是责权利的某个环节上出了问题，就需要予以及时调整。这是在以公有制为主导的市场经济条件下，作为经济法灵魂的一项根本性原则。

## 第四节　经济法律关系

### 一、经济法律关系概述

经济法律关系，是指在国家干预社会经济活动过程中根据经济法的规定形成的权利和义务关系。它有区别于其他法律关系的如下特征：

（1）经济法律关系是由经济法调整所形成的社会关系。它由国家的意志所决定，表现为公私法因素相交织，或与行政、经济或民商事因素之融合。

（2）经济法律关系是经济法主体之间的法律关系。经济法的主体主要是政府机关和市场主体。一个是管理主体，一个是经营主体，因而在这两种主体之间产生的经济法律关系本质上是一种管理主体与经营主体之间的关系，是一种政府与公司、企业的关系。

（3）经济法律关系是以经济权利与经济义务为内容的法律关系。它主要是政府机关与市场主体之间的经济权利与经济义务关系。

在经济法律关系中，经济权利与经济义务是经济法律关系的核心。二者是相互对等的，经济权利的实现以经济义务的履行为条件，享有经济权利的同时必须承担相应的经济义务。而且，经济权利一般是不能抛弃或放弃的，经济义务一般也是不能规避的；而民商事权利则是可以抛弃或者放弃的。

（4）经济法律关系是以经济法律规范的存在为前提建立的。经济权利与经济义务关系是依相应的经济法律、法规而形成的。经济法主体不享有经济法律规定以外的权利，也不承担经济法律规定以外的义务。

（5）经济法律关系是建立在经济关系基础上的上层建筑。经济法律关系与经济关系之间有着内在的联系。经济关系是经济法律关系产生的根源和基础，是一种物质社会关系，属于经济基础的范畴；经济法律关系是经济关系被相应的法律所规范后形成的具有经济权利和经济义务内容的社会意志关系，经济法律关系的产生必须以经济关系为前提，属于上层建筑的范畴。

## 二、经济法律关系的构成要素

经济法律关系的构成要素，是指构成经济法主体之间经济权利和经济义务关系的必要组成部分。它包括经济法律关系的主体、内容和客体三要素。

### （一）经济法律关系的主体

经济法律关系的主体，简称经济法主体，是指在国家干预协调市场经济运行活动过程中依法享有经济权利和承担经济义务的当事人。在经济法律关系中，享有权利的一方，称为权利主体；承担经济义务的主体，称为义务主体。在我国，经济法律关系主体包括以下五类：

1. 国家机关

国家机关包括国家权力机关、国家行政机关、国家审判机关、国家检察机关等。但作为经济法主体的国家机关，主要是指国家权力机关和国家行政机关中的经济管理机关。

（1）国家权力机关。是指国家和地方各级人民代表大会及其常委会。它们主要是在规划社会经济发展，确定财政关系及行使决策、审批和监督等职能活动所发生的法律关系中，作为经济法的主体出现。对全国和长远经济进行决策，一般表现为审查和批准国民经济发展计划、国家预算和决算等。

（2）经济管理机关。主要包括国务院及其各部委、地方各级政府及其组成部门，以及国务院设置的行使经济管理职能的直属机关和地方政府中设置的有关机关。包括行业性经济管理机关和职能性经济管理机关。行业性经济管理机关，如商务部、农业部等；职能性经济管理机关，如财政部、中国人民银行等。在整个国民经济中，经济管理机关参与宏观经济管理活动，成为经济法律关系的重要主体。

2. 社会组织

社会组织是指具有独立地位，实行独立预算或独立核算，直接从事管理和生产经营活动的组织。包括企事业单位、农村经济组织、社会团体等。它们一般都具有法人资格，是经济法的主体中最广泛、最基本的一类。

3. 农户、个体工商户和公民个人

农户、个体工商户和公民个人经依法批准参加某种经济活动，在国家干预经济活动中依法同国家经济管理机关、社会组织发生经济权利和经济义务时，才成为经济法律关系的主体。如公民个人只要同国家税务机关发生税收法律关系后，即成为经济法主体。

4. 企业内部组织

企业内部组织即在企业内部实行独立核算，获得相对独立的活动职能和独立利益的分支机构，在根据法律、法规的有关规定参加企业内部的经济活动时，才能成为经济法律关系主体，如分公司等。

5. 国家

国家只有通过国家经济管理机关、投资公司和国有企事业单位，对全民所有制的财产分别进行管理和经营时，或以政府名义与外国签订贸易协定或发行国家债券以及为企业在国外银行的贷款担保时，才以经济法主体资格的身份出现。因此，国家是经济法的特殊主体。

**（二）经济法律关系的内容**

经济法律关系的内容，是指经济法律关系主体所享有的经济权利和承担的经济义务。它是经济法律关系的基本要素。

1. 经济权利

经济权利是指经济法主体在国家干预与调节经济运行过程中，依法具有的自己为或不为一定行为，或要求他人为或不为一定行为的资格。经济权利的主要内容有：

（1）经济职权。是指国家机关在行使经济管理职能时依法享有的权利。它是基于国家授权或法律规定而产生，具有命令与服从的性质。享此权利的国家机关，必须正确行使该权利，不得抛弃、转让或滥用。而与其相对应的各种社会组织则应当自觉服从，并履行相应的义务。经济职权的主要内容有经济决策权（包括计划权、利率、汇率和税率的决定权）；经济命令权；经营禁止权；经营许可权；经济批准权；经济监督权等。

（2）财产所有权。是指经济法主体对其财产依法享有的占有、使用、收益和处分的权利。

（3）经营管理权。是指企业对于国家授予其经营管理的财产享有占有、使用和依法处分的权利。经营管理权是基于财产所有人（包括国家、法人、合伙企业与个人）的授权而产生的一种权利。其内容包括经营方式选择权、生产经营决策权、物资采购权、产品销售权、人事劳动管理权、资金支配使用权、物资管理权等。

（4）请求权。是指当经济法主体的合法权益受到侵犯时，依法享有要求侵权人停止侵权行为和要求国家机关保护其合法权益的权利。请求权的主要内容有：要求赔偿权、请求调解权、申请仲裁权、经济诉讼权及其他请求权。

经济权利可分为原生权利和取得权利两类。原生权利主要是指依法而具有的权利；取得权利是指依约或继承、受赠等而获得的权利。

2. 经济义务

经济义务是指经济法主体在国家干预经济活动的过程中，依法必须为一定行为和不为一定行为的责任。经济义务的主要内容有：贯彻国家的方针和政策，遵守法律、法规的义务；履行经济管理职责的义务；服从合法干预的义务；依法缴纳税金和其他费用的义务；其他经济义务。经济法承担的义务只需在法定的范围内作出或不作出一定的行为。

经济义务可分为法定义务和约定义务。前者如缴纳税金和相应费用等；后者如履行合同的约定义务等。

**（三）经济法律关系的客体**

经济法律关系的客体，是指经济法主体的经济权利和经济义务所共同指向的对象。它是经济法主体之间建立经济法律关系所要达到的经济目标。经济法律关系的客体主要有：

（1）物。物是指人类能够控制的并具有使用价值和价值的物质资料，包括天然存在的物和人工制造的物，范围相当广泛。作为经济法律关系的客体的物，依法可以做出多种分类。

（2）货币和有价证券。货币是在生产和流通过程中停留在货币形态上的资金。货币资金在投资、信贷、结算等活动中，成为经济法律关系的客体。有价证券是社会组织和个人可以享有的某项资金和财产权利的凭证，它包括支票、汇票、股票、国库券、债券等。有价证券进入生产或流通领域后，也可以成为经济法律关系的客体。

（3）经济行为。经济行为是指经济法主体通过一定的经济活动，实现一定的经济效益或达到一定的经济目的的行为，主要包括经济管理行为和劳务行为。

（4）智力成果。智力成果是指人们脑力劳动所创造的成果。智力成果虽不具有直接的物质形态，但都是可以创造物质财富、提供经济效益的脑力劳动成果的无形财产。智力成果主要有商标专用权、专利权、著作权、专有技术、技术改进方案，以及生产经营标识和经济信息等。

## 三、经济法律关系的发生、变更和终止及法律事实

经济法律关系的发生，是指在经济法主体之间形成一定的经济权利和经济义务关系。

经济法律关系的变更，是指经济法律关系主体、内容和客体发生了变化。

经济法律关系的终止，是指经济法律关系主体之间的经济权利和经济义务关系的消灭。经济法律关系的发生、变更和终止，都必须以一定的客观情况为依据，这种能够引起经济法律关系发生、变更和终止的客观情况，就是法律事实。

法律事实是引起经济法律关系发生、变更和终止的原因；经济法律规范是确认经济法律事实的根据；经济法律关系则是经济法律规范根据经济法律事实的出现所产生的法律后果。法律事实按照其发生与当事人的意志有无关系为标准，可分为法律行为和法律事件两类。

（1）法律行为。是指根据当事人的意志而做出的能够引起经济法律关系产生、变更和终止的有意识的活动。它可分为合法行为和违法行为两种。合法行为，是指经济法主体有意识进行的符合经济法规定的行为。包括经济管理行为，如征税行为；经营行为，如对公司的承包经营行为和租赁经营行为；经济司法行为，如人民法院审理经济纠纷案件的行为等。违法行为，是指经济法主体所做的违反法律规定的行为或者是法律所禁止的行为。违法行为将导致行为人承担经济法律责任的不利后果。

（2）法律事件。是指不以经济法主体的主观意志为转移的客观事实。法律事件包括自然现象和社会现象引起的事件。所谓自然现象是指自然灾害，如地震、洪水、风暴等。社会现象虽然由人的行为引起，但其出现在特定的经济法律关系中，并不以当事人的意志为转移，如因战争所导致的合同违约等。法律事件的主要特征表现为其发生是不以人们的主观意志为转移的，是不能避免也不能克服的客观情况。因而，通常在法律上又称为不可抗力。

任何经济法律关系的发生、变更或终止，都离不开法律事实。有的经济法律关系的发生、变更或终止，只需要一个法律事实，有的需要几个法律事实。引起某一经济法律关系的发生、变更或终止的几个法律事实的总和，称为经济法律关系的“事实构成”。只有事实构成的几个法律事实全部具备，经济法律关系才能发生、变更或终止。

## 本章小结

经济法是我国社会主义法律体系中的一个重要法律部门。它所涉及的根本性问题都是建立在法学基本常识基础上的。因此，我们应重点掌握法的概念、本质、特征、渊源及法的结构体系。

在经济法基础理论的学习中，应重点掌握经济法的概念、调整对象、特征及基本原则，其中经济法的调整对象是经济法基础理论的灵魂。

对于经济法律关系的学习，应当在深刻理解其概念的基础上，全面掌握经济法律关系的主体、内容和客体三大构成要素的内涵及相互间的作用。同时，明确引起经济法律关系发生、变更和终止的法律行为和法律事件两类法律事实的概念和范围。

## 思考与练习

### 一、名词解释

法　　法律规范　　经济法　　经济法律关系　　经济职权

财产所有权　　经济义务　　经济权利　　经济法律事实

### 二、简述题

1. 法的概念和本质属性。
2. 法的特征和法的渊源。
3. 经济法概念及调整对象。
4. 经济法律关系的构成要素 。
5. 经济权利的主要内容。
6. 经济法律事实的分类及作用。

### 三、案例分析

2014 年，某建筑公司承建某林业科学研究所办公楼。同年 7 月，该建筑公司法定代表人李某与某涂料厂厂长王某签订买卖合同，约定：购买涂料厂涂料和 107 胶，质量需达同行业的标准，货到付款。李某按协议交付了定金。后该建筑公司在施工中因涂料质量不合格造成多次返工，要求涂料厂承担相应的责任，给予赔偿，而涂料厂却以建筑公司系没按要求施工方造成返工为由拒绝赔偿损失。为此，双方发生争执。

**问：**

1. 请指出本案的经济法律关系主体，分析其主体资格。
2. 李某和王某在本案中是否属经济法律关系主体？为什么？

# 第二章

# 相关法律制度

## 学习要点

◇ 法人的概念及成立条件

◇ 代理权的取得与消灭，有效代理的法定条件

◇ 财产所有权法律关系，财产所有权的产生和消灭

◇ 诉讼时效的中止、中断和终止及延长的法律规定

◇ 经济仲裁与经济诉讼的法律规定

## 第一节　法人制度

### 一、法人的概念和成立条件

《中华人民共和国民法通则》（以下简称《民法通则》）第三十六条规定：法人是具有民事权利能力和民事行为能力，依法独立享有民事权利和承担民事义务的组织。第三十七条规定：法人的成立必须具备下列法定条件：

（1）依法成立。这是为了取得法律上的保护，便于国家对其活动进行监督和管理。

（2）有必要的财产或者经费。这是保证法人能够独立从事经济活动和进行社会交往的物质基础，是法人成立的核心条件。

（3）有自己的名称、组织机构和场所。法人有自己的名称，便于合法从事经济活动。法人的名称包括其所在地、商号、经营范围、责任形式等内容。法人对其名称享有专用权。健全的组织机构，便于法人行使职权和从事日常经营管理活动。法人的场所包括法人的住所、从事经营活动的其他地点及其分支机构的所在地。

（4）能够独立承担民事责任。法人能够独立承担民事责任。一方面表明法人有独立的财产，有能力承担民事责任；另一方面表明法人成员和创立人的有限责任。

由于社会组织的宗旨、业务活动范围、性质和任务不同，其法人设立的具体条件和程度也不完全相同。

根据法律的规定，法人依照是否以盈利为目的可分为企业法人和非企业法人两类：企业法人是指以盈利为目的，从事生产经营和服务活动，实行经济核算，自负盈亏的经济组织。非企业法人是指不以盈利为目的，主要从事非生产经营活动的非经济组织。它包括机关法人、事业单位法人和社会团体法人。

### 二、法人的权利能力和行为能力

法人的权利能力是指法人所具有的参加民事法律关系、享受民事权利和承担民事义务的资格。法人权利能力的内容因其设立宗旨或经营范围的不同而各有区别。法人的权利能力始于法人的成立，终于法人的消灭。

法人的行为能力是指法人能够依法以自己的行为，按照自己的意愿，直接行使权利和履行义务的能力或资格。法人的行为能力与权利能力同时产生、同时消灭，两者的范围往往是一致的。

依照法律或者法人组织章程的规定，代表法人行使职权的负责人，是法人的法定代表人。法定代表人必须是具有完全民事行为能力的自然人。

法人的民事权利能力和民事行为能力，从法人成立时产生，至法人终止时消灭。

### 三、法人的设立、变更和终止

法人的设立，是指社会组织依法取得法人资格。由于社会组织的宗旨、业务活动范围、性质和任务不同，其法人设立的具体条件和程度也不完全相同。

在我国，企业法人和社会团体法人依法通过核准登记设立，机关法人和事业单位法人根据国家法律和行政命令而设立。

法人的变更，是指法人在存续期间，法人的组织和其他重要事项发生变化。法人组织的变更，指法人的合并、分立以及责任形式的变更。法人其他重要事项的变更，指法人活动宗旨和业务范围等事项的变化，包括名称、住所、资本额的变动等。法人的变更应按设立法人的程序办理变更手续。

法人的终止，又称法人的消灭，指法人丧失民事主体资格，导致其权利能力和行为能力的终止。法人终止时，必须进行业务清理和财产清算，其债务要按有关法律规定进行清偿或免除，并办理法人注销登记手续。

## 第二节　代理制度

### 一、代理的概念和特征

代理，是指代理人在代理权限范围内，以被代理人的名义与第三人进行法律行为，由此所产生的法律后果直接由被代理人承担的法律制度。代理行为有如下特征：

（1）代理行为必须是实施某种具有法律意义的行为。即能够在被代理人和第三人之间设立、变更或终止某种法律关系。应他人请求代办收款等具体事务，不属于代理。

（2）代理行为是代理人以被代理人的名义，在代理权限范围内进行的活动。这一特征，使它有别于行纪活动。行纪人以自己的名义同顾客建立买卖关系，委托人和顾客之间不产生任何权利义务关系。

(3) 代理行为是代理人在代理权限范围内依自己的而不是被代理人的意志进行代理活动，发挥他作为代理人应有的作用。这个特征把它与居间人、传话人区别开来。

(4) 代理行为所产生的法律后果直接由被代理人承担。

## 二、代理的适用范围和种类

### (一) 代理的适用范围

代理的适用范围可归纳为以下几个方面：

(1) 代理进行经济法律行为。如代理签订买卖合同等。

(2) 代理进行诉讼活动。如在民事、行政诉讼中，作为原、被告或第三人的诉讼代理人参加诉讼。

(3) 代理履行某些法定义务。如代办专利申请或商标注册、向税务机关申报纳税等。但具有人身性质的婚姻登记和遗嘱行为不能代理，具有人身性质的债务，如受约演出，也是不能代理的。

### (二) 代理的种类

(1) 委托代理。委托代理是指代理人根据被代理人的授权委托而进行的代理。

(2) 法定代理。即指法定代理人依照法律的规定行使代理权。如无民事行为能力和限制民事行为能力的人，其监护人依法可直接行使诉讼代理权。

(3) 指定代理。指定代理是指基于人民法院或有关单位的指定而行使的代理权。如人民法院可以为既无行为能力又无法定代理人的诉讼当事人指定代理人。指定代理人按指定行使代理权，被指定的代理人如无正当理由，不得拒绝。

委托代理可以用书面形式，也可以用口头形式。法律规定用书面形式的，应当用书面形式。书面委托代理的授权书应当载明代理人的姓名或者名称、代理事项、权限和期间，并由委托人签名或盖章。委托书授权不明的，被代理人应当向第三人承担民事责任，代理人负连带责任。

## 三、代理权的滥用和无权代理

代理权的滥用，是指代理人利用享有代理权的方便条件，损害被代理人的利益。它主要有以下三种情况：(1) 代理人以被代理人的名义同自己进行法律行为，即法律禁止的自己代理；(2) 代理人同时以双方被代理人的名义进行同一项法律行为，即法律禁止的双方代理行为；(3) 代理人和第三人恶意串通损害被代理人利益而进行的无法律效力的代理行为。

无权代理，是指代理人不具有代理权所实施的代理行为。它主要有以下三种情况：(1) 未经授权情况下实施的代理行为；(2) 超越代理权限实施的代理行为；(3) 代理权终止后仍实施的代理行为。

## 四、代理权的取得和消灭

根据法律规定，接受委托代理后，被委托人取得代理权；法定代理人和指定代理人则根据法律规定取得代理权。

由于代理权产生的依据不同，引起代理关系消灭的原因也有所不同。

有下列情形之一的，委托代理关系终止：(1) 代理期限届满或者代理事务完成；(2) 被代理人取消委托或代理人辞去委托；(3) 被代理人或代理人死亡；(4) 代理人失去民事行为能力；(5) 作为被代理人或代理人的法人终止。

有下列情形之一的，法定代理和指定代理关系终止：(1) 被代理人取得或者恢复了民事行为能力；(2) 被代理人或代理人死亡；(3) 代理人失去了民事行为能力；(4) 指定代理的人民法院或者指定单位取消了指定；(5) 由其他原因引起的被代理人与代理人之间的监护关系消灭。

### 五、代理责任

我国《民法通则》对代理关系各方的代理责任作了明确规定。

(1) 被代理人对代理人在代理权限内的代理行为，承担民事责任。

(2) 无权代理的行为，被代理人未加以追认，法律后果由行为人承担民事责任。

(3) 第三人知道行为人无权代理，仍与行为人实施民商事行为，给他人造成损害的，由第三人和行为人负连带责任。

(4) 委托代理转托时，应事先取得被代理人同意，或事后及时告知被代理人，取得其同意，否则，由代理人承担民事责任。但在紧急情况下为保护被代理人利益而转托的不在此限。

(5) 代理人不履行代理职责而给被代理人造成损害的，应由代理人承担民事责任。

(6) 滥用代理权的行为引起的法律后果，由代理人承担民事责任，或者由代理人与第三人负连带责任。

(7) 因委托书授权不明而引起的法律后果，由被代理人承担民事责任，同时代理人要负连带责任。

(8) 代理人知道被委托事项违法但仍然进行代理活动，或者被代理人知道代理人代理行为违法却不表示反对，由代理人和被代理人负连带责任。

## 第三节　财产所有权制度

### 一、财产所有权的概念和特征

财产所有权是指所有人依法对自己的财产享有的占有、使用、收益和处分的权利。

财产所有权与财产所有制之间是既有联系又有区别的上层建筑与经济基础之间的关系。财产所有制是一定社会经济关系的基本制度，它的形式决定着所有权的性质和内容；财产所有权是一定历史时期的所有制形式在法律上的表现，它反过来确认和保护作为经济基础的所有制形式。财产所有权具有以下特征：

(1) 所有权是具有绝对性的权利。绝对性是指财产的所有者具有按照自己的意志，独立、直接地支配自己财产的权利，其他人则负有不予干预的义务。

(2) 所有权是具有排他性的权利。排他性是指同一财产在同一时间只能设定一个所有权，并排除他人的干涉。

（3）所有权是具有全面性的权利。所有权包括占有、使用、收益直至处分等全面性权利，所有人对财产享有完全支配的权利。而其他财产权利则往往是基于财产所有者的所有权和意志产生的。如对国有土地的使用权，对国家财产的经营权，或由提供财产作为债务担保而产生的抵押权，都是由所有权派生出来的权利，都要受到法律规定或当事人约定的限制，而不是全面性的权利。

## 二、财产所有权法律关系

### （一）财产所有权法律关系的主体

财产所有权法律关系的权利主体是特定的财产所有权人，它的义务主体是不特定的除所有人以外的其他任何组织和个人。

根据我国目前的所有制结构，财产所有权可以划分为国家、集体和个人财产所有权三类。国家、集体或公民个人分别为上述财产所有权的主体。

此外，外国公司、企业和其他经济组织或个人，在我国境内与中国合营者共同举办合营企业、合作企业或者独资创办企业，其投资和应得利润的所有权，也依法受到法律保护。

财产所有权的权利主体是特定的、具体的一个主体，也可能是一个以上的主体。当某项财产属于两个或两个以上的主体共有时，称为共有财产，相应的关系即为共有关系。

共有关系分为"按份共有"和"共同共有"两种。按份共有是指共有的财产按照份额属于几个权利主体所有。按份共有的主体分别按照自己的份额对其财产享有权利和承担义务。共同共有是指同一项财产有几个所有权主体，共同对其共有财产享有平等所有权，对外就共同的财产负连带责任。

### （二）财产所有权法律关系的内容

财产所有权的内容是指所有权中所包含的具体权利。我国《民法通则》规定，所有人对自己的财产享有以下四项权能。

（1）占有，是指对财物的实际控制。在一般情况下，财产归所有人占有，但也可能和所有人脱离而归非所有人占有。这又包括两种情形：一是合法占有，即有法律上的依据或经所有人同意的占有，如合法的租赁关系；二是非法占有，即没有法律根据或未经所有人的同意而占有他人的财产。在非法占有中，又分为善意占有和恶意占有。所谓善意占有，是不知悉或无从知悉是在非法占有他人的财产；与此相反，则属于恶意占有。这种区分的意义，在于判定是否应该承担返还原物和赔偿损失的法律后果。

（2）使用，是指依据财物的性能和用途加以运用和利用，以满足一定的经济需要。在一般情况下，使用权属于所有人本人，但也可以由非所有人使用。非所有人的使用又可分为合法使用与非法使用。

（3）收益，是指基于使用财产而取得经济利益。通常情况下，收益应归于所有人，但根据法律或协议，部分收益也可以归非所有的使用人。

（4）处分，是指所有人在法律许可的范围内根据自己的意志处置财产的权利。处分可分为事实处分和法律处分。事实处分是指对财产的消费，有时就是使用。法律处分是指依照所有人的意志，通过法律行为对财产进行处置，如出卖、赠与等。无论是事实上的处分还是法律上的处分，都会引起所有权的消灭或转移。处分权一般只归所有人行使，但在某种情况下，也可由非所有人行使，如人民法院依法拍卖债务人的财产等。

**（三）财产所有权法律关系的客体**

财产所有权的客体是物，是指权利主体可以控制的有经济、文化、科学价值的物质资料，包括自然资源和劳动产品。法律意义上的物，按不同标准可作如下分类：

（1）生产资料与生活资料。

（2）流通物与限制流通物。前者是在流通中法律不予限制的物；后者则是流通中法律加以限制的物。

（3）种类物和特定物。种类物是指性质、种类相同，具有共同的物理属性和经济意义的物。它可以用品种、牌号、件数、长短、容积、重量等来确定的物，种类物可以相互替代。特定物是指具有特有的质地、特征，不能互相代替的物；如果以特定物为标的的债，当该物于债务人履行债务之前灭失时，债务人可免除交付标的物；如果以种类物为标的时，则债务人不能免除交付标的物的责任。

（4）主物和从物。主物，是指与其他物合并使用时起主要作用的物。从物，是指与其他物合并使用时起从属作用的物。法律和合同没有相反的规定时，在主物转让时应认为从物随同主物一起转移。

（5）原物和孳息。原物，是指基于自然或法律的原因可以产生一定收益的物。孳息，是指由原物产生的收益。它分为自然孳息和法定孳息。孳息既可以由原物的所有人收取，也可以根据法律的规定由原物的合法占有人或对原物有使用收益权的人所有，法律也许可当事人之间约定法定孳息的归属，比如将法定孳息给予指定的第三人（保险关系中的受益人）等。

（6）动产与不动产。动产，是指可以移动且移动并不损失经济价值的物。不动产，是指不能移动或移动就会损失其经济价值的物。对不动产设定权利或转移所有权时，必须到有关管理机关进行登记。

财产所有权法律关系的客体除上述各种物之外，还有货币、有价证券等。

## 三、财产所有权的产生和消灭

**（一）财产所有权的产生**

1. 原始取得

凡所有人取得物的所有权是最初的，不是从原所有人那里转移来的，即不是以原所有人的所有权为根据的，就称原始取得。其中包括：（1）没收，即剥夺所有权；（2）生产，指通过自己的劳动对自然资源的占有、利用和改造，创造出新的物质财富；（3）收益，即指由生息物产生出来的孳息；（4）无主财产，即指所有人不明或没有所有人的财产。在我国无主财产依法应当收归国家所有。

2. 继受取得

继受取得是指新的所有人对财产取得所有权，即根据法律规定或合同约定从原所有人那里取得财产的一种方法。在继受取得中，所有权的转移是通过交付的方式表现出来的。

所谓交付，就是出让人将物交与受让人，即转移物的占有。

**（二）财产所有权的消灭**

财产所有权的消灭，即通过一定的法律事实，使财产所有人的所有权不再继续存在。财产所有权消灭的方法主要有：

（1）所有物消灭。物在自然状态下不存在，毁灭或耗尽，所有权也就不存在了。所有物消灭也叫财产所有权绝对消灭。

（2）所有权的转让或放弃。所有人根据自己的意志把所有物转让给他人，即自己丧失对该物的所有权，如出卖、赠与等。所有人将所有物抛弃，拥有的原所有权即消灭，该物即成为无主财产。另外，依法享有所有权的人不愿取得而予以放弃，随即丧失其所有权。

（3）因国家的行政命令或法院的判决而消灭。即国家用强制的手段消灭所有人对物的所有权，如依法没收、征购、征用等。

（4）所有权主体的消灭。这是指公民的死亡和法人的终止。公民死亡后，他的财产所有权转让给继承人；法人终止后，经过清理，它对原来财产的所有权也归于消灭。

## 四、财产所有权的保护

我国通过民事方法对财产所有权进行保护的主要做法是：

（1）确认产权。当财产所有权的归属发生争议时，争议双方可向法院提出确认产权的诉讼，由法院判决或调解所有权的归属，保护合法的所有权不被侵犯。

（2）恢复原状。当财产被他人非法损坏时，如能够修复，所有人可要求加害人进行修复，恢复其本来面貌。

（3）返还原物。当财产被他人非法占有时，所有人可向法院提出返还原物的请求。如原物已灭失，可要求赔偿；如原物已经转移给第三人，则视第三人为善意或恶意取得，据以确定其责任。

（4）排除妨碍。所有人因他人的不法妨碍对财产不能行使所有权时，可向法院提出排除妨碍的请求。所有人也可以在妨碍确有可能发生时，预先向有关当事人提出，请求防止妨碍的发生。

（5）赔偿损失。由于加害人的过错而致他人财产遭受损失时，受害一方可以要求加害一方赔偿损失。

（6）返还不当得利。所谓不当得利，是指没有法律上或合同上的根据，使财产所有人受损而自己取得利益。所有人有权要求利益取得人返还这种不当取得的利益。

上述法律规范对财产所有权的保护方法是互相联系的，在财产所有权受到不法侵犯时，既可以单独运用，也可以几种方法同时并用。

# 第四节　债权制度

## 一、债的概念

债是按照合同的约定或者依照法律的规定，在当事人之间产生的特定的权利、义务关系。享有权利的人是债权人，负有义务的人是债务人。由于债权债务关系中债权是主要方面，债权决定债务，因此，债的关系又称债权关系，债又称为债权。

债权和所有权一样，是由社会经济基础所决定并为其服务的一种基本的财产权。所有权调整的是物质财富的占有、生产、消费方面的财产关系，而债权所调整的是经济活动中的流通、分配和交换方面的财产关系。

## 二、债权法律关系的构成要素

### （一）债的主体

债的主体是指参与债的当事人，即债权人和债务人。公民和法人都可以成为债的主体，国家在一定条件下也可以成为债的主体。债的主体双方或单方既可以是单一的，也可以是多数的。

债权法律关系是特定的当事人之间的权利义务关系，其中，不仅权利主体是特定的，义务主体也是特定的，债权人的请求权只能对特定的债务人发生效力。债的主体这一特定性，是它与所有权法律关系的重要区别之一。因为在所有权法律关系中，权利主体是特定的，而义务主体则是不特定的，所有人的支配权对任何人都发生法律效力。

### （二）债的内容

债的内容是指债权人享有的权利和债务人承担的义务，即债权和债务。债的内容主要表现为请求实现一定行为的权利和履行此项行为的义务。当然，有时也可以是债权人不为一定行为和债务人有不为相应行为的义务，如作者在一定期限内不得将同一作品交给另一出版社出版。

在债权法律关系中，债权人的权利一般只有通过债务人的积极行为才能得到实现，而所有权的实现则无须以其他人的积极行为为条件，义务主体只负有消极的不妨碍或不侵害所有人的所有权的义务。

### （三）债的客体

债的客体是指债权人的权利和债务人的义务所共同指向的对象，即债的标的。债的标的可以是物，如货物买卖关系中的商品等物；也可以是行为，如完成一定加工承揽工作的行为，或者转让技术成果等行为。但债的客体主要是给付商品、给付劳务或给付技术行为，这一特征也使它与所有权区别开来，因为所有权关系的客体只能是物。

## 三、债的发生根据

债的发生必须有一定的法律事实，引起债的发生的法律事实是债的发生根据。在我国引起债的发生的法律事实有很多，其中主要有：

### （一）合同

合同是引起债权关系发生的最普遍的根据。合同是当事人之间发生、变更、消灭债的关系的协议。凡是根据合同发生的债，称为合同之债。它是债的最广泛、最典型的形式。本书将在后面有关合同章节中专门阐述。

### （二）侵权行为

侵权行为是侵害他人权利的行为。当事人一方的违法行为使另一方遭受损害，受害人有权要求损害人赔偿损失，损害人负有义务赔偿损害，受害人为债权人，侵权人则是债务人。

**（三）不当得利**

不当得利是没有法律上或合同的根据，使财产所有人受损而自己取得利益。不当得利的法律事实发生后，利益所有人有请求不当得利人返还其不当得利的权利，不当得利人负有返还不应得的利益给利益所有人的义务。

不当得利之债的发生根据，其构成应当具备以下条件：（1）不当得利必须是没有合法根据取得利益；（2）不当得利必须是一方受益，并同时使他方受到损害；（3）一方得到利益与他方受到损害之间必须有直接的因果关系。只有上述三个条件同时具备，才能产生不当得利之债。

**（四）无因管理**

无因管理是指没有法定的或者约定的义务，而为他人管理财产或事务，使他人得到利益或者避免利益受到损失的行为。无因管理的法律事实发生后，在管理人与受益人之间就产生了一种债的关系。在这种债的关系中，管理人有权请求受益人支付为了管理事务所支付的必要的费用的权利，而受益人有向管理人支付该项费用的义务。

作为无因管理之债发生的根据，其构成必须具备三个条件：（1）管理人有为他人管理或服务的事实；（2）管理人没有法定或约定的义务；（3）管理人是为了避免他人利益受到损失而为他人管理事务。只有上述三个条件同时具备，才能产生无因管理之债。

债发生的根据除上述四种主要情况外，还有遗赠、扶养等单方的法律行为。这些行为产生债的关系，通常只是给对方当事人以某种权利，而不使其承担义务。

## 四、债的分类

**（一）合同之债和非合同之债**

凡是根据两个以上当事人订立合同发生的债，叫合同之债。反之，则为非合同之债，如侵权、不当得利、无因管理之债等。这种划分的实际意义是适用的法律规范不同。合同之债适用的是合同法，侵权之债适用的是侵权责任法，其他非合同之债只能适用相关的法律。

**（二）特定物之债与种类物之债**

这是根据债的标的物属性的不同对债的划分。以特定物为标的物的债称为特定物之债，以种类物为标的的债称为种类物之债。前者在债发生时，其标的物即已存在并且特定化；后者在债发生时，其标的物尚未特定化，甚至尚不存在，但当事人双方必须就债的标的物的种类、数量、质量、规格及型号等达成协议。

**（三）单一之债和多数人之债**

这是根据债的主体双方人数是否单一而对债的划分。单一之债是指债的双方主体即债权人和债务人都仅为一人的债。多数人之债是指债的双方主体均为两人以上或者其中一方主体为两人以上的债。

**（四）简单之债和选择之债**

这是按照债权人、债务人可为行为的选择性，将债做的划分。简单之债，就是债的内容规定债务人只能为或不为一种行为，没有选择余地的债。选择之债，就是债的内容规定债的主体可在两种以上的行为中选择一种行为的债。其中，选择权属于债权人的，称选择债权；选择权属于债务人的，称选择债务。债的标的、履行地点、履行时间和履行方法等，都可以选择，但一经选择确定，就变成了简单之债。

**（五）按份之债和连带之债**

这是根据多数人一方各自享有的权利或承担的义务以及相互间的关系对债的划分。按份之债是指债的一方主体为多数，各自按照一定的份额享有权利或承担义务的债。按份之债包括按份债权和按份债务。按份之债的各债务人或债权人的债务和债权是分别独立的。连带之债是指多数人一方当事人之间有连带关系的债，即多数人一方的各债权人或各债务人有要求对方履行全部债务的权利或有向对方履行全部债务的义务。如债权人一方为多数且彼此有连带关系，则为连带债权；如债务人一方为多数且彼此间有连带关系，则为连带债务。在连带之债中，连带债务人的责任重大，因此，这种债必须有协议或法律有规定，才能成立有效。

**（六）主债与从债**

这是根据两个债之间的关系对债的划分。主债是指能够独立存在，不以他债的存在为前提的债，反之则为从债。主债与从债是相互对应的，没有主债不发生从债，没有从债也不可能有主债。

**（七）财物债务与劳务债务**

这是根据债务人的义务是提供财物还是提供劳务而对债的划分。财物债务是指债务人须交付财物的债，亦即债之标的物为财物。例如，买卖合同之债，给付的标的为有形财物，如房屋等。劳务之债是指债务人须提供劳务的债，亦即债之给付标的为劳务。例如，委托合同之债，受托人须进行委托行为，此时给付的标的就是提供劳务。

## 五、债的消灭

一定法律事实的出现，会使具有时间性的债权债务关系客观上不复存在，即债的消灭。引起债的消灭的法律事实主要有：

**（一）债的履行**

债的履行即债务人依法定或合同约定履行完义务，债权人的权利得到实现，债的关系也就自然消灭。

**（二）抵销**

同类已经到履行期限的两个以上的对应债务，因当事人相互抵充其债务而同时消灭。但抵销所消灭的多为金钱债务关系。

**（三）混同**

某一具体债的债权人和债务人合为一体，不存在谁向谁履行债务的问题。此时，原来所设立的债的关系即自行消灭。

**（四）提存**

债权人无正当理由拒绝债务人履行债务，或者因债权人的住址不明等，债务人无法向债权人履行债务时，可依法将履行的标的物提交有关提存机关以消灭其债务。从债务人交付提存之日起，债的关系即消灭。

**（五）免除**

债权人放弃债权，即解除债务人的义务，债的关系即消灭。经放弃后的债权，不得再收回。

**（六）自然人死亡或宣告死亡**

这里指的是具有人身性质的债，因债务人或债权人死亡或宣告死亡而消灭。

**（七）法人撤销**

如债的一方主体是法人，而法律并未规定责成其他法人履行被撤销的法人的债时，因法人被撤销，债即消灭。

除此之外，债权债务关系还可能因双方协商解除合同、行政命令、仲裁机关或法院的裁定以及意外事故使履行成为不可能等原因而消灭。

债经过一定程序消灭后，就失去法律上的效力，除了原债权债务关系终止之外，其债权担保以及其他从属权利，也随之消灭。

# 第五节　诉讼时效制度

## 一、时效的概念和种类

时效是指一定的事实状态持续一定的时间之后导致一定的法律后果的制度。根据时效成立的前提条件和所发生的后果，时效可分为占有时效和诉讼时效两种。

占有时效，是指法律规定的非所有人的占有人，善意地占有他人财产，超过一定期间，即可取得该项财产所有权的制度。

诉讼时效，又称消灭时效，是指权利人在法定期间不提起诉讼，即丧失了请求法院依法定诉讼程序强制义务人履行义务的权利。我国《民法通则》只规定了诉讼时效。

时效成立的要件有三个：一是一定的事实状态的存在；二是一定事实状态在一定时间内持续存在；三是发生一定的法律后果。

## 二、诉讼时效的种类及具体内容

**（一）一般诉讼时效**

一般诉讼时效，是指由民事基本法统一规定的普遍适用于特殊诉讼时效规定外的各种民事法律关系的时效。一般诉讼时效的期间为 2 年。

**（二）特殊诉讼时效**

特殊诉讼时效，是指由民事基本法或特别法就某些民事法律关系规定的短于或长于一般诉讼时效期间的时效。下列案件的诉讼时效期间为 1 年：

（1）身体受到伤害要求赔偿的。

（2）出售质量不合格的商品未声明的。

（3）延付或拒付租金的。

（4）寄存财物被丢失或者损毁的。

此外，特殊的短期时效还有：

（1）运输受损人请求承运人赔偿的诉讼时效期间为 180 天；

（2）国际货物买卖合同和技术进出口合同争议的诉讼时效期限为 4 年。

诉讼时效期间的计算，从权利人知道或者应当知道其权利被侵害时起计算。但从权利被侵害之日起超过 20 年的，人民法院不予保护。这是指权利人不知道自己的权利受侵害，待其知道时，但已超过 20 年的，其权利也失去法律的强制性保护。

## 三、诉讼时效的中止、中断和延长

### （一）诉讼时效的中止

诉讼时效的中止，是指在诉讼时效期间的最后 6 个月内，因发生一定的法定事由使权利人不能行使请求权，暂时停止计算诉讼时效期间，待阻碍时效进行的法定事由消除后，继续进行诉讼时效期间的计算。

引起诉讼时效中止的法定事由，包括不可抗力和其他障碍。不可抗力是指当事人不能预见、不能避免并不能克服的客观情况。如地震、泥石流、山洪暴发、战争或社会动乱等。其他障碍主要包括：权利人无民事行为能力，又没有法定代理人；权利人为限制民事行为能力人，也无法定代理人；法定代理人丧失代理权；法定代理人本人丧失行为能力；权利人死亡后，尚未确定合法的继承人或遗产管理人等。

总之，凡非由权利人主观上能够决定的，而是客观上使权利人无法行使请求权的情况，都应认定为适用诉讼时效中止的其他障碍。

### （二）诉讼时效的中断

诉讼时效的中断，是指在诉讼时效进行期间，因发生一定的法定事由，使已经过的时效期间统归无效，待时效中断的事由消除后，诉讼时效期间重新计算。引起诉讼时效中断的法定事由有：权利人向人民法院提起诉讼，权利人要求另一方当事人履行义务或义务人同意履行义务。当上述事由消除后，诉讼时效期间分别从法院的裁判生效时起，或从权利人主张权利时起，或从义务人同意履行义务时起，开始重新计算。诉讼时效因权利人主张权利或义务人同意履行义务而中断，权利人在新的诉讼时效期间内，再次主张权利或者义务人同意履行义务的，可认定为诉讼时效再次中断。

诉讼时效的中断与中止的相同之处是：二者都是在时效期间届满前因一定的法定事由发生而产生阻碍诉讼时效完成的效力。诉讼时效中断与中止的区别是：

（1）发生的事由不同。中止的法定事由出自当事人的主观意志所不能决定的事实；中断的法定事由为当事人的主观意志所能左右的事实。

（2）发生的时间不同。中止只能发生在时效期间的最后 6 个月内；中断可发生于时效期间内的任何时间。

（3）法律后果不同。中止的法律效果为不将中止事由发生的时间计入时效期间，中止事由发生前后经过的时效期间合并计算为总的时效期间；而中断的法律后果是于中断事由发生后，已经经过的时效期间全部作废，待中断事由消除后，诉讼时效期间重新起算。所以，诉讼时效的中断，实际就是一个诉讼时效期间的结束，因此，又可称为诉讼时效的终断。

### （三）诉讼时效的延长

诉讼时效的延长，是指有的权利人因特殊情况未能在法定诉讼时效期间内行使权利，时效届满后，由法院延长诉讼时效期间，以保护权利人的合法权利。至于是否构成必须使诉讼时效期延长的特殊情况，由法官自由裁量决定。

对诉讼时效期间的延长，属法院在法律规定中的指定期间，是人们常说的“活”的期间，法院必须严格掌握和适当运用，既不可太过严，也不可太过松。否则就失去了设立诉讼时效延长制度的目的。

## 四、期限

期限，指权利义务产生、变更和终止的时间，分为期日和期间。它是一种法律事实，因此对其确定和计算要有统一标准。

期日，指一定的时间点。如某年、某月、某日、某时等。期日是不可分的特定时间点，不发生计算问题。

期间，指一定的时间段，即自某一时间点始至某一时间点止的时间段。期间为一定的时间段，其计算方法如下：(1) 以小时为单位的期间计算法。以一定的时间为起点，经过规定的期间所达到的时间为届满点。(2) 以日、月、年为单位的期间计算法。开始的当天不算入，以次日开始计算。规定的期间不是以月、年的第一天为起算点的，一个月以 30 天计，一年以 365 天计。期间的最后一天是休息日或其他法定假日的，以其次日为期间的最后一天。如星期日和其他法定假日有变通，以实际休假日的次日为期间的最后一天。期间的最后一天截止时间为 24 时，有业务时间的，到停止业务活动的时间截止。

在期限的计算中，有“以上、以下、以内”用语的，均包括本数；有“不满”、“以外”用语的，均不包括本数。当事人对期间的起算时间有约定的，从其约定。

## 本章小结

本章重点介绍了法人的概念和成立条件，法人的权利能力和行为能力；代理的概念特征、种类与适用范围及责任；财产所有权的概念和特征、内容、产生与消灭；物权与物权关系、物权的设立、变更、转让和消灭、物权的保护；债权的概念、本质、债权法律关系的构成要素以及债的发生根据；诉讼时效的种类及具体内容；经济诉讼制度的主要内容。

## 思考与练习

### 一、名词解释

法人　债　代理　财产所有权　诉讼时效　诉讼时效中止　诉讼时效中断

### 二、简述题

1. 代理的概念及种类。
2. 财产所有权的内容。
3. 债的概念及种类。

4. 无因管理的概念和构成要件。

5. 不当得利的概念及构成要件。

6. 诉讼时效中止与诉讼时效中断的区别。

## 三、案例分析

1. 甲公司违约侵犯了乙公司的经济权利。根据《民法通则》关于诉讼时效期间2年的规定，乙公司行使权利的诉讼时效到1993年12月31日届满。而在当年的3月10日，乙公司所在地发生了强烈地震，中断了交通及通信信息联络。直至当年的5月15日才恢复震前交通通信状况。可在7月8日又发生了强烈地震和洪水泛滥，使交通和通信再一次严重中断，一直到1993年的10月10日该公司的所在地才再次恢复到震前的交通和通信状况。

**问：**乙公司的诉讼时效到什么时候届满？诉讼时效中止几次？为什么？

2. 2012年3月某市的郊区刘家村（供方）与市蔬菜公司（需方）签订20万千克黄瓜的供销合同。合同中规定交货期为当年6～8月；9月1日需方付完全部款额。4月1日需方向供方支付了约定定金。6～8月供方如期履行了合同，而需方却违约，9月1日未交付货款。2012年12月31日供方发函催款，并告诉需方，如在2013年1月15日前不付清款额，将起诉到法院。需方于2013年1月10日回函表示，暂时资金周转不开，请求宽延到2013年2月底付清款项。届时需方仍未付款。供方于2013年4月1日再次发函催款，需方于当月18日回函表示一定在2013年10月底前付清欠款。可一直到2014年10月1日前，货款分文未交付。供方遂于2014年10月15日诉至法院。法院受理后送达副本给对方，要求需方在5日内送交答辩词。需方在答辩词中声称：供方的诉讼时效已过，建议法院裁定驳回供方的起诉。

**问：**法院应如何对待需方的答辩建议？为什么？

3. 2012年8月大连造船厂与某市物资有限责任公司签订一份合同。合同规定由公司于当年11月从外地调进100吨钢材给造船厂，货到付款，并由造船厂按货款的5%先支付管理费。后因钢材质量和价格难以成交，多方努力未成。其后，造船厂因接受了新任务，双方竟不闻不问，直至2014年12月，造船厂在资金紧张的情况下，起诉到法院，要求延长诉讼时效，请求法院追究物资有限责任公司的违约责任，退回其预付款。

**问：**法院对造船厂的起诉应否受理？为什么？

# 第三章 内资企业法律制度

**学习要点**

◇ 个人独资企业的设立条件与程序
◇ 个人独资企业的解散和清算
◇ 普通合伙企业的设立条件与程序
◇ 合伙企业的财产、事务执行及与第三人的关系
◇ 合伙企业的入伙与退伙
◇ 有限合伙企业的设立条件
◇ 合伙企业的解散和清算

## 第一节　企业法概述

### 一、企业的概念与分类

企业是依法设立的，以盈利为目的，从事商品生产或经营活动，自主经营，独立核算，依法具有市场主体资格的经济组织。所谓“以盈利为目的”，是指企业从事商品生产和经营活动的目的是为了取得利润。所谓“自主经营”是指企业在市场运行活动中能够独立进行相应的商事法律行为，能够独立承担民事责任。所谓“独立核算”，是指企业应当同时具备以下三个条件：在银行单独开设账户；建立账簿，编制财务会计报表；独立计算盈亏。

根据不同的标准，企业可以进行以下不同的分类：（1）以企业的财产所有制为标准，企业可分为国有企业、集体企业、私营企业和混合所有制企业等；（2）以企业的组织形式为标准，企业可分为公司企业、合伙企业和独资企业；（3）以企业的法律地位为标准，企业可分为法人企业和非法人企业；（4）以企业所属行业为标准，企业可分为工业企业、商业企业、金融企业等；（5）以企业的规模大小为标准，企业可分为大型企业、中型企业和小型企业；（6）以企业行政隶属关系为标准，企业可分为中央企业和地方企业等；（7）以企业是否有外商投资为标准，企业可分为内资企业、外商投资企业等。

## 二、企业法的概念及体系

企业法是调整企业在设立、组织、活动有关确立企业的法律地位，调整以企业为中心所发生的经济管理关系和财产经营关系的法律规范的总称。

自20世纪80年代以来，我国陆续颁布了几十部企业法律规范，主要包括：《全民所有制工业企业法》、《全民所有制工业企业转换经营机制条例》、《全民所有制工业企业承包经营责任制暂行条例》、《全民所有制工业企业租赁经营责任制暂行条例》；《乡镇企业法》、《城镇集体所有制企业条例》；《公司法》、《公司登记管理条例》、《股份制试点办法》、《股份有限公司规范意见》、《有限责任公司规范意见》、《股票的发行与交易管理暂行条例》、《关于股份有限公司及上市的特别规定》；《私营企业暂行条例》、《合伙企业法》、《个人独资企业法》；《中外合资经营企业法》、《中外合作经营企业法》、《外资企业法》、《中外合资经营企业法实施条例》、《中外合作经营企业法实施细则》、《外资企业法实施细则》和《破产法》等。随着我国加入世界贸易组织，有关立法机关对企业法的内容进行了及时修改。修改后的这方面的法律规范将更好地规范、完善我国企业的治理结构，增强企业的竞争力，推动市场经济的进一步发展。本章只介绍个人独资企业法和合伙企业法的主要内容。

# 第二节　个人独资企业法

个人独资企业法是调整在国家经济运行过程中发生的关于个人独资企业的各种经济关系的法律规范的总称。

## 一、个人独资企业的概念和特征

### （一）个人独资企业的概念

个人独资企业，是指依照《中华人民共和国个人独资企业法》（以下简称《个人独资企业法》）的规定在中国境内设立，由一个自然人投资，财产为投资人个人所有，投资人以其个人全部财产对企业债务承担无限责任的经营实体。

### （二）个人独资企业的特征

（1）个人独资企业是由一个自然人投资的企业。国家机关、企事业单位都不能作为个人独资企业的投资人，外商独资企业也不能作为个人独资企业的投资人。

（2）个人独资企业的财产为投资人个人所有。投资者对这些财产具有充分的占有、使用、收益和处分的权利，其他组织和个人都无权干涉。

（3）个人独资企业的投资人对企业的债务承担无限责任。当企业财产不足以清偿到期债务时，投资人应以自己个人的全部财产用于清偿，并且这种责任是无限的。

（4）个人独资企业是非法人企业。个人独资企业不具有法人资格，无独立承担民事责任的能力。但个人独资企业是独立的民事主体，可以自己的名义从事民商事活动。

（5）个人独资企业是营利性的经营实体。这一特征决定了它既不同于各种非营利性的社会组织，又不同于个体工商户。它的活动要符合国家对经济组织的管理的要求，如应当依法设置会计账簿、会计核算等。

## 二、个人独资企业的设立

### （一）个人独资企业的设立条件

（1）投资人为一个自然人，且只能是中国公民。根据《个人独资企业法》的规定，这里的自然人是指具有中国国籍和具有完全民事行为能力的自然人。外国的自然人及无国籍人不能成为个人独资企业的投资人；法律、行政法规禁止从事营利性活动的国家公务员、商业银行工作人员等也不能成为独资企业的投资人。

（2）有合法的企业名称。企业的名称应当与其责任形式及营业相符合，应遵守企业名称登记管理规定。企业名称中不得使用“有限”、“有限责任”或“公司”字样。企业名称要经过有关登记机关核准。

（3）有投资人申报的出资。投资人可以用货币、实物、土地使用权、知识产权或其他财产权利出资。投资人可以个人财产出资，也可以其家庭共有财产出资。以家庭共有财产作为个人出资的，投资人应当在设立登记申请书上予以注明。

（4）有固定的生产经营场所和必要的生产经营条件。生产经营场所包括企业的住所和与生产经营相适应的处所。住所是企业的主要办事机构所在地，是企业的法定地址。

（5）有必要的从业人员。即要有与企业生产经营范围、规模相适应的从业人员。

### （二）个人独资企业的设立程序

（1）申请设立个人独资企业，应由投资人或其代理人向所在地的登记机关提交设立申请书、投资人身份证明、生产经营场所使用证明等文件。委托代理人申请设立登记时，应当出具投资人的委托书和代理人的合法证明。从事须经有关部门批准业务的，还应提交有关部门的批准文件。

（2）登记机关应当在收到设立申请文件之日起15日内，对符合法定条件的予以登记，发给营业执照；对不符合法定条件的不予登记，并发给企业登记驳回通知书，说明理由。

（3）个人独资企业的营业执照的签发日期，为个人独资企业的成立日期。在领取《个人独资企业营业执照》前，投资人不得以个人独资企业的名义从事经营活动。

（4）个人独资企业设立分支机构，应当由投资人或其委托的代理人向分支机构所在地的登记机关申请登记，领取营业执照，同时报该分支机构隶属的个人独资企业的登记机关备案。分支机构的民事责任由设立该分支机构的个人独资企业承担。

（5）个人独资企业存续期间登记事项发生变更的，应当在作出变更决定之日起的15日内依法向登记机关申请办理变更登记。

## 三、个人独资企业的事务管理

### （一）个人独资企业的事务管理方式

投资人有权自主选择企业事务的管理方式。个人独资企业的事务管理有以下三种模式：

（1）自行管理。即由个人独资企业投资人本人对企业事务直接管理。

（2）委托管理。即由个人独资企业的投资人委托其他人负责企业的事务管理。

（3）聘任管理。即个人独资企业的投资人聘用其他人负责企业事务管理。

**（二）受托人和被聘用管理人的义务**

受托人或者被聘用人管理个人独资企业时，应当履行诚信、勤勉义务，按照与投资人签订的合同负责个人独资企业的事务管理。投资人对受托人或者被聘用管理人职权的限制，不得对抗善意第三人，不得有下列行为：（1）利用职务上的便利，索取或者收受贿赂；（2）利用职务或者工作上的便利侵占企业财产；（3）挪用企业的资金归个人使用或者借贷给他人；（4）擅自将企业资金以个人名义或者以他人名义开立账户储存；（5）擅自以企业财产提供担保；（6）未经投资人同意，从事与本企业相竞争的义务；（7）未经投资人同意，同本企业订立合同或者进行交易；（8）未经投资人同意，擅自将企业商标或者其他知识产权转让给他人使用；（9）泄露本企业的商业秘密；（10）法律、行政法规禁止的其他行为。

## 四、个人独资企业的权利和义务

个人独资企业依法享有的权利主要有：（1）名称专用权。企业对其经核准登记的名称，在规定的范围内享有专有使用权。（2）财产所有权。企业对依法享有的财产所有权，可以依法转让，投资人死亡或依法被宣告死亡时，其财产可以依法继承。（3）经营决策权。企业在核准登记范围内有权自主经营，自行制定生产经营计划，并组织实施。（4）借款权。个人独资企业有权向商业银行申请贷款，用于生产经营。（5）取得土地使用权。个人独资企业可以通过缴纳使用费而有偿取得国有土地的使用权。（6）拒绝摊派权。除国家法律、法规规定者外，个人独资企业有权拒绝各种违法的强制摊派。（7）法定优惠享受权。个人独资企业有权享受国家法律、行政法规规定的有关税收、信贷等方面的优惠待遇。（8）自主诉讼权。个人独资企业是民事法律关系的主体，在其权益受到损害时，可以自己的名义起诉或应诉。（9）其他权利。个人独资企业享有法律、行政法规规定的其他权利。如自主招工、决定工资标准、制定企业的商品价格和服务收费标准、对外签约以及申请知识产权等。

个人独资企业在享有权利的同时必须履行以下义务：（1）从事经营活动必须遵守法律、行政法规，遵守诚实信用原则，不得损害社会公共利益。（2）依法履行纳税义务。（3）依法设置会计账簿，进行会计核算。（4）招用职工时，应当依法与职工签订劳动合同，保障职工的劳动安全，按时、足额发放职工工资。（5）按照社会保险法的规定参加社会保险，为职工缴纳社会保险费用。个人独资企业的社会保险主要包括养老保险、失业保险、工伤保险、医疗保险。（6）个人独资企业的职工可以依法组建工会组织，以维护职工的合法权益。

## 五、个人独资企业的解散和清算

**（一）个人独资企业的解散**

个人独资企业的解散，是指个人独资企业终止活动使其民事主体资格消灭的行为。根据《个人独资企业法》的规定，个人独资企业有下列情形之一时，应当解散：（1）投资人决定解散；（2）投资人死亡或者被宣告死亡，无继承人或者继承人决定放弃继承；（3）被依法吊销营业执照；（4）法律、行政法规规定的其他情形。

**(二) 个人独资企业的清算**

个人独资企业解时，应当进行清算。《个人独资企业法》对个人独资企业的清算做了如下规定：

(1) 确定清算人。清算人是指在个人独资企业清算过程中执行清算事务及对外代表企业的人。个人独资企业的清算原则上以投资人为清算人，即投资人自行当任，但经债权人申请，人民法院可指定投资人以外的人为清算人，即法院指定的人担任。

(2) 通知和公告债权人。投资人自行清算的，应当在清算前15日内书面通知债权人；无法通知的，应当予以公告。债权人应当在接到通知之日起30日内，未接到通知的应当在公告之日起60日内，向投资人申报其债权。清算人应在债权人申报债权后清理企业的债权、债务。

(3) 个人独资企业解散后，财产应当按照下列顺序清偿：所欠职工工资和社会保险费用；所欠税款；其他债务。个人独资企业财产不足以清偿债务的，投资人应当以其个人的其他财产予以清偿。

(4) 清算期间对投资人的要求。在债务清偿前投资人不得转移、隐匿财产，否则应当依法承担法律责任；清算期间，个人独资企业也不得开展与清算目的无关的经营活动。

(5) 投资人的持续偿债责任。个人独资企业解散后，原投资人对个人独资企业存续期间的债务仍应承担偿还责任，但债权人在5年内未向债务人提出偿债请求的，该责任消灭。

(6) 注销登记。个人独资企业清算结束后，投资人或者法院指定的清算人应当编制清算报告，并于15日内到登记机关办理注销登记。经登记机关注销登记后，个人独资企业终止。个人独资企业办理注销登记时，应当缴回营业执照。

# 第三节　合伙企业法

## 一、合伙企业与合伙企业法

合伙企业，是指自然人、法人和其他组织依照《中华人民共和国合伙企业法》在中国境内设立的普通合伙企业和有限合伙企业。

所谓普通合伙企业，是指由普通合伙人组成，合伙人对合伙企业债务承担无限连带责任的一种合伙企业。

所谓有限合伙企业，是指由普通合伙人与有限合伙人组成，普通合伙人对企业债务承担无限连带责任，有限合伙人以其认缴的出资额为限对企业债务承担责任的一种合伙企业。

合伙企业法，是指国家立法机关依法制定的调整合伙企业合伙关系的法律规范的总称。狭义的合伙企业法即为八届全国人大常委会第二十四次会议于1997年2月23日通过，2006年8月27日十届全国人大常委会第二十三次会议进行了修订，自2007年6月1日起施行的《中华人民共和国合伙企业法》(以下简称《合伙企业法》)。

我国《合伙企业法》的适用范围仅限于以自然人为普通合伙人以及法人为有限合伙人的企业，不包括企业法人之间的合伙型联营，也不适用于不具备企业形态的契约型合伙。

## 二、普通合伙企业

### （一）普通合伙企业的设立条件

普通合伙企业，是指由普通合伙人组成，合伙人对合伙企业债务承担无限连带责任的合伙企业。它的设立依法应当具备以下条件：

（1）有两个以上合伙人。自然人、法人和其他组织在法律允许的范围内均可以成为合伙人。合伙人为自然人的，应当具有中国国籍和完全的民事行为能力。国有独资公司、国有企业、上市公司以及公益性的事业单位、社会团体不得成为普通合伙人。

（2）有书面合伙协议。合伙协议是指合伙人通过协商所形成的决定相互之间权利与义务的具有法律效力的书面协议。订立合伙协议，应当遵循自愿、平等、公平、诚实信用原则。

合伙协议应当载明下列事项：合伙企业的名称和主要经营场所的地点；合伙目的和合伙经营范围；合伙人的姓名或者名称、住所；合伙人的出资方式、数额和缴付期限；利润分配、亏损分担方式；合伙事务的执行；入伙与退伙；争议解决办法；合伙企业的解散与清算；违约责任。

合伙协议经全体合伙人签名、盖章后生效。合伙人按照合伙协议享有权利，履行义务。修改或者补充合伙协议，应当经全体合伙人一致同意。但是，合伙协议另有约定的除外。合伙协议未约定或者约定不明确的事项，由合伙人协商决定；协商不成的，依照《合伙企业法》和其他有关法律、行政法规的规定处理。

（3）有合伙人认缴或者实际缴付的出资。合伙人可以用货币、实物、知识产权、土地使用权或者其他财产权利出资，经全体合伙人一致同意也可以用劳务出资。合伙人以实物、知识产权、土地使用权或者其他财产权利出资，需要评估作价的，可以由全体合伙人协商确定，也可以由全体合伙人委托法定评估机构评估。合伙人以劳务出资的，其评估办法由全体合伙人协商确定，并在合伙协议中载明。合伙人应当按照合伙协议约定的出资方式、数额和缴付期限，履行出资义务。以非货币财产出资的，依照法律、行政法规的规定，需要办理财产权转移手续的，应当依法办理。

（4）有合伙企业的名称和生产经营场所。合伙企业名称中应当标明“普通合伙”字样。其中，特殊的普通合伙企业名称中应标明“特殊普通合伙企业”字样。生产经营场所包括企业的住所和与生经营相适应的处所。住所是合伙企业的主要办事机构所在地，是合伙企业的法定地址。不设分支机构的经营场所即为登记的营业地点。

（5）法律、行政法规规定的其他条件。

### （二）普通合伙企业设立登记的程序

设立合伙企业，应当由全体合伙人指定的代表或者委托的代理人向企业登记机关申请设立登记。设立合伙企业应当按照下列登记程序要求进行：

（1）申请设立合伙企业，应当向登记机关提交登记申请书、合伙协议书、合伙人身份证明、出资权属证明、经营场所证明、合伙人指定的代表或者共同委托的代理人的委托书、国家工商行政管理部门规定提交的其他文件。

（2）法律、行政法规规定在登记前须经批准的项目，该项经营业务应当依法经过有关部门批准，并在登记时提交其批准的许可证等文件。

(3) 申请人提交的登记申请材料齐全、符合法定形式，企业登记机关能够当场登记的，应予当场登记，发给营业执照。除上述规定情形外，企业登记机关应当自受理申请之日起 20 日内，作出是否登记的决定。对符合《合伙企业法》规定条件的，予以登记的，发给合伙企业营业执照；对不符合规定条件的，不予登记，并应当给予书面答复，说明理由。

(4) 合伙企业的营业执照签发日期为合伙企业的成立日期。合伙企业领取营业执照前，合伙人不得以合伙企业名义从事合伙业务。

(5) 合伙企业设立分支机构，应当向分支机构所在地的企业登记机关申请登记，领取营业执照。合伙企业登记事项发生变更的，执行合伙事务的合伙人应当自作出变更决定或者发生变更事由之日起 15 日内，向企业登记机关申请办理变更登记。

**(三) 普通合伙企业的财产**

合伙企业的财产，是指在合伙企业存续期间合伙人的出资和其他以合伙企业名义取得的收益和依法取得的其他财产，即出资财产和积累财产的总和。

合伙企业的财产属于全体合伙人共有的财产，合伙人出资的财产为按份共有财产，以合伙企业名义取得的收益和依法取得的其他财产为全体合伙人的共同共有财产，只是最终才成为按份共有财产。但是，合伙人在合伙企业清算前，不得请求分割合伙企业的财产，但法律另有规定的除外。合伙人在合伙企业清算前私自转移或者处分合伙企业财产的，合伙企业不得以此对抗善意第三人。

合伙人处分其在合伙企业中的财产份额时须符合以下规定：

(1) 合伙人之间转让在合伙企业中的全部或者部分财产份额时，应当通知其他合伙人。

(2) 除合伙协议另有约定外，合伙人向合伙人以外的人转让其在合伙企业中的全部或者部分财产份额时，须经其他合伙人一致同意。

(3) 合伙人向合伙人以外的人转让其在合伙企业中的财产份额的，在同等条件下，其他合伙人有优先购买权，但是，合伙协议另有约定的除外。

(4) 合伙人以外的人依法受让合伙人在合伙企业中的财产份额的，经修改合伙协议即成为合伙企业的新合伙人，依照《合伙企业法》和修改后的合伙协议享有权利、履行义务。

(5) 合伙人以其在合伙企业中的财产份额出质的，须经其他合伙人一致同意；未经其他合伙人一致同意，其行为无效，由此给善意第三人造成损失的，由行为人依法承担赔偿责任。

**(四) 普通合伙企业的事务执行**

合伙企业的事务执行是指合伙企业为实现合伙目的而进行的合伙企业的经营活动。合伙人对执行合伙企业事务享有同等的权利。合伙企业的事务执行以全体合伙人共同执行为原则。在这个原则基础上，合伙人可以协商选择具体的事务执行方式。按照合伙协议的约定或者经全体合伙人决定，可以委托一个或者数个合伙人对外代表合伙企业执行合伙事务，其他合伙人不再执行合伙事务。作为合伙人的法人、其他组织执行合伙事务的，由其委派的代表执行。

(1) 依法委托一个或数个合伙人执行合伙事务。其他合伙人不再执行合伙事务。不执行合伙事务的合伙人有权监督委托执行合伙企业事务合伙人的执行情况。

(2) 由一个或数个合伙人执行合伙事务。执行事务合伙人应当定期向其他合伙人报告事务执行情况，其执行合伙事务所产生的收益归合伙企业，所产生的费用和亏损由合伙企业承担。合伙人为了解合伙企业的经营状况和财务状况，有权查阅合伙企业会计账簿等财务资料。

(3) 合伙人分别执行合伙事务。执行事务合伙人可以对其他合伙人执行的事务提出异议。提出异议时，应当暂停该项事务的执行。受委托执行合伙事务的合伙人不按照合伙协议或者全体合伙人的决定执行事务的，其他合伙人可以决定撤销该委托。

(4) 合伙人对合伙企业有关事项的决议，按照合伙协议约定的表决办法办理。合伙协议未约定或者约定不明确的，实行合伙人一人一票并经全体合伙人过半数通过的表决办法决定。《合伙企业法》对合伙企业的表决办法另有规定的，从其规定。

(5) 应当经全体合伙人一致同意的事项。除合伙协议另有约定外，下列事项应当经全体合伙人一致同意：改变合伙企业的名称；改变合伙企业的经营范围、主要经营场所的地点；处分合伙企业的不动产；转让或者处分合伙企业的知识产权和其他财产权利；以合伙企业名义为他人提供担保；聘任合伙人以外的人担任合伙企业的经营管理人员。

(6) 竞业禁止。合伙人不得自营或同他人合作经营与本合伙企业相竞争的业务。除合伙协议另有约定或经全体合伙人一致同意外，合伙人不得同本合伙企业进行交易，不得从事损害本合伙企业利益的活动。

(7) 合伙企业的利润分配与亏损分担。企业的利润分配、亏损分担，应按照合伙协议的约定办理；合伙协议未约定或约定不明确的，由合伙人协商决定；协商不成的，由合伙人按照实缴出资比例分配、分担；无法确定出资比例的，由合伙人平均分配、分担。合伙协议不得约定将全部利润分配给部分合伙人或由部分合伙人承担全部亏损。合伙人按照合伙协议的约定或经全体合伙人决定，可增加或减少对合伙企业的出资。

(8) 被聘任的经营管理人员应在授权范围内履行职务。被聘任的合伙企业的经营管理人员，超越合伙企业授权范围履行职务，或者在履行职务过程中因故意或者重大过失给合伙企业造成损失的，依法承担赔偿责任。合伙企业应当依照法律、行政法规的规定建立企业财务、会计制度。

**(五) 普通合伙企业与第三人的关系**

(1) 合伙企业对合伙人执行合伙事务以及对外代表合伙企业权利的限制，不得对抗善意第三人。

合伙企业对其债务，应先以其全部财产清偿。合伙企业不能清偿到期债务的，各合伙人应当用其在合伙企业出资以外的财产对外承担无限连带清偿责任。在合伙企业内部，各合伙人按照合伙协议约定的比例分担债务；合伙协议未约定或者约定不明确的，由合伙人协商决定；协商不成的，由合伙人按照实缴出资比例分担；无法确定出资比例的，由合伙人平均分担。合伙人由于承担无限连带责任，清偿数额超过其应承担的亏损分担比例的，有权向其他合伙人追偿。

(2) 合伙人发生与合伙企业无关的债务，相关债权人不得以其债权抵销其对合伙企业的债务，也不得代位行使合伙人在合伙企业中的权利。

合伙人的自有财产不足清偿其与合伙企业无关的债务的，可以以其从合伙企业中分取的收益用于清偿；债权人也可以依法请求法院强制执行该合伙人在合伙企业中的财产份额用于清偿。

人民法院强制执行合伙人的财产份额时，应当通知全体合伙人，其他合伙人有优先购买权；其他合伙人未购买，又不同意将该财产份额转让给他人的，依照《合伙企业法》的规定为该合伙人办理退伙结算，或者办理削减该合伙人相应财产份额的结算。

**（六）普通合伙企业的入伙和退伙**

1. 入伙

入伙，是指合伙企业存续期间，合伙人以外的第三人加入合伙，从而取得合伙人资格的法律行为。新合伙人入伙时，除合伙协议另有约定外，应当经全体合伙人一致同意，并依法订立书面入伙协议。订立入伙协议时，原合伙人应当向新合伙人如实告知原合伙企业的经营状况和财务状况。

入伙的新合伙人与原合伙人享有同等权利，承担同等责任。入伙协议另有约定的，从其约定。新合伙人对入伙前合伙企业的债务承担无限连带责任。

2. 退伙

退伙，是指合伙人退出合伙企业，丧失合伙人资格的行为。合伙协议应当对退伙的条件和程序作出规定。合伙人退伙一般有三种情形：

（1）自愿退伙。是指合伙人基于自愿的意思表示而退伙，有协议退伙和通知退伙两种。协议退伙就是合伙人按照协议的约定退伙。《合伙企业法》规定，合伙协议约定合伙期限的，在合伙企业存续期间，有下列情形之一的，合伙人可以退伙：合伙协议约定的退伙事由出现；经全体合伙人一致同意；发生合伙人难以继续参加合伙的事由；其他合伙人严重违反合伙协议约定的义务。通知退伙，是指合伙协议对合伙人没有约定，合伙人以书面的形式将退伙的意愿通知其他合伙人。即合伙协议未约定合伙期限的，合伙人在不给合伙企业事务执行造成不利影响的情况下，可以退伙，但应当提前30日通知其他合伙人。合伙人违反规定退伙的，应当赔偿由此给合伙企业造成的损失。

（2）法定退伙。亦称当然退伙，是指合伙人因出现法律明确规定的事由而退伙。合伙人有下列情形之一的，当然退伙：作为合伙人的自然人死亡或者被依法宣告死亡；个人丧失偿债能力；作为合伙人的法人或者其他组织依法被吊销营业执照、责令关闭或撤销，或者被宣告破产；法律规定或者合伙协议约定合伙人必须具有相关资格而丧失该资格；合伙人在合伙企业中的全部财产份额被法院强制执行。合伙人被依法认定为无民事行为能力人或者限制民事行为能力人的，经其他合伙人一致同意，可以依法转为有限合伙人，普通合伙企业依法转为有限合伙企业。其他合伙人未能一致同意的，该无民事行为能力或者限制民事行为能力的合伙人应当退伙。退伙事由实际发生之日为退伙生效日。

（3）强制退伙。又称除名，是指合伙人出现某些情形后，其他合伙人可以决定该合伙人退伙。合伙人有下列情形之一的，经其他合伙人一致同意，可以决议将其除名：未履行出资义务；因故意或重大过失给合伙企业造成损失；执行合伙事务时有不正当行为；发生合伙协议约定的事由。对合伙人的除名决议应当书面通知被除名人。被除名人接到除名通知之日，除名生效，被除名人退伙。被除名人对除名决议有异议的，可以自接到除名通知之日起 30 日内，向人民法院起诉。

3. 退伙的财产处理

(1) 退伙结算。合伙人退伙，其他合伙人应当与该退伙人按照退伙时的合伙企业财产状况进行结算，退还退伙人的财产份额。退伙人对给合伙企业造成的损失负有赔偿责任的，相应扣减其应当赔偿的数额。退伙时有未了结的合伙企业事务的，待该事务了结后进行结算。退伙人在合伙企业中财产份额的退还办法，由合伙协议约定或者由全体合伙人决定，可以退还货币，也可以退还实物。退伙人以使用权出资的财产需返还给退伙人，盈余部分需进行分配。对基于其退伙前的原因发生的合伙企业债务，退伙人退伙后仍需承担无限连带责任。

(2) 财产继承与资格转继。合伙人死亡或者被依法宣告死亡的，对该合伙人在合伙企业中的财产份额享有合法继承权的继承人，按照合伙协议的约定或者经全体合伙人一致同意，从继承开始之日起，取得该合伙企业的合伙人资格。如果合伙人的继承人为无民事行为能力人或者限制民事行为能力人的，经全体合伙人一致同意，可以依法成为有限合伙人，普通合伙企业依法转为有限合伙企业。全体合伙人未能一致同意的，合伙企业应当将被继承合伙人的财产份额退还该继承人。

(3) 财产退还。有下列情形之一的，合伙企业应当向合伙人的继承人退还被继承合伙人的财产份额：继承人不愿意成为合伙人；法律规定或者合伙协议约定合伙人必须具有相关资格，而该继承人未取得该资格；合伙协议约定不能成为合伙人的其他情形。

**(七) 特殊的普通合伙企业**

特殊的普通合伙企业是指以专业知识和专门技能为客户提供有偿服务的专业服务机构。

(1) 特殊的普通合伙企业名称中应当标明“特殊普通合伙”字样。

(2) 特殊的普通合伙企业的责任形式主要有以下两种：

1) 无限责任与无限连带责任相结合。即一个合伙人或者数个合伙人在执业活动中因故意或者重大过失造成合伙企业债务的，应当承担无限责任或者无限连带责任，其他合伙人以其在合伙企业中的财产份额为限承担责任。合伙人在执业活动中非因故意或者重大过失造成的合伙企业债务以及合伙企业的其他债务，由全体合伙人承担无限连带责任。

2) 无限连带责任。即对合伙人在执业活动中非因故意或者重大过失造成的合伙企业债务以及合伙企业的其他债务，全体合伙人承担无限连带责任。

(3) 责任追偿。《合伙企业法》规定，合伙人执业活动中因故意或者重大过失造成的合伙企业债务，以合伙企业财产对外承担责任后，该合伙人应当按照合伙协议的约定对给合伙企业造成的损失承担赔偿责任。

(4) 特殊的普通合伙企业应当建立执业风险基金，办理执业保险。执业风险基金用于偿付合伙人执业活动造成的债务。执业风险基金应当单独立户管理，具体管理办法由国务院规定。

特殊普通合伙企业的其他规定，适用《合伙企业法》对普通合伙企业的一般规定。

## 三、有限合伙企业

### （一）有限合伙企业的设立

有限合伙企业，是指由普通合伙人和有限合伙人组成，普通合伙人对合伙企业债务承担无限连带责任，有限合伙人以其认缴的出资额为限对合伙企业债务承担责任的合伙企业。

设立有限合伙企业，依法应当具备以下条件：

（1）有限合伙企业由 2 个以上 50 个以下合伙人设立，但法律另有规定的除外。有限合伙企业至少应当有一个普通合伙人。国有独资公司、国有企业、上市公司以及公益性的事业单位、社会团体依法也可以成为有限合伙人。

（2）有书面合伙协议。合伙协议除载明普通合伙企业合伙协议应当载明的事项外，还应当载明下列事项：1）普通合伙人和有限合伙人的姓名或者名称、住所；2）执行事务合伙人应具备的条件和选择程序；3）执行事务合伙人权限与违约处理办法；4）执行事务合伙人的除名条件和更换程序；5）有限合伙人入伙、退伙的条件、程序以及相关责任；6）有限合伙人和普通合伙人相互转变程序。

（3）有合伙人认缴和实际缴付的出资。有限合伙人可以用货币、实物、知识产权、土地使用权或者其他财产权作价出资，但有限合伙人不得以劳务出资。有限合伙人应当按照合伙协议的约定按期足额缴纳出资；未按期足额缴纳的，应当承担补缴义务；并对其他合伙人承担违约责任。有限合伙企业登记事项中应当载明有限合伙人的姓名或者名称及认缴的出资数额。

（4）有合伙企业的名称和生产经营场所。有限合伙企业名称中应当标明“有限合伙”字样。

（5）法律、行政法规规定的其他条件。

### （二）有限合伙企业的事务执行

有限合伙企业由普通合伙人执行合伙事务。执行事务合伙人可以要求在合伙协议中确定执行事务的报酬及报酬提取方式。

有限合伙人不执行合伙事务，不得对外代表有限合伙企业。但有限合伙人的下列行为不视为执行合伙事务：（1）参与决定普通合伙人入伙、退伙；（2）对企业的经营管理提出建议；（3）参与选择承办有限合伙企业审计业务的会计师事务所；（4）获取经审计的有限合伙企业财务会计报告；（5）对涉及自身利益的情况，查阅有限合伙企业财务会计账簿等财务资料；（6）在有限合伙企业中的利益受到侵害时，向有责任的合伙人主张权利或者提起诉讼；（7）执行事务合伙人怠于行使权利时，督促其行使权利或者为了本企业的利益以自己的名义提起诉讼；（8）依法为本企业提供担保。

### （三）有限合伙人的权利与义务

（1）有限合伙人可以同本有限合伙企业进行交易，也可以自营或者同他人合作经营与本有限合伙企业相竞争的业务，但是合伙协议另有约定的除外。

（2）有限合伙人可以将其在有限合伙企业中的财产份额出质，进行权利质押；但合伙协议另有约定的除外。

（3）有限合伙人可以按照合伙协议的约定向合伙人以外的人转让其在有限合伙企业中的财产份额，但应当提前30日通知其他合伙人。其他合伙人在同等条件下有优先购买权。

（4）有限合伙企业不得将全部利润分配给部分合伙人；但是，合伙协议另有约定的除外。

**（四）有限合伙人与第三人的关系**

（1）有限合伙人的自有财产不足清偿其与合伙企业无关的债务时，该合伙人可以以其从有限合伙企业中分取的收益来清偿；债权人也可以依法请求人民法院强制执行该合伙人在有限合伙企业中的财产份额用于清偿。人民法院强制执行有限合伙人的财产份额时，应当通知全体合伙人。在同等条件下，其他合伙人有优先购买权。

（2）第三人有理由相信有限合伙人为普通合伙人并与其交易的，该有限合伙人对该笔交易承担与普通合伙人同样的责任。有限合伙人未经授权以有限合伙企业名义与他人进行交易，给有限合伙企业或者其他合伙人造成损失的，该有限合伙人应当承担赔偿责任。

**（五）有限合伙企业的入伙与退伙**

（1）新入伙的普通合伙人入伙时，除合伙协议另有规定外，应当经全体合伙人一致同意，依法订立书面入伙协议，并对入伙前合伙企业的债务承担无限连带责任。

（2）新入伙的有限合伙人对入伙前有限合伙企业的债务，以其认缴的出资额为限承担责任。

（3）有限合伙人法定退伙的情形包括：1）作为有限合伙人的自然人死亡或者被依法宣告死亡；2）作为有限合伙人的法人或者其他组织依法被吊销营业执照、责令关闭、撤销，或者被宣告破产；3）有限合伙人在合伙企业中的全部财产份额被人民法院强制执行；4）法律规定或者合伙协议约定有限合伙人必须具有相关资格而丧失该资格。但是，作为有限合伙人的自然人在有限合伙企业存续期间丧失民事行为能力的，其他合伙人不得因此要求其退伙。

（4）作为有限合伙人的自然人死亡、被依法宣告死亡或者作为有限合伙人的法人及其他组织终止时，其继承人或者权利承受人可以依法取得该有限合伙人在有限合伙企业中的合伙人资格。

（5）有限合伙人退伙后，对基于其退伙前的原因发生的有限合伙企业债务，以其退伙时从有限合伙企业中取回的财产承担责任。

**（六）有限合伙企业中合伙人身份的转变及责任承担**

除合伙协议另有约定外，普通合伙人转变为有限合伙人，或者有限合伙人转变为普通合伙人，应当经全体合伙人一致同意。

普通合伙人转变为有限合伙人的，对其作为普通合伙人期间合伙企业发生的债务承担无限连带责任。

有限合伙人转变为普通合伙人的，对其作为有限合伙人期间有限合伙企业发生的债务承担无限连带责任。

有限合伙企业仅剩有限合伙人的，应当解散；有限合伙企业仅剩普通合伙人的，转为普通合伙企业。

## 四、合伙企业的解散、清算

### （一）合伙企业的解散

合伙企业有下列情形之一的，应当解散：（1）合伙期限届满，合伙人决定不再经营；（2）合伙协议约定的解散事由出现；（3）全体合伙人决定解散；（4）合伙人已不具备法定人数满 30 天；（5）合伙协议约定的合伙目的已经实现或者无法实现；（6）依法被吊销营业执照、责令关闭或者被撤销；（7）法律、行政法规规定的其他原因。

### （二）合伙企业的清算

合伙企业解散，应当由清算人进行清算。清算人由全体合伙人担任，经全体合伙人过半数同意，可以自合伙企业解散事由出现后 15 日内指定一个或者数个合伙人，或者委托第三人担任清算人。自合伙企业解散事由出现之日起 15 日内未确定清算人的，合伙人或者其他利害关系人可以申请人民法院指定清算人。

清算人在清算期间执行下列事务：（1）清理合伙企业财产，分别编制资产负债表和财产清单；（2）处理与清算有关的合伙企业未了结事务；（3）清缴所欠税款；（4）清理债权、债务；（5）处理合伙企业清偿债务后的剩余财产；（6）代表合伙企业参加诉讼或者仲裁活动。

清算人自被确定之日起 10 日内将合伙企业解散事项通知债权人，并于 60 日内在报纸上公告。债权人应当自接到通知书之日起 30 日内，未接到通知书的自公告之日起 45 日内，向清算人申报债权。债权人申报债权，应当说明债权的有关事项，并提供证明材料。清算人应当对债权进行登记。

清算期间，合伙企业存续，但不得开展与清算无关的经营活动。

合伙企业财产在支付清算费用和职工工资、社会保险费用、法定补偿金以及缴纳所欠税款、清偿债务后的剩余财产，依照《合伙企业法》的规定进行分配。

清算结束后，清算人应当编制清算报告，经全体合伙人签名、盖章后，在 15 日内向登记机关报送清算报告，申请办理合伙企业注销登记。

合伙企业注销后，原普通合伙人对合伙企业存续期间的债务仍应承担无限连带责任。合伙企业不能清偿到期债务的，债权人可以依法向法院提出破产清算申请，也可以要求普通合伙人清偿。合伙企业依法被宣告破产的，普通合伙人对合伙企业债务仍应承担无限连带责任。

## 本章小结

本章介绍了我国的个人独资企业和合伙企业。个人独资企业由一个自然人投资设立·投资人对企业债务承担无限责任，属于非法人企业。投资人可以自行管理企业事务，也可以委托或聘任其他具有完全民事行为能力的人管理企业事务。个人独资企业的设立、事务执行、解散和清算等，均需按照法律的规定进行。合伙企业法规定了普通合伙企业和有限合伙企业。普通合伙企业由普通合伙人组成，合伙人对合伙企业债务承担无限连带责任。以专业知识和专门技能为客户提供有偿服务的专业服务机构，可以设立特殊的普通合伙企业。有限合伙企业由普通合伙人和有限合伙人组成，普通合伙人对合伙企业债务承当无限连带责任，有限合伙人以其认缴的出资额为限对合伙企业债务承担责任。合伙企业的设立、财产处分、事务执行、损益分配、入伙退伙、解散清算等，均需按照《合伙企业法》相关规定进行。

## 思考与练习

### 一、名词解释

个人独资企业　合伙企业　入伙　法定退伙　强制退伙　特殊的普通合伙企业

### 二、简述题

1. 个人独资企业的设立条件。
2. 个人独资企业解散后的清算顺序。
3. 普通合伙企业的设立条件。
4. 退伙的概念及类型。

### 三、案例分析

甲、乙、丙、丁四人拟成立一家普通合伙企业，其合伙协议内容如下：

(1) 注册资本为10万元，甲出资4万元，乙出资3万元，丙以桌椅板凳出资作价1.8万元，丁以劳务出资作价1.2万元。

(2) 甲、乙、丙实际缴付各自出资的70%以上即可，剩余部分何时缴付视情况而定。

(3) 合伙人对合伙企业债务以合伙企业财产为限。

(4) 利润分配比例：甲45%、乙35%、丙20%。亏损承担比例：甲35%、乙25%、丙15%、丁25%。

(5) 甲、丁为事务执行人，对外代表合伙企业，其权限：负责企业日常管理；对外交易，签订合同；改变合伙企业名称；必要时聘任第三人为经营管理人员。

(6) 乙、丙不参与合伙企业的日常经营管理，但有权了解经营状况，监督甲、丁执行合伙企业事务的执行情况。

(7) 退伙人两年内对退伙前合伙企业的债务承担连带责任。

**问：**

1. 该合伙协议中哪些不符合法律规定？为什么？
2. 你如果要和其他人成立合伙企业，你需要做好哪些工作？

# 第四章

# 外商投资企业法律制度

学习要点

◇“三资”企业的概念、特征、规则
◇“三资”企业的设立条件和设立程序
◇“三资”企业的出资方式和出资比例
◇“三资”企业的组织机构与管理模式
◇“三资”企业的经营期限、终止与清算

## 第一节　外商投资企业法概述

我国自改革开放以来，为吸收外商投资，先后制定了《中华人民共和国中外合资经营企业法》及其实施条例、《中华人民共和国中外合作经营企业法》及其实施细则、《中华人民共和国外资企业法》及其实施细则等法律、法规，形成了具有自身特点的外商投资企业法律制度。

外商投资企业在我国主要有中外合资经营企业、中外合作经营企业和外资企业三种企业类型，通称“三资”企业。

### 一、外商投资企业概述

#### （一）外商投资企业的概念和特征

外商投资企业，是指依照中国法律的规定，经中国政府批准，在中国大陆境内设立的，由中国投资者和外国投资者共同投资或者仅由外国投资者投资的各类企业的总称。

外商投资企业与其他企业相比，具有以下法律特征：

（1）外商投资企业的出资人至少有一方是外国投资者。外国投资者是指外国的公司、企业、其他经济组织和个人，以及我国港、澳、台地区的公司、企业、其他经济组织和个人。这一特征使外商投资企业区别于内资企业。

（2）外商投资企业是依照中国法律在中国大陆境内设立的，具有中国国籍的企业。这一特征使外商投资企业区别于外国企业。

（3）外商投资企业是外国私人资本在我国直接投资设立的企业。首先，这种投资属于国际私人投资，区别于政府投资；其次，这种国际私人投资采取的是直接投资的方式。这种直接投资，相对于间接投资而言，具有更大的稳定性。

（4）外商投资企业的设立必须经中国政府主管部门的批准。外商投资企业是中国企业，必须经中国政府主管部门的批准才能设立。

（5）外商投资企业受中国法律的管辖和保护。在我国大陆境内，外商投资企业要依照中国法律和行政法规的规定设立，在设立前后，也必须遵守中国的法律和行政法规的规定；同时，也受中国法律的管辖和保护。

**（二）外商投资企业的法律地位**

外商投资企业是依据中国法律，经中国政府批准在中国境内设立的中国企业。其中，符合中国法人条件规定的，可以具有中国法人资格。根据我国法律的规定，中外合资经营企业必须具备法人资格；中外合作企业和外资企业可以具备法人资格，也可以不具备法人资格。

在法律地位上，外商投资企业属于中国企业，所以必须遵守中国法律和行政法规，受中国法律的管辖和保护。我国法律对外商投资企业的合法权益的保护做了以下规定：（1）国家对中外合资经营企业、中外合作经营企业和外资企业不实行国有化和征收；（2）在特殊情况下，根据社会公共利益的需要，对中外合资经营企业、中外合作经营企业和外资企业可以依法定程序进行征收，并给予相应的补偿。

## 二、外商投资企业法的概念和主要法律

外商投资企业法，是调整在国家干预市场经济运行过程中外商投资企业在设立、变更和终止，以及生产经营中发生的各种经济关系的法律规范的总称。这些经济关系主要包括：外商投资企业中方和外方出资者之间的经济关系；外商投资企业与我国政府部门之间的关系；外商投资企业与中方、外方出资者之间的关系；外商投资企业在经营过程中与其他企业之间的关系；外商投资企业内部管理的经济关系等。

我国关于外商投资企业的法律、法规主要有：《中外合资经营企业法》、《中外合资经营企业法实施条例》；《中外合作经营企业法》、《中外合作经营企业法实施细则》；《外资企业法》、《外资企业法实施细则》及其他相关法律、法规等。此外，还有许多地方性法规和部门规章。既有实体法，也有程序法。加上我国加入世界贸易组织的所有法律文件，我国的外商投资企业法已初步形成了基本框架体系。外商投资企业必须遵守上述法律、法规，国家依法保护外商投资企业的合法权益。

## 三、外商投资企业法的基本原则

**（一）维护国家主权原则**

维护国家主权原则主要体现在国家对自然资源拥有永久主权和对外商投资企业的司法管辖权两方面。

（1）国家对自然资源拥有永久主权。即指每个国家对本国的全部财富、自然资源和全部的经济活动自由行使完整的、排他的、永久的主权。国家有权按照国内法对在其境内的

外国投资进行监督和管理，有权自主对外国投资者给予国际法许可的待遇，有权将外国投资国有化并给予适当的补偿。

（2）对外商投资企业的司法管辖权。是指国家对外商投资企业行使属人优越权，即充分保证国家对外商投资企业的司法监督权，在有关的诉讼、仲裁等事项方面执行我国统一的司法制度。

**（二）平等互利原则**

平等互利原则是指中外双方在法律地位上和权利义务方面平等，并且兼顾双方的利益。平等互利原则是调整吸引外资法律关系的基础，任何违反平等互利原则的合同、协议、章程均不具有法律效力。

**（三）发展民族工业的原则**

发展民族工业的原则是指根据中国的国情，在符合国家产业政策的基础上制定经济发展的战略目标，有计划、有步骤地吸引外资，促进和保护民族工业的发展。

**（四）参照国际惯例的原则**

国际惯例是世界各国在长期国际交往和国际经济活动中逐渐形成的，普遍遵守的国际准则。我国的外商投资企业法既要适应中国国情的需要，又要顺应国际法和国际惯例，以进一步完善我国的外商投资企业法律制度，营造良好的外资投资环境。

## 第二节　中外合资经营企业法

### 一、中外合资经营企业法的概念

中外合资经营企业法，是指调整中外合资经营企业制度的法律规范的总称。《中华人民共和国中外合资经营企业法》（以下简称《中外合资经营企业法》）于1979年7月1日由第五届全国人大第二次会议通过，1990年4月4日第七届全国人大第三次会议第一次修订，2001年3月15日第九届全国人大第四次会议进行了第二次修订。《中外合资经营企业法》是调整中外合资经营企业的主要法律，与之相配套的还有《中外合资经营企业法实施条例》等行政法规和部门规章等规范性文件。

### 二、中外合资经营企业的概念和特征

**（一）中外合资经营企业的概念**

中外合资经营企业，简称合营企业，是指外国公司、企业和其他经济组织或者个人，依照中国法律和行政法规，经中国政府批准，在中国境内与中国的公司、企业或者其他经济组织共同投资、共同经营、共担风险、共负盈亏的企业法人组织，简称合营企业。

**（二）中外合资经营企业的特征**

（1）合营企业由中外合营者共同投资举办。合营各方所投资本构成合营企业的独立财产，成为合营企业进行经营活动和对外承担债务责任的基础。

（2）合营企业由中外合营者共同经营管理。合营各方依法均享有参加企业经营管理的

权利，都有权按照中国法律规定或者合同约定参与合营企业重大事务的决定、处理。

(3) 合营企业由中外合营者共享盈利、共担风险。合营企业的利润按照合营各方的投资比例分配，企业的亏损也按合营各方的投资比例分担。

(4) 合营企业的组织形式为有限责任公司。合营各方对合营企业的责任以各自认缴的出资额为限对企业的债务承担有限责任，合营企业则以企业的全部资产对企业债务承担责任。

(5) 合营企业是中国企业法人。合营企业是依照中国法律获准在中国境内设立的、具有中国法人资格的企业，受中国法律的管辖和保护。

## 三、中外合资经营企业的设立

### (一) 允许投资的领域和设立的条件

设立合营企业，必须具备一定的条件。法律规定允许设立合营企业的主要行业是：能源开发，建筑材料工业，化学工业，冶金工业，机械制造工业，仪器仪表工业，海上石油开采设备的制造业；电子工业，计算机工业，通信设备的制造业；轻纺、食品、包装、医药、医疗器械工业；农、牧、养殖业；旅游和服务业。

申请设立的合营企业应注重经济效益，依法应符合下列一项或者数项要求：(1) 采用先进技术设备和科学管理方法，能增加产品品种，提高产品质量和产量，节约能源和原材料；(2) 有利于企业技术改造，能做到投资少、见效快、收益大；(3) 能扩大产品出口，增加外汇收入；(4) 能培训技术人员和经营管理人员。

申请设立合营企业有下列情况之一的，不予批准：(1) 有损中国主权的；(2) 违反中国法律的；(3) 不符合中国国民经济发展要求的；(4) 造成环境污染的；(5) 签订的协议、合同、章程显属不公平，损害合营一方权益的。

### (二) 合营企业的设立程序

1. 申请

申请，首先需由中国合营者向企业的主管部门呈报拟与外国合营者设立合营企业的项目建议书和初步可行性研究报告。该建议书和初步可行性研究报告经企业的主管部门审查同意并转报审批机构批准后，合营各方才能进行以可行性研究报告为中心的各项工作，协商合营企业的协议、合同、章程。

如果合营各方已就合营事宜达成一致意见，应先行向国家工商管理机关申请合营企业名称的预先核准。中方合营者负责向审批机构报送以下文件：设立合营企业的申请书；合营各方共同编制的可行性研究报告；由合营各方授权代表签署的合营企业协议、合同和章程；由合营各方委派的合营企业董事长、副董事长、董事人选名单；中国合营者的企业主管部门和合营企业所在地的省级政府对设立该合营企业签署的意见。

2. 审批

审批机构包括商务部和商务部委托的有关省级政府或国务院有关部、局。审批机构应当在收到全部文件之日起 3 个月内决定批准或者不批准。审批机构如发现报送的文件有不当之处，应当要求限期改正，否则不予批准。合营企业经批准后由审批机构发给批准证书。须经国务院或国务院对外经济贸易主管部门审批批准的，由该审批机构发给批准证书；国务院授权省级人民政府或国务院有关部门审批批准的，应当报国务院对外经济贸易主管部门备案，并由国务院对外经济贸易主管部门发给批准证书。

3. 登记

申请者应当在收到批准证书后1个月之内，凭批准证书、合同、章程、场地使用文件、企业名称预先核准通知书等向合营企业所在地的省级工商行政管理局办理登记手续，领取《中华人民共和国企业法人营业执照》及其副本，开始营业。合营企业营业执照的签发日期，为合营企业的成立日期。

**（三）中外合资经营企业在设立过程中的法律文件**

（1）中外合资经营企业协议。是指合营各方对设立合营企业的要点和原则达成一致意见而订立的文件。其主要内容是确定出资者共同举办合营企业的权利义务关系，明确投资各方的投资责任、投资期限、投资方式、经营项目以及其他与投资活动有关的内容。经合营各方同意，可以不签订协议，只订立合同和章程。

（2）中外合资经营企业合同。是指合营各方为设立合营企业，就相互权利、义务关系达成一致意见而订立的文件。中外合资企业合同不仅包括协议的内容，还包括在整个合营期限内合营各方的权利和义务。具体包括：合营企业的名称、组织形式、经营范围、注册资本和投资总额，合营各方及投资的数额、方式、期限、应完成的各项任务，利益分配与亏损承担，董事及董事长、副董事长的委派、总经理和副总经理的聘任，财务会计制度，技术转让或特许经营，违约责任等。合营企业协议与合营企业合同有抵触时，以合营企业合同为准。

（3）中外合资企业章程。是指按照合营各方规定的原则，经合营各方同意，规定合营的宗旨、组织原则和经营管理方法等事项的文件。合营企业章程也是合营企业作为企业法人成立的必要条件之一。

合营企业章程应包括下列内容：合营企业的宗旨、经营范围和合营期限；合营各方的名称、注册国家、法定地址、法定代表人的名称、职务、国籍；合营企业的投资总额，注册资本，合营各方的出资额、出资比例、出资额转让的规定，利润分配和亏损分担的比例；董事会的组成、职权和议事规则，董事的任期，董事长、副董事长的职责；管理机构的设置，办事规则，总经理、副总经理及其他高级管理人员的职责和任免方法；财务、会计、审计制度的原则；解散和清算；章程修改的程序等。

以上三个法律文件制作完备后，需提交审批机构核准审批后方为有效。章程应由合资各方代表签署。三项文件的修改也要经过审批核准。

## 四、中外合资经营企业的投资

**（一）注册资本和投资总额**

（1）注册资本。是指为设立中外合资经营企业在登记管理机关登记注册的资本总额，应为各方认缴的出资额之和。在合营企业的注册资本中，外国合营者的投资比例一般不得低于25%；经过批准低于25%的，应在营业执照中注明。合营企业的注册资本，应当与生产经营的范围相适应。合营企业在合营期内，不得减少其注册资本。经合营他方同意和审批机构批准，合营一方可以向第三方转让其全部或部分出资额，并办理变更登记。一方转让出资额时，合营他方在同等条件下有优先购买权。

(2) 投资总额。合营企业的投资总额是指按照合营企业合同或者章程规定的生产规模，需要投入的基本建设资金和生产流动资金。投资总额是注册资本与企业借入资本之和，即合营企业投资总额由注册资本与借入资本两部分构成。

借入资本是指为弥补投资总额的不足，以合资企业的名义或者以项目的名义向金融机构融资的资本。因此，合营企业的注册资本与投资总额之间，虽有联系，但其内涵却是有着重要区别的两个不同的概念，绝不能将其混同理解或等同对待。

(3) 注册资本和投资总额的比例。在实践中，外国投资者总希望多使用借贷资本，少投入注册资本，以减少投资风险。所以，为了保证生产经营活动的正常进行和有足够的能力对外承担民事责任。1987 年 3 月 1 日经国务院批准，国家工商行政管理总局发布了《关于中外合资经营企业注册资本与投资总额比例的暂行规定》，明确了合营企业注册资本与投资总额之间的比例。其主要内容是：1) 投资总额在 300 万美元以下（含 300 万美元）的，其注册资本至少应占投资总额的 7/10；2) 投资总额在 300 万美元以上至 1 000 万美元（含 1 000 万美元）的，其注册资本至少应占投资总额的 1/2，其中投资总额在 420 万美元以下的，注册资本不得低于 210 万美元；3) 投资总额在 1 000 万美元以上至 3 000 万美元（含 3 000 万美元）的，其注册资本至少应占投资总额的 2/5，其中投资总额在 1 250 万美元以下的，注册资本不得低于 500 万美元；4) 投资总额在 3 000 万美元以上的，其注册资本至少应占投资总额的 1/3，其中投资总额在 3 600 万美元以下的，注册资本不得低于1 200万美元。

合营企业如遇特殊情况不能执行此规定的，由国务院对外经济贸易主管部门会同工商行政管理机关批准。

**（二）出资方式**

合营企业的合营者可以用货币出资，也可以用建筑物、厂房、机器设备或其他物料、工业产权、专有技术等作价出资，中方还可以场地使用权作价出资。

以建筑物、厂房、机器设备或其他物料、工业产权、专有技术作价出资的，其作价由合营各方按照公平合理的原则协商确定，或聘请合营各方同意的第三者评定。

中国合营者以场地使用权作价出资的，应由中方向土地管理部门提出申请，经审查批准后方可投资，并由中方向政府补缴土地使用费。

合营企业的投资者履行出资义务必须符合法律的规定，不得欺诈。中外出资者按照合营合同的规定向合营企业认缴的出资，必须是投资者现有的资金，自己所有并且未设立任何担保物权的实物、工业产权、专有技术等。凡是以实物、工业产权、专有技术作价出资的，应当出具拥有所有权和处置权的证明。

合营企业任何一方不得用以合营企业的名义取得的贷款、租赁的设备或者其他财产以及合营者以外的第三人的财产作为自己一方的出资，也不得以合营企业的财产和权益或者合营他方的财产和权益为其出资设定担保。

**（三）出资期限**

合营企业的出资期限由合营各方依照法律的规定在合营合同中约定。合营各方应按照合同的规定履行出资义务，逾期不履行或不完全履行的，应按合同的规定支付迟延利息或赔偿损失。合营各方出资缴付完毕，由中国注册会计师验证，出具验资报告，由合资企业据以发给出资证明书。

我国法律规定的具体出资期限如下：(1) 合营合同中规定一次缴清出资的，合营各方应当从营业执照签发之日起 6 个月内缴清；(2) 合营合同中规定分期缴付出资的，合营各方第一期出资，不得低于各自所认缴出资额的 15%，并且应当在营业执照签发之日起 3 个月内缴清；(3) 合营各方未能在合营合同规定的期限内缴付出资的，视同合营企业自动解散，合营企业批准证书自动失效。

合营一方未能按照合营合同的规定如期缴付或者缴清其出资的，即构成违约，应当按照合同规定支付延迟利息或者赔偿损失。守约方应当催告违约方在 1 个月内缴付或者缴清出资。逾期仍未缴付或缴清的，视同违约方放弃在合营合同中的一切权利，自动退出合营企业，守约方可依法要求违约方赔偿因未缴付或未缴清出资造成的经济损失，原审批机关有权撤销对该合营企业的批准证书。

为了加强对外商投资企业出资的管理，国家对外商投资企业投资者分期出资的总期限作出了规定，具体为：(1) 注册资本在 50 万美元以下（含 50 万美元）的，自营业执照核发之日起 1 年内，应将资本全部缴齐；(2) 注册资本在 50 万美元以上，100 万美元以下（含 100 万美元）的，自营业执照核发之日起 1 年半内，应将资本全部缴齐；(3) 注册资本在 100 万美元以上，300 万美元以下（含 300 万美元）的，自营业执照核发之日起 2 年内，应将资本全部缴齐；(4) 注册资本在 300 万美元以上，1 000 万美元以下（含 1 000 万美元）的，自营业执照核发之日起 3 年内，应将资本全部缴齐；(5) 注册资本在 1 000 万美元以上的，出资期限由审批机关根据实际情况审定；(6) 外商投资企业合同经审批后，如确因特殊情况需要超过合同规定的缴资期限延期缴资的，应报原审批机关批准和登记机关备案，并办理相关手续。

对通过收购国内企业资产或股权设立外商投资企业的外国投资者，国家规定应自外商投资企业营业执照颁发之日起 3 个月内支付全部购买金。特殊情况需延长支付者，经审批机关批准后，自营业执照颁发之日起 6 个月内支付购买金总金额的 60%以上，在 1 年内付清全部购买金，并按实际缴付出资额的比例分配收益。

## 五、中外合资经营企业的组织机构

### (一) 董事会

合营企业不设股东会，董事会是企业的最高权力机构，决定合营企业的一切重大问题。

(1) 董事会成员。董事会成员不得少于 3 人。董事名额的分配由合营各方参照出资比例协商确定。董事的任期为 4 年，经合营各方继续委派可以连任。

(2) 董事会会议。董事会会议每年至少召开 1 次，由董事长负责召集并主持，董事长不能召集时，由董事长委托副董事长或者其他董事负责召集并主持董事会会议。经 1/3 以上董事提议，可以由董事长召开董事会临时会议。董事会会议应有 2/3 以上董事出席方能举行。董事不能出席的，可以出具委托书委托他人代表其出席和表决。董事会会议一般应当在合营企业法定地址所在地举行。

(3) 董事会决议。下列事项由出席会议的董事一致通过方可作出决议：1) 合营企业章程的修改；2）合营企业的中止、解散；3）合营企业注册资本的增加、减少；4）合营企业的合并、分立。其他事项，可以根据合营企业章程载明的议事规则作出决议。

（4）董事长。董事长是合营企业的法定代表人。董事长和副董事长由合营各方协商确定或由董事会选举产生。中外合营者的一方担任董事长的，由他方担任副董事长。董事长不能履行职责时，应当授权副董事长或者其他董事代表合营企业履行职务。

### （二）经营管理机构

合营企业设经营管理机构，负责企业的日常经营管理工作。经营管理机构设总经理1人，副总经理若干人，副总经理协助总经理工作。总经理执行董事会会议的各项决议，组织领导合营企业的日常经营管理工作。在董事会授权范围内，总经理对外代表合营企业，对内任免下属人员，行使董事会授予的其他职权。

总经理、副总经理由合营企业董事会聘请，可以由中国公民担任，也可以由外国公民担任。经董事会聘请，董事长、副董事长、董事可以兼任合营企业的总经理、副总经理或者其他高级管理职务。总经理处理重要问题时，应当同副总经理协商。总经理或者副总经理不得兼任其他经济组织的总经理或者副总经理，不得参与其他经济组织对本企业的商业竞争。总经理、副总经理及其他高级管理人员有营私舞弊或者严重失职行为的，经董事会决议可以随时解聘。

## 六、中外合资经营企业的经营管理

### （一）合营企业的生产经营

（1）合营企业的基本建设计划，应根据批准的可行性研究报告编制，并纳入企业主管部门的基本建设计划，企业主管部门应优先予以安排和保证实施。

（2）合营企业按照合营合同规定的经营范围和生产规模所制定的生产经营计划，由董事会批准执行。

（3）合营企业所需原材料、燃料、配套件等物资，按照公平合理的原则，可以在国内市场购买或者在国际市场购买。合营企业可以将出口产品直接向国外市场销售，也可以委托外国合营者的销售机构或中国的外贸公司销售。合营企业的产品也可以在中国市场销售。

### （二）合营企业的财务与会计

（1）合营企业的财务与会计制度，应根据中国有关法律和财务会计制度的规定，结合合营企业的情况加以制定，并报当地财税部门备案。

（2）合营企业会计采用国际通用的权责发生制和借贷记账法记账。一切自制凭证、账簿、表必须用中文书写，也可以同时用合营各方商定的一种外文书写。合营企业原则上采用人民币为记账本位币，但经合营各方商定，也可以采用某一种外币为本位币。以外币作为记账本位币的合营企业，其编报的财务会计报告应当折算为人民币。

（3）合营企业获得的毛利润，按我国税法规定缴纳企业所得税后，扣除合营企业章程规定的储备基金、工资奖励及福利基金、企业发展基金，净利润根据合营各方注册资本比例进行分配。以前年度的亏损未弥补前不得分配利润；但以前年度未分配的利润，可并入本年度利润分配。

(4) 合营企业的下列文件、报表，应经中国注册会计师验证和出具证明，方为有效。合营各方的出资证明书、合营各方的年度会计报表、合营企业的清算的会计报表等。

(5) 合营企业依照国家有关税收的法律和行政法规规定，可以享受减税、免税的优惠待遇。

## 七、中外合资经营企业的期限、解散与清算

### (一) 合营企业的合营期限

合营企业的合营期限按不同行业、不同情况做不同的约定，有的行业应当约定合营期限；有的行业可以约定合营期限，也可以不约定合营期限。属于下列行业或者情况的，合营各方应依法在合营合同中约定合营期限：(1) 服务性行业的，如饭店、娱乐、饮食、咨询等；(2) 从事土地开发及经营房地产的；(3) 从事资源勘查开发的；(4) 国家规定限制投资项目的；(5) 国家其他法律、法规规定需要约定合营期限的。一般项目的合营期限原则上为10年至30年，投资大、建设周期长、资金利润率低的项目以及外国合营者提供先进技术或者关键技术尖端产品的项目，或者在国际上有竞争能力的产品的项目，其合营期限可以延长到50年。经国务院特别批准，可以在50年以上。

约定合营期限的合营企业，合营各方同意延长合营期限的，应在距合营期满6个月前向审查批准机关提出申请。审查批准机关应自接到申请之日起1个月内决定批准或不批准。

### (二) 合营企业的解散

合营企业可在下列情况下解散：(1) 合营期限届满；(2) 企业发生严重亏损，无力继续经营；(3) 合营一方不履行合营企业协议、合同、章程规定的义务，致使企业无法继续经营；(4) 因自然灾害、战争等不可抗力遭受严重损失，无法继续经营；(5) 合营企业未达到其经营目的，同时又无发展前途；(6) 合营企业合同、章程所规定的其他解散原因已经出现。其中第(2)、(4)、(5)、(6) 项情况发生的，由董事会提出解散申请书，报审批机构批准；第(3) 项情况发生的，由履行合同的一方提出申请，报审批机构批准。在第(3) 项情况下，不履行合营企业协议、合同、章程规定的义务一方，应当对合营企业由此造成的损失负赔偿责任。

### (三) 合营企业的清算

合营企业宣告解散时，应当按照《外商投资企业清算办法》的规定成立清算委员会，负责清算事宜。

清算委员会的成员一般应当在合营企业的董事中选任。董事不能担任或者不适合担任清算委员会成员时，合营企业可以聘请中国的注册会计师、律师担任。审批机构认为必要时，可以派人进行监督。清算费用和清算委员会成员的酬劳应当从合营企业现存财产中优先支付。

清算委员会的任务是对合营企业的财产、债权、债务进行全面清查，编制资产负债表和财产目录，提出财产作价和计算依据，制定清算方案，提请董事会会议通过后执行。清算期间，清算委员会代表该合营企业起诉和应诉。

合营企业以其全部资产对其债务承担责任。合营企业清偿债务后的剩余财产按照合营

各方的出资比例进行分配，但合营企业协议、合同、章程另有规定的除外。

合营企业解散时，其资产净额或者剩余财产减除企业未分配利润、各项基金和清算费用后的余额，超过实缴资本的部分为清算所得，应当依法缴纳所得税。

清算工作结束后，由清算委员会提出清算结束报告，提请董事会会议通过后，报审批机构，并向原登记机关注销营业执照、公章等，办理注销登记手续。合营企业解散后，各项账册及文件应由原中国合营者保存。

### 八、合营各方争议的解决

合营各方在履行协议、合同、章程时发生争议的，应尽量通过友好协商或调解解决。协商或调解不成的，提请仲裁或诉讼解决。

根据仲裁的书面协议，仲裁可在国内的仲裁机构进行，也可在其他仲裁机构进行。

合营各方没有仲裁书面协议的，发生争议的任何一方都可以依法向人民法院起诉。

## 第三节　中外合作经营企业法

### 一、中外合作经营企业法的概念

中外合作经营企业法，是指调整中外合作经营企业制度的法律规范的总称。《中华人民共和国中外合作经营企业法》（以下简称《中外合作经营企业法》）于 1988 年 4 月 13 日由第七届全国人大第一次会议通过，并于 2000 年 10 月 31 日第九届全国人大常委会第十八次会议修订。

### 二、中外合作经营企业的概念与特征

中外合作经营企业，又称契约式合作企业，是指由外国的企业、其他经济组织或个人（以下简称外国合作者），与中国的公司、企业或其他经济组织（以下简称中国合作者），依照《中外合作经营企业法》，以书面合同规定双方权利义务，在中国境内（大陆）共同举办的经济组织，简称合作企业。

中外合作经营企业的特点，主要体现在以下几个方面：

（1）合作企业属于契约式的企业。中外合作者的投资或者提供的合作条件，并不折算成股份。中外合作者的权利义务由合同确定。

（2）合作企业投资方式更为灵活。企业合作各方可以根据投资项目的需要，以合同约定投资或者合作条件。其投资或合作条件可以是现金、实物、工业产权、非专利技术、土地使用权或其他财产权利。

（3）合作企业是法人式企业与非法人式企业并存。合作企业可以是依法取得中国法人资格的企业，也可以是不具备法人资格的企业。具备法人资格的合作企业，其组织形式为有限责任公司，以其投资或者提供的合作条件为限对合作企业承担责任；不具备法人资格的合作企业及其合作各方，依据中国相关法律的有关规定承担民事责任。

（4）合作企业合作各方依合同的约定直接分配收益或者产品、承担风险和企业亏损。

(5) 合作企业的管理方式具有灵活性和多样性。合作企业可以采用董事会制，也可以采用联合管理委员会制，还可以采用委托第三方管理制。具备法人资格的，一般采用董事会制；不具备法人资格的，一般采用联合管理制，也可以采用委托第三方管理制。

(6) 合作企业的外国合作者可以先行回收投资。合作企业双方可依法约定外国合作者在合作期限内先行回收投资，但在合作期满后，合作企业的全部固定资产归中国合作者所有。

## 三、中外合作经营企业的设立

### (一) 中外合作经营企业的设立条件

合作企业的设立必须符合国家的发展政策和产业政策，遵守国家关于指导外商投资方向的规定。国家鼓励举办产品出口或技术先进的生产型合作企业。

中外合作者申请设立合作企业，应当依法签订合作合同，约定投资或合作条件、收益或产品的分配、风险和亏损分担等事项。设立具有法人资格的合作企业，应依照关于法人条件的规定取得中国法人资格。

申请设立合作企业有下列情形之一的，不予批准：(1) 损害国家主权或社会公共利益的；(2) 危害国家安全的；(3) 对环境造成污染损害的；(4) 有违反法律、行政法规或国家产业政策的其他情形的。

### (二) 中外合作经营企业的设立程序

根据《中外合作经营企业法》及其实施细则的规定，设立合作企业的基本程序如下：

(1) 由中方合作者向审查批准机关报送有关文件。报送的文件包括以下几种：1) 设立合作企业的项目建议书，并附送主管部门审查同意的文件；2) 合作各方共同编制的可行性研究报告，并附送主管部门审查同意的文件；3) 由合作各方的法定代表人或其授权的代表签署的合作企业协议、合同、章程；4) 合作各方的营业执照或者注册登记证明、资信证明及法定代表人的有效证明文件，外国合作者是自然人的，应当提供有关其身份、履历和资信情况的有效证明文件；5) 合作各方协商确定的合作企业董事长、副董事长、董事或者联合管理委员会主任、副主任、委员的人选名单；6) 审查批准机关要求报送的其他文件。

(2) 审查批准机关审批。设立合作企业需由国务院对外贸易主管部门或者国务院授权的部门和地方人民政府审查批准。审查批准机关应当自收到规定的全部文件之日起 45 天内决定是否批准；审查批准机关认为报送的文件不全或者有不当之处的，有权要求合作各方在指定期间内补正或者修正。

(3) 申请工商登记，领取营业执照。设立合作企业的申请被批准后，应当自接到批准证书之日起 30 天内向工商行政管理机关申请登记，领取营业执照。营业执照签发日期，为合作企业成立日期，合作企业自成立之日起 30 日内向税务机关办理税务登记。

中外合作者在合作期限内协商同意对合作企业合同作重大变更的，应当报审查批准机关批准；变更内容涉及法定工商登记项目、税务登记项目的，应当向工商行政管理机关、税务机关办理变更登记手续。

## 四、中外合作经营企业的注册资本、投资方式和投资总额及权利转让

### (一) 合作企业注册资本

注册资本，是指为设立合作企业在工商行政管理机关登记的合作各方认缴的出资额之

和。注册资本以人民币表示，也可以合作各方约定的外币表示。

合作者应依法律规定和合同的约定，如期履行缴足投资、提供合作条件的义务。逾期不履行的，由工商行政管理机关限期履行；限期届满仍未履行的，由审查批准机关和工商行政管理机关依照国家有关规定处理。中外合作者的投资或者提供的合作条件，由中国注册会计师或者有关机构验证并出具证明。

注册资本在合作期限内不得减少。但是，因投资总额和生产经营规模等变化，确需减少的，须经审查批准机关批准。

**（二）合作企业的投资方式**

中外合作者的投资或者提供的合作条件可以是现金、实物、土地使用权、工业产权、非专利技术和其他财产权利。其他财产权利是指抵押权、留置权、质权、用益物权等物权以及特许权、工艺流程、商誉等。

**（三）合作企业的投资总额及权利转让**

合作企业的投资总额，是指按照合作企业合同、章程规定的生产经营规模需要投入的资金总和。合作企业的注册资本与投资总额的比例，参照中外合资经营企业注册资本与投资总额的比例的有关规定执行。

在依法取得中国法人资格的合作企业中，外国合作者的投资比例一般不得低于注册资本的25%。

合作各方之间相互转让或者合作一方向非合作方转让其在合作企业合同中的权利的，须经合作方书面同意，并报审批机关批准。审批机关应当自收到有关转让文件之日起30天内决定批准或者不批准。

## 五、中外合作经营企业的管理

**（一）合作企业的组织形式**

根据中外合作各方的意愿，合作企业可以组成法人式企业或者非法人式企业。法人式企业的组织形式为有限责任公司，拥有自己独立的财产，以企业法人的名义享受权利和承担义务。除合作企业合同另有约定外，合作各方以其认缴的出资额或提供的合作条件为限对合作企业承担责任，合作企业以其全部财产对合作企业的债务承担责任。

非法人式企业为合作者之间联合经营、共同管理的合伙组织，合作各方应当以各自所有的财产或提供的合作条件对合作企业的债务承担无限连带责任。

**（二）合作企业的管理形式**

（1）董事会制。法人式的合作企业一般实行董事会制。董事会是合作企业的最高权力机构，决定合作企业的一切重大事宜。董事会的组成、董事长的人选由合作双方协商确定。董事长为合作企业的法定代表人，由董事会决定或聘任总经理负责合作企业的日常经营管理工作，总经理对董事会负责。

（2）联合管理制。非法人式合作企业采用联合管理制，即由合作各方委派代表组成联合管理委员会，代表合作企业共同管理合作企业。联合管理委员会是非法人式合作企业的最高权力机构，有权决定合作企业的一切重大事宜，任命或选派总经理负责合作企业的日常经营管理工作。

（3）委托管理制。委托管理制是指合作企业成立后，经董事会或者联合管理委员会一致同意，委托合作各方以外的他人经营管理合作企业。采用这种管理形式的合作企业，应当与被委托人签订经营管理合同。合作企业应当将董事会或联合管理委员会的决议、签订的委托经营管理合同，连同被委托人的资信证明文件，一并报送原审批机构批准，并向原工商行政管理机构办理变更登记手续。

在实践中，委托管理制还有另一种形式，即经合作企业的中外双方同意，委托合作一方进行管理，另一方不参加管理，只拥有监督权与建议权。

## 六、中外合作经营企业的收益分配及投资回收

（1）合作企业的合作各方是依照合作企业合同的约定，分配收益或产品，承担风险和亏损。在收益分配上，中外合作企业可以采用分配利润、分配产品或合作各方共同商定的其他方式分配收益。采用分配产品或其他方式分配收益的，应当按照税法的有关规定，计算应纳税额。外国合作者在合作期限内先行收回投资的，中外合作者应当依照有关法律的规定和合作企业合同的约定，对合作企业的债务承担责任。

（2）合作企业的外国合作者在一定条件下依法可以先行收回投资。外国合作者先行回收投资的具体方式包括：1）在按照投资或提供合作条件进行分配的基础上，在企业合同中约定扩大外国合作者的收益分配比例；2）经财政税务机关审查批准，外国合作者在合作企业缴纳所得税前回收投资；3）经财政税务机关和审查批准机关批准的其他回收投资方式。合作企业的亏损未弥补前，外国合作者不得先行回收投资。

外国合作者先行回收投资必须明确以下四个问题：

第一，保持合作企业正常经营。即外国合作者应在合作企业的亏损弥补之后，才能先行回收投资。在盈利年度回收投资，也应以保持下一年度的企业正常经营的资金为限。例如，亏损年度外方就不应回收投资，否则会造成企业难以为继。

第二，外国合作者依照《中外合作经营企业法实施细则》第四十四条第二项和第三项的规定方式收回投资，应提出先行回收投资的申请，说明先行回收投资的总额、期限和方式，经财政税务机关审查同意，报审批机构审批。

第三，外国合作者提前收回出资的，中外合作者应当依照我国有关法律的规定和合作企业合同的约定，对企业的债务承担连带责任。

第四，外国投资者先行回收投资的中外合作企业，双方必须在合同中约定合作期满时，企业全部固定资产无偿归中国合作者所有。但这并非是外国合作者无偿转让，而是中方合作者以自己应得收益或合作条件购买的外国合作者的投资，属于资本内部转移的性质。

## 七、中外合作经营企业的期限、解散和清算

### （一）合作企业的期限

合作企业的期限由中外合作者协商确定，并在合作合同中明确。合作企业期限届满，合作各方协商同意要求延长合作期限的，应当在期限届满的 180 天前向审查机关提出申请。审查批准机关应当在收到申请之日起的 30 天之内决定批准或者不批准。经批准延长合作期限的，合作企业凭批准文件向工商行政管理机关办理变更登记手续。

合作企业合同约定外方先行回收投资，并且投资已经回收完毕的，合作企业期限届满不得再延长；但外国合作者增加投资的，经合作各方协商同意，可以向审批机关申请延长合作期限；外国合作者在合作期限内尚未回收完毕投资的，也可以申请延长合作期限，合作企业凭批准文件向登记机关办理变更登记手续，延长的期限从期限届满后的第一天起计算。

**（二）合作企业的解散**

根据《中外合作经营企业法》及其实施细则的规定，合作企业解散的原因主要有以下几项：（1）合作期限届满；（2）合作企业发生严重亏损，或者因不可抗力遭受严重损失，无力继续经营；（3）合作一方或者多方不履行合作企业合同、章程规定的义务，致使合作企业无法继续经营；（4）合作企业合同、章程中规定的其他解散原因已经出现；（5）合作企业违反法律、行政法规，被依法责令关闭。

上述第（2）、（4）项所列情形发生，应当由合作企业的董事会或者联合管理委员会做出决定，报审批机关批准。出现上述第（3）项所列情形，不履行合作企业合同、章程规定义务者，应当对履行合同的他方因此遭受的损失承担赔偿责任。履行合同者有权向审查批准机关提出申请解散合作企业。

**（三）合作企业的清算**

合作企业解散时要进行清算，清算事宜依照国家有关法律、行政法规及合作企业合同、章程的规定办理。其具体清算程序与中外合资经营企业解散的清算程序基本相似，只是对于不具有企业法人资格的中外合作经营企业，在合作企业的全部财产不足以清偿企业债务的情况下，合作各方应依法共同承担合作企业债务的无限连带责任。

### 八、争议的解决

中外合作者履行合作企业合同、章程发生争议时，应当通过协商或者调解解决。中外合作者不愿通过协商、调解解决的，或者协商、调解不成的，可以依照合作企业合同中的仲裁条款或者事后达成的书面仲裁协议，提交中国仲裁机构或者其他仲裁机构仲裁。

中外合作者没有在合作企业合同中订立仲裁条款，事后又没有达成书面仲裁协议的，任何一方都可以向中国法院起诉。

## 第四节　外资企业法

### 一、外资企业法的概念

外资企业法是指调整外资企业制度的法律规范的总称。《中华人民共和国外资企业法》（以下简称《外资企业法》）于1986年4月12日由第六届全国人民代表大会第四次会议通过，并于2000年10月31日第九届全国人民代表大会常委会第十八次会议修订。

### 二、外资企业的概念和特征

**（一）外资企业的概念**

外资企业是指依照中国法律在中国境内设立的、全部资本由外国投资者投资的企业，不包括外国企业和其他经济组织在中国境内的分支机构。

**（二）外资企业的特征**

（1）它的全部资本均由外国投资者投入，并且是由外国投资者经营的企业。外国投资者包括外国的企业、其他经济组织或个人。它与中外双方共同投资的中外合资经营企业、中外合作经营企业在投资主体和经营主体上是截然不同的。

（2）外资企业是具有中国国籍的企业。外资企业是依照中国法律在中国境内设立的企业，因此具有中国国籍。

（3）外资企业是独立的经营实体。外国投资者在中国投资举办外资企业，可根据实际需要和条件的不同，组建法人实体企业或非法人实体企业。实践中的外资企业绝大多数都依法取得了企业法人资格，只有极少数小规模的外资企业采用外商合伙经营或由外商个人独资经营。这使其同外国企业在中国设立的分支机构截然不同。

## 三、外资企业的设立

**（一）设立条件**

根据我国有关法律和行政法规的规定，我国目前外资企业的设立条件如下：

（1）外资企业在中国境内从事经营活动，必须遵守中国的法律、行政法规，不得损害中国的社会公共利益。

（2）设立外资企业，必须有利于中国国民经济的发展，能够取得显著的经济效益。国家鼓励外资企业采用先进技术和设备，从事新产品开发，实现产品升级换代，节约能源和原材料，并鼓励设立产品出口的外资企业。

（3）禁止或者限制设立外资企业的行业，按照国家指导外商投资方向的规定及外商投资产业指导目录执行。目前禁止设立外资企业的行业主要有新闻、出版、广播、电视、电影、邮政等行业。限制设立外资企业的行业主要有公用事业、交通运输、信托投资和租赁等。从近年来的实践看，我国加入 WTO 以后，在市场准入方面，允许设立外资企业的领域将不断扩大。

（4）申请设立外资企业，有下列情况之一的，不予批准：1）有损中国主权或者社会公共利益的；2）危及中国国家安全的；3）违反中国法律、法规的；4）不符合中国国民经济发展要求的；5）可能造成环境污染的。

**（二）设立的程序**

（1）提交报告。外国投资者应首先向拟设立外资企业所在地的县级以上政府提出报告。收到报告的地方政府在 30 日内向外国投资者作出答复。同意设立外资企业的，该外国投资者应就设立事项向县级以上人民政府的审批机关提出设立企业的书面申请。

（2）申请。报经地方政府同意后，外国投资者应当通过拟设立外资企业所在地的县级或者县级以上地方人民政府向审批机关提出申请，并报送下列文件：1）设立外资企业申请书；2）可行性研究报告；3）外资企业章程；4）外资企业法定代表人（或者董事会人选）名单；5）外国投资者的法律证明文件和资信证明文件；6）拟设立外资企业所在地的县级或者县级以上地方人民政府的书面答复；7）需要进口的物资清单；8）其他需要报送的文件。两个或者两个以上外国投资者共同申请设立外资企业，应当将其签订的合同副本报送审批机关备案。审查批准机关应在接到申请之日起90天内决定批准或者不批准。

(3) 审批。设立外资企业的申请，由主管对外贸易经济的部门审查批准后，发给批准证书。设立外资企业的申请属于下列情形的，国务院授权省、自治区、直辖市和计划单列市、经济特区人民政府审查批准后，发给批准证书：1）投资总额在国务院规定的投资审批权限以内的；2）不需要国家调拨原材料，不影响能源、交通运输、外贸出口配额等全国综合平衡的。省、自治区、直辖市和计划单列市、经济特区人民政府在国务院授权范围内批准设立外资企业，应当在批准后15天内报主管对外贸易经济的部门备案。

(4) 登记注册。设立外资企业的申请经审批机关批准后，外国投资者应当在收到批准证书之日起30天内，向工商行政管理机关申请开业登记。经核准登记注册，领取营业执照后，企业即告成立。外资企业的营业执照签发日期，为该企业成立日期。

## 四、外资企业的组织形式与注册资本

### (一) 外资企业的组织形式

外资企业的组织形式为有限责任公司，经批准也可以为其他责任形式。外资企业为有限责任公司的，外国投资者对企业的责任以其认缴的出资额为限。外资企业为其他责任形式的，外国投资者对企业的责任适用中国法律、行政法规的规定。

### (二) 外资企业的注册资本

外资企业的注册资本，是指为设立外资企业在工商行政管理机关登记的资本总额，即外国投资者认缴的全部出资额。企业的注册资本要与其经营规模相适应，注册资本与投资总额的比例应当符合中国有关规定。

外资企业在经营期内不得减少其注册资本。但是，因投资总额和生产经营规模等发生变化确需减少的，须经审批机关批准。

外资企业注册资本的增加、转让，须经审批机关批准，并向工商行政管理机关办理变更登记手续。

外资企业将其财产或者权益对外抵押、转让，须经审批机关批准并向工商行政管理机关备案。

外资企业的法定代表人是依照其章程规定、代表外资企业行使职权的负责人，法定代表人无法履行其职权时，应当以书面形式委托代理人，代其行使职权。

外资企业应当在审查批准机关核准的期限内在中国境内投资；逾期不投资的，工商行政管理机关有权吊销其营业执照。

## 五、外资企业的出资方式与出资期限

### (一) 出资方式

外国投资者可以用可自由兑换的外币出资，也可以用机器设备、工业产权、专有技术等作价出资。其中，以工业产权、专有技术作价出资的，其作价金额不得超过外资企业注册资本的20%。经审批机关批准，外国投资者也可以用其从中国境内举办的其他外商投资企业获得的人民币利润出资。

**（二）出资期限**

外资企业的出资期限应当在设立申请书和章程中载明。分期缴付出资的，第一期出资应当占总出资的15%，并在营业执照签发后的90天内完成，其余部分在3年内缴清。违反以上规定的，外资企业批准证书自动失效，并吊销营业执照。

外国投资者缴付每一期出资后，外资企业应聘请中国的注册会计师验证并出具验资报告，报审批机关和工商行政管理机关备案。

## 六、外资企业的用地及其费用

**（一）用地**

外资企业的用地，由外资企业所在地的县级或县级以上地方政府根据本地区的情况审核后，予以安排。外资企业应当在营业执照签发之日起30天内，持批准证书和营业执照到外资企业所在地县级或者县级以上地方政府的土地管理部门办理土地使用手续，领取土地证书，土地证书为外资企业使用土地的法律凭证。外资企业在经营期限内未经批准，其土地使用权不得转让。

**（二）费用**

外资企业在领取土地证书时，应当向其所在地土地管理部门缴纳土地使用费。外资企业使用经过开发的土地，应当缴付土地开发费，包括征地拆迁补偿安置费用和为外资企业配套的基础设施建设费用。土地开发费可由土地开发单位一次性计收或者分年计收。外资企业的土地使用费和土地开发费的计收标准，依照中国有关规定办理。

## 七、外资企业的经营管理

**（一）外资企业的自主经营权**

外资企业有权自行制定、执行生产经营计划。外资企业有权自行决定购买本企业自用的机器设备、原材料、燃料、零部件、配套件、元器件、运输工具和办公用品等。外资企业在中国购买物资，在同等条件下，享受与中国企业同等的待遇。外资企业可以在中国市场销售其产品。国家鼓励外资企业出口其生产的产品。外资企业有权自行出口本企业生产的产品，也可以委托中国的外贸公司代销或者委托中国境外的公司代销。

**（二）外资企业的财务会计**

外资企业应当依照中国法律、法规和财政机关的规定，建立财务会计制度并报其所在地财政、税务机关备案。

外资企业应当在企业所在地设置会计账簿，进行独立核算，向财政、税务机关报送年度会计报表、清算会计报表、年度资产负债表和损益表，并报审批机关和工商行政管理机关备案，同时接受财政、税务机关的监督。外资企业的年度会计报表应当聘请中国的注册会计师进行验证并出具报告。

外资企业依照中国税法规定缴纳所得税后的利润，应当提取储备基金和职工奖励及福利基金。储备基金的提取比例不得低于税后利润的10%，当累计提取金额达到注册资本的

50%时，可以不再提取。职工奖励及福利基金的提取比例由外资企业自行确定。外资企业以往会计年度的亏损未弥补前，不得分配利润；以往会计年度未分配的利润，可与本会计年度可供分配的利润一并分配。外资企业需依照国家有关税收的规定纳税，并可以享受减税、免税的优惠待遇。外资企业将缴纳所得税后的利润在中国境内再投资的，可依法申请退还再投资部分已缴纳的部分所得税税款。

## 八、外资企业的经营期限、终止与清算

### （一）外资企业的经营期限

外资企业的经营期限，根据不同行业和企业的具体情况，由外国投资者在设立外资企业的申请中拟订，并经审批机关批准。外资企业的经营期限，从其营业执照签发之日起计算。外资企业需延长经营期限的，应当在距期满180天前向审批机关递交申请书。审批机关在收到申请之日起30日内决定批准或者不批准。批准延长的，应当在收到批准文件的30天内向工商行政管理机关办理变更登记。

### （二）外资企业的终止

根据法律规定，外资终止的原因主要有：（1）经营期限届满；（2）经营不善，严重亏损，外国投资者决定解散；（3）因自然灾害、战争等不可抗力因素而遭受严重损失，无法继续经营；（4）破产；（5）违反中国法律、法规，危害社会公共利益，被依法撤销；（6）外资企业章程规定的其他解散事由已经出现。

因以上第（2）、（3）、（4）项情形而终止的，应自行提交申请书，报审批机关核准，核准日期为外资企业的终止日期。

### （三）外资企业的清算

外资企业因经营期限届满或者经营不善、严重亏损决定解散或者因自然灾害、战争等不可抗力而遭受严重损失无法继续经营或者外资企业章程规定的其他解散事由已经出现而终止的，应当在终止之日起15天内对外公告并通知债权人，并在终止公告发出之日起15天内，提出清算程序、原则和清算委员会人选，报审批机关审核后进行清算。

清算委员会应当由外资企业的法定代表人、债权人代表以及有关主管机关的代表组成，并聘请中国的注册会计师、律师等参加。清算费用应在外资企业现存财产中优先支付。

清算委员会行使下列职权：（1）召集债权人会议；（2）接管并清理企业财产，编制资产负债表和财产目录；（3）提出财产作价和计算依据；（4）制定清算方案；（5）收回债权和清偿债务；（6）追回股东应缴而未缴的款项；（7）分配剩余财产；（8）代表外资企业起诉和应诉。

外资企业在清算结束之前，外国投资者不得将该企业的资金汇出或者携出中国境外，不得自行处理企业的财产。外资企业清算结束，其资产净额和剩余财产超过注册资本的部分视同利润，应当依照中国税法缴纳所得税。

外资企业清算结束，应当向工商行政管理机关办理注销登记手续，缴销营业执照。

## 本章小结

外商投资企业，亦称“三资”企业，是指中外合资经营企业、中外合作经营企业和外资企业。外商投资企业法，主要是调整三资企业在中国境内设立、经营以及终止的经济关系的法律规范的总称。

中外合资经营企业是外国的公司、企业和其他经济组织或个人同中国的公司、企业和其他经济组织在中国境内举办的共同投资、共同经营、共负盈亏的企业。利润的分配和风险的分担按照出资比例进行。

中外合作经营企业是中外投资者共同举办的，以合作企业合同为基础的契约式外商投资企业。双方的出资不划分比例，利润的分配和风险、亏损的分担完全依照合作企业合同的约定进行。

外资企业是外国投资者在中国境内投资设立的企业。外资企业法主要规定了外资企业的设立、经营、土地使用、管理等方面的内容。

## 思考与练习

### 一、单项选择题

1. 中外合资经营企业的最高权力机构是下列哪一个机构？（　　）

A. 股东大会　　B. 董事会　　C. 经理会　　D. 管理委员会

2. 中国某企业与美国某企业在深圳设立一合资企业，双方签订合资企业合同。合同约定，合同受成立合资企业时中国法律的管辖，适用成立合资企业时的中国法律，今后如遇中国法律修改，合同仍适用成立合资企业时的中国法律。这一约定（　　）。

A. 违背中国法律，无效

B. 不违背中国法律，有效

C. 如经审批机关批准则有效

D. 如中国与美国政府间订有司法协定则有效，否则无效

3. 中国甲公司与B国乙公司签订一份合资经营企业合同，经天津市工商行政管理局核准登记，于2006年8月1日领取营业执照。至2007年3月月底，乙方已缴清全部出资，甲方未缴付，经乙方催缴数月仍无结果。对此应（　　）。

A. 由甲方向乙方承担未缴付出资的赔偿责任

B. 由工商行政管理机关限期乙方在1个月内缴清

C. 视合资企业自动解散，合营企业的批准证书自动失效

D. 由合资企业办理注销登记手续，缴销营业执照

4. 在中外合资经营企业的注册资本中，外国合营者投资的下限应是下列哪一个选项？（　　）

A. 25%　　B. 300%　　C. 45%　　D. 5%

5. 根据《外资企业法实施细则》的规定，外资企业将其财产或者权益对外抵押、转让的，应当办理以下哪些手续？（　　）

A. 经工商行政管理局批准

B. 向审批机关备案

C. 经审批机关批准，并向工商行政管理机关备案

D. 经工商行政管理机关批准，并向审批机关备案

6. 外商投资企业的法律类型有（　　）。

A. 中外合资经营企业、中外合作经营企业、外资企业

B. 港澳台资企业、外商独资企业、外资企业

C. 中外合作经营企业、外商独资企业、港澳台资企业

D. 中外合作经营企业、外资企业、跨国投资企业

7. 依法取得中国法人资格的中外合作经营企业的外国合作者的投资比例一般（　　）。

A. 不低于合作企业注册资本的50%　B. 不低于合作企业注册资本的35%

C. 不低于合作企业注册资本的25%　D. 不低于合作企业注册资本的15%

8. 合营企业合营各方的下列出资方式中，只能作为中方出资方式的是（　　）。

A. 工业产权　B. 货币　C. 场地使用权　D. 机器设备

9. 外国投资者以工业产权、专有技术作为出资的，其作价金额不得超过外资企业注册资本的（　　）。

A. 50%　B. 20%　C. 25%　D. 10%

10. 关于中外合资经营企业总经理的聘用问题，下列说法正确的是（　　）。

A. 只能由中国公民担任

B. 只能由外国公民担任

C. 只能由董事长兼任

D. 可以由中国公民担任，也可以由外国公民担任

11. 中外合资有限责任公司董事的法定任期是（　　）。

A. 2 年　B. 3 年　C. 4 年　D. 5 年

12. 根据《中外合资经营企业法》及其实施条例的规定，合营企业的最高权力机构是（　　）。

A. 股东会　B. 股东大会　C. 监事会　D. 董事会

13. 中外合作企业的董事会董事或联合管理委员会委员的任期由合作企业章程规定，但是每届任期不得超过（　　）。

A. 3 年　B. 4 年　C. 2 年　D. 5 年

14. 合作各方转让出资的，应当经合作他方的书面同意，同时报审批机关批准，审批机关应当自收到有关转让文件之日起一定期限内作出决定批准或者不批准，该期限为（　　）。

A. 30 日　B. 60 日　C. 90 日　D. 120 日

15. 根据我国《中外合作经营企业法》的规定，中外合作企业修改章程，必须由（　　）通过方可作出决议。

A. 董事会全体董事一致通过　B. 出席董事会会议的董事一致通过

B. 全体董事的 2/3 以上通过　D. 全体董事的 1/2 以上通过

16. 某中外合作经营企业合作合同规定：外方合作者以现金和机器设备出资，占总出

资额的60%，中方合作者以厂房和土地使用权出资，占总出资额的40%；合作企业合作期内所得收益首先全部用于偿付外方出资，在外方出资偿付完毕后的合作期限内，合作双方各按50%比例分配收益；合作企业合作期限为8年，合作期满后，企业全部固定资产无偿归中方合作者所有。下列各项中，你认为正确的是（　　）。

A. 合作合同违反法律规定，为无效合同

B. 合作合同显失公平，应变更为在合作期限内按双方出资比例分配收益

C. 合作合同合法有效，合作企业可以登记为具有法人资格的有限责任公司

D. 合作合同合法有效，合作企业必须登记为具有合伙性质的企业

## 二、多项选择题

1. 根据中外合资经营企业法律制度的规定，下列关于合营企业董事长产生方式的表述中，正确的有（　　）。

A. 合营企业的董事长既可以由中方担任，也可以由外方担任

B. 合营企业的董事长必须由出资最多的一方担任

C. 合营企业的董事长由合营各方协商确定

D. 合营企业的董事长由一方担任的，副董事长必须由合作他方担任

2. 下列关于中外合资经营企业资本的说法，哪些是正确的？（　　）

A. 合营企业在合营期间可以增加注册资本

B. 合营企业在合营期间可以减少注册资本

C. 合营一方向第三人转让其出资份额时，须征得合营他方同意

D. 合营一方向第三人转让其出资份额时，合营他方在同等条件下有优先购买权

3. 由中外合资经营企业的董事会确定提取比例的基金有哪几项？（　　）

A. 企业储备基金　　B. 企业发展基金

C. 职工奖励基金　　D. 职工福利基金

4. 某外商欲在中国设立一家中外合作经营企业，该企业的经营管理可采取下列哪种形式？（　　）。

A. 总经理负责制　B. 董事会制　C. 联合管理制　D. 委托管理制

5. 中外合资企业外方的出资方式有（　　）。

A. 货币　B. 场地使用权　C. 工业产权　D. 专有技术

## 三、简述题

1. 简述中外合资经营企业的特征。

2. 简述中外合资经营企业与中外合作企业的区别。

# 第五章 公司法律制度

**学习要点**

◇ 公司的概念、特征和种类
◇ 公司的资本制度
◇ 公司股东的权利与义务
◇ 公司的组织机构
◇ 有限责任公司的特征及设立条件
◇ 股份有限公司的概念及特征
◇ 股份有限公司的设立条件与程序
◇ 公司股份的发行与转让
◇ 公司债券的概念、种类和发行程序
◇ 公司的合并分立、增资减资、解散与清算

## 第一节　公司法概述

### 一、公司的概念和特征

公司是指依法设立的，以盈利为目的，由股东出资形成的企业法人。我国《公司法》所指的公司是指依照《公司法》在中国境内设立的有限责任公司和股份有限公司。

公司与其他企业比较，具有以下四个基本的法律特征：

**（一）公司依法成立，具有合法性**

公司依法成立，是指公司必须按法定条件和程序设立。这一方面要求公司的章程、资本数额、组织机构、活动原则等必须符合《公司法》规定的实质要件；另一方面，要求公司设立必须按法定程序，办理登记手续，领取公司企业法人营业执照，否则不受《公司法》的保护。

**（二）依法成立的公司，具有法人资格**

依法成立的公司是典型的企业法人，具有独立的法律人格。这是各国公司法的普遍规定。

公司具有法人资格，主要体现在以下几个方面：(1) 依法登记成立；(2) 有独立于股东的财产，享有法人财产权；(3) 有自己的名称、生产经营场所和健全的组织机构；(4) 能够以自己的名义从事民商事活动，并独立承担民事责任。

**(三) 公司是社团组织，具有社团性**

法人依据其内部组织基础的不同，可分为社团法人和财团法人。社团法人是以人的集合为成立基础的工会、合作社、公司等。财团法人是以捐助的财产为成立基础的寺庙等。

公司的社团性主要表现在两个方面：一是在公司设立上，通常由两个以上股东出资组成。尽管有一人有限责任公司和国有独资公司的存在，但那只是公司设立的特例规定。二是在公司运行中，作为一个组织体，具有不同于单个人的特性。如要协调法人成员的意志，要管理和使用法人的财产，以实现法人的目的。在这些方面，一人有限责任公司和国有独资公司同样体现了公司的社团性。

**(四) 公司以盈利为目的，具有营利性**

公司的营利性是股东设立公司目的的反映。既要求公司为盈利而活动，又要求公司有盈利时应当分配给股东。公司的盈利活动应是具有连续性的营业，一次性或间歇性的营利行为都不属于盈利活动。某些具有盈利活动的组织，如果其利润用于社会公益事业等其他目的，则不属于营利性组织。

## 二、公司的分类

公司依其不同的标准，可有不同的分类。从各国公司法的规定看，通常可作以下分类：

(1) 根据公司股东的责任形式，公司分为无限责任公司、有限责任公司、两合公司、股份两合公司和股份有限公司。无限责任公司，是指公司的全体股东对公司债务负无限责任的公司。有限责任公司，是指公司的全体股东以各自认缴的出资额为限对公司承担责任，公司以其全部资产对公司的债务承担责任的公司。两合公司，是指由部分无限责任股东和部分有限责任股东所组成的公司。其中，无限责任股东对公司债务负无限连带责任，有限责任股东仅以其出资额为限对公司债务承担责任，前者是公司的经营管理者。股份两合公司，是指由负无限连带责任的股东和负有限责任的股东组成，资本分为等额股份的公司。它与两合公司的根本区别在于公司的资本分为等额股份。股份有限公司，是指由两个以上股东组成的，公司全部资本分为等额股份，股东以其认购的股份为限对公司承担责任，公司则以其全部资产对公司的债务承担责任的公司。

我国《公司法》中所称的公司是有限责任公司和股份有限公司两种类型。

(2) 根据公司的信用基础，可将公司分为人合公司、资合公司、人合兼资合公司。人合公司，是指以股东个人的财力、能力和信誉作为公司信用基础的公司。在人合公司中，公司的股东之间通常存在特殊的人身信任关系，股东对公司债务承担无限连带责任，其典型形式为无限责任公司。资合公司，是以公司的资本规模作为信用基础的公司。此类公司仅以资本取信于人，公司的设立原则上不以股东相互信任为前提（对控股股东或实际控制人除外），股东彼此承担独立的有限责任，公司则以其全部资产对公司债务承担责任。资合公司的典型形式是股份有限公司。人合兼资合公司，是指在公司成立和经营中同时依赖股东个人信用和公司资本信用的公司。有限责任公司的设立和经营既依赖于公司的资本规模，又强调股东的个人信用和股东之间的彼此信任，所以有限责任公司属于人合兼资合公司。

(3) 根据股东的构成与股票的转让方式，公司可分为上市公司与非上市公司。在大陆法系中，上市公司是指股票获准上市的股份有限公司。我国《公司法》规定的上市公司是指所发行的股票经国务院或者国务院证券管理部门批准在证券交易所上市交易的股份有限公司；非上市公司就是不能上市的有限责任公司和尚不具备上市条件的股份有限公司。

(4) 根据股份转让的方式，可将公司分为封闭式公司和开放式公司。封闭式公司，是指公司股本全部由设立公司的股东拥有，股东转让股权受到一定限制，不得公开募集公司股份并上市流通的公司，有限责任公司属于封闭式公司。开放式公司，是指公司股东人数没有上限，股权较为分散，公司股份可以公开募集并可以在证券市场上公开自由转让的公司。股份有限公司中的上市公司是真正意义上的开放式公司，股份有限公司中的非上市公司也属于开放式公司，但具有一定的封闭性。

(5) 根据公司的不同国籍，可将公司分为本国公司、外国公司。本国公司，是指依照本国法律在本国境内登记注册设立的公司；外国公司，是指依照外国法律在本国境外登记成立的公司。

(6) 根据两个公司之间的关系，公司可分为母公司和子公司。母公司，是指拥有其他公司一定数额或一定比例以上的股份或通过协议方式能够对其他公司进行实际控制、支配的公司。子公司，是指由母公司实际控制、支配的公司。母公司与子公司都是独立的企业法人，各自有自己的名称、章程、组织机构，独立地对外进行经营活动。

(7) 根据公司内部的管辖关系，公司可分为总公司与分公司。总公司，是指依法设立并管理公司全部组织的具有企业法人资格的总机构。根据《企业名称登记管理规定》的规定，具有三个以上的分支机构的公司，才可以在名称中使用“总”字。分公司，是指在业务、资金、人事等方面受总公司管理而不具有独立法人资格的分支机构。分公司虽不具有独立的主体资格，不能独立地承担民事责任，但依法可以独立地进行经营活动，其民事责任由总公司承担。

集团公司和跨国公司不是公司的独特类型，前者只是公司类型的一种集合体，有的以有限责任公司为主，有的以股份有限公司为主；后者则是同时在不同国家或地区范围内进行生产经营的有限责任公司或股份有限公司。

## 三、公司的权利能力和行为能力

### (一) 公司的权利能力

(1) 公司权利能力的概念。公司的权利能力是指公司具有能够享有权利、承担义务的资格。这种资格是由法律赋予的，它是公司在经营活动中享有权利、承担义务的前提。

公司虽与自然人都具有权利能力，但在权利能力的起止时间上，二者却不同。自然人的权利能力，始于出生，终于死亡；公司的权利能力从公司成立时产生，于公司终止时消灭。

(2) 公司权利能力的内容及限制。公司权利能力的内容是指公司能够享有权利和承担义务资格的具体表现，是由公司以自己的名义依法享有具体的权利和承担具体的义务反映出来的。

虽然公司与自然人都具有权利能力，但二者内容有所区别。公司的权利能力要受到一定限制，主要表现为：(1) 性质上的限制。这是指自然人基于自然属性而具有的权利义务，公司基本上不能享有，也无须承担。也就是说，一些专属于自然人的权利能力公司不具有，如言论、出版、集会、结社、游行、示威的权利，婚姻自由的权利，依法服兵役的义务等。(2) 法律上的限制。所谓法律上对公司权利能力的限制，主要指有关公司的法律所作的限制性规定。如关于经营范围的限制，公司转投资的限制，公司举债和放贷的限制，对外担保的限制等。

### (二) 公司的行为能力

(1) 公司行为能力的概念及内容。公司的行为能力是指公司以自己的意思表示取得权利、承担义务的能力。公司的行为能力与它的权利能力同时产生、同时终止。公司行为能力的范围和内容与公司权利能力的范围和内容是一样的。也就是说，公司有权从事实现公司宗旨所必需的一切法律行为，但其行为应以不超出公司权利能力的范围为限。

(2) 公司行为能力的实现方式。公司的行为能力是通过公司股东会、董事会、监事会、高级管理人员机构及组成成员在各自权限范围内的活动实现的。在法律规定范围内，公司法定代表人的行为是公司行为，其行为后果归属于公司。

## 四、公司法的概念、特征及适用范围

### (一) 公司法的概念与特征

公司法是调整公司在设立、经营、变更与终止过程中所发生的经济关系的法律规范的总称。它是我国企业法律体系中的重要组成部分，是规范市场主体的重要法律之一。

《中华人民共和国公司法》(以下简称《公司法》) 于 1993 年 12 月 29 日第八届全国人民代表大会常务委员会第五次会议通过，自 1994 年 7 月 1 日起施行。此后，《公司法》于 1999 年、2004 年、2005 年分别进行了三次修订。2013 年 12 月 28 日第十二届全国人民代表大会常务委员会第六次会议又通过了《关于修改〈中华人民共和国海洋环境保护法〉等七部法律的决定》，对《公司法》又进行有关条款的修订。现行《公司法》于 2013 年 12 月 28 日中华人民共和国主席令第八号公布，自 2014 年 3 月 1 日起施行。

公司法的特征主要表现为以下几个方面：

(1) 公司法是组织法和行为法相结合的法律。公司法既是组织法也是行为法，但主要是组织法。作为组织法，公司法对公司的设立、变更、终止，公司内部机构的设置及职权等都作出了规定。作为行为法，公司法对公司的财务、会计管理，股票的发行和交易，债券的发行与转让、利润分配等都作出了规定。

(2) 公司法是实体法和程序法相结合的法律。公司法中既有大量的实体法规范，如公司组织机构及其权限、股东的权利及义务等。同时也规定了若干程序性规范，如公司设立、变更、解散和清算程序等。因此，公司法具有实体法和程序法的双重属性。

(3) 公司法是强制性规范与任意性规范相结合的法律。公司法设置了一些强制性规范，目的是保证主体资格，维护交易的安全和经济秩序的稳定。同时设置了一些任意性规范，以体现公司及股东的“意思自治”。特别是现行的《公司法》突出了公司章程的制度构建作用，强化当事人的意思自治，为进一步完善公司治理结构、加强对股东权益的保护提供了保障。

(4) 公司法是具有一定国际性的国内法。公司法是由一国的立法机关制定实施的，主要在该国内施行，因此属于国内法。但由于经济交往的频繁以及经济活动对主体的共性化要求，各国公司法在保留其固有特色的同时，其内容都带有一定国际性，我国的公司法也是如此。

**(二) 公司法的适用范围**

公司法以公司为调整对象，其调整范围包括有限责任公司和股份有限公司。《公司法》第二条规定："本法所称的公司是指依照本法在中国境内设立的有限责任公司和股份有限公司。"依据外商投资企业法设立的企业虽基本也采取有限责任公司形式，但其设立条件、组织机构等方面却与《公司法》的规定有许多不同之处。如中外合资经营企业、中外合作经营企业的最高权力机构就是董事会，而非公司法规定的股东（大）会。对此，《公司法》第二百一十七条规定："外商投资的有限责任公司和股份有限公司适用本法，有关外商投资的法律另有规定的，适用其规定。"

此外，因经营业务的不同，不同行业的有限责任公司和股份有限公司的成立除依据《公司法》外，还应当依据该行业的法律。如商业银行这种特殊性公司，其组织形式、组织机构适用《公司法》的规定，而最低注册资本等则必须依据《中华人民共和国商业银行法》的有关规定。证券公司、保险公司等其他行业的公司也是如此。

## 五、公司的资本制度

**(一) 公司资本的概念及具体形态**

公司资本也称股本，是指有公司章程确定并载明的全体股东的出资总额。因此，公司资本是仅适用于公司设立和成立时的一种概念。公司资本的具体形态有以下几种：

(1) 注册资本，是指在公司在设立时筹集的、由公章程载明的、经公司登记机关登记注册的资本。注册资本是狭义上的公司资本。

(2) 实缴资本，又称实收资本，是指创立公司时公司实际收到的股东已向公司缴付的现款和以货币计算的其他财产。因为公司法允许股东分期缴付出资，所以实缴资本可能小于注册资本。

(3) 发行资本，又称认缴资本，是公司一次或分期发行股份时，实际上已向股东发行的股本总额。因其实行的资本原则和资本制度不同，因此发行资本可能等于注册资本，也可能小于注册资本。

**(二) 公司资本的原则**

(1) 资本确定原则。资本确定原则是指公司设立时应在章程中载明公司资本总额并由发起人认足或募足，否则公司不能成立。资本确定原则是关于公司资本形成的原则，现行的《公司法》对该原则规定，允许有限责任公司和发起设立的股份有限公司在设立时只需认足注册资本，无须一次性缴足股款。

(2) 资本维持原则。资本维持原则又称资本充实原则，是指公司在其存续过程中，应当经常保持与其资本额相当的财产。该原则在我国《公司法》上的具体体现有：原则上禁止股东退股；公司股份不得折价发行；原则上禁止公司收购本公司股份；不得接受以本公司股份作为质押的标的；依规定提取和使用公积金；股东的出资填补责任；在弥补亏损、提取公积金前不得分配股利。

（3）资本不变原则。资本不变原则是指公司资本总额一旦确定，非经法定程序，不得任意变动。该原则是公司资本原则的必然要求，其目的是防止资本总额的减少，维持公司的偿债债能力，保护债权人的利益。

**（三）公司资本的出资制度**

公司资本的出资制度一般有如下三种：

（1）法定资本制。是指公司资本总额必须在章程中明确规定，且在公司设立时必须一次性全部缴足，否则公司不能成立。这项制度的优点在于可以保证资本的真实、可靠，但它的缺点是不能使公司及时设立，且资本一次到位会造成财产的闲置。2005 年《公司法》修改前，我国有限责任公司及股份有限公司的设立都是采用法定资本制，2005 年修订的《公司法》和现行《公司法》则不采用法定资本制了。

（2）授权资本制。授权资本制规定，公司在设立时只需满足章程规定资本的一定比例即可成立。其余部分则授权董事会在公司成立后根据业务需要随时募集。该制度的优点在于可以便于公司及时设立，其缺点是不能保证公司资本的真实、可靠，从而可能无法有效地保障债权人的利益。

（3）折中资本制。折中资本制则要求公司章程规定的资本总额只实现一定的比例，公司即可成立，但它规定了第一次最低要达到的比例数或资本额数，其余部分在公司设立后的最长时间内没有筹集完毕，成立的公司可能面临解散的问题。

**（四）公司资本与公司资产的关系**

公司资产是公司实际拥有的全部财产。从范围上讲，公司资本只是公司资产的一部分，但二者的关系会随着公司经营情况的变化而变化。公司的信用并不主要取决于公司成立时的注册资本，而是取决于公司现有的资产以及市场信用。公司的信用特别是公司的偿债能力其实与公司成立时的注册资本关系甚微，因为公司是以其全部财产对外承担债务清偿责任的。若公司成立时注册资本为 100 万元，现有资产为 300 万元，公司需以 300 万元的全部资产承担债务清偿责任；反之，若公司注册资本为 300 万元，现有资产仅为 100 万元，公司也仅能以 100 万元承担债务清偿责任。

## 六、公司法人财产权制度

所谓公司法人财产权，就是公司依法所享有的、对股东投资形成的公司资本和公司在生产经营活动中积累的全部财产依法独立支配的一种权利。其内涵如下：

（1）公司法人财产权的主体是公司，而不是公司的股东。公司依靠股东的出资得以成立，但在公司成立后，公司又以自己的名义独立于股东。公司完全以自己的意志享有法人财产权，除法律、行政法规规定外，不受股东和他人非法干预和限制。

（2）公司法人财产权的客体是公司的全部财产。公司法人财产权的客体不仅包括股东投入公司的资本，而且包括公司从事生产经营活动所获得的增值财产；既包括公司的全部物质财产权利，还包括公司所创造的专利权、商标权、非专利技术和商誉等无形资产。

（3）公司法人财产权的内容是指公司享有依法对其全部财产的独立支配权，不是公司的所有权。公司作为独立的法人，依法对自己的全部财产享有独立的支配权，即享有占有、使用、收益和依法处分的权利。但这种权利毕竟不是所有权，因为它只是所有权的其中几项权能，是一种不完全的物权。公司法人财产权的性质不能简单地说成是经营权或所有权，而是诸种民事权利的综合或总称，它与公司本身一起构成公司这个法人主体的完整的法律人格。公司的法人财产权是公司最主要和最基本的权利，是来源于公司本身的一种比较完整、充分的商事权利。

## 七、公司股东的权利和义务

### （一）股东的权利

股东是公司的出资人，除法律法规有禁止或者限制的特别规定外，自然人、法人、国家授权投资的机构和国家授权投资的部门均可依法成为有限责任公司或股份有限公司的股东。

股东的权利分为共益权和自益权。共益权是指股东为公司的利益，同时为自己的利益而行使的权利；自益权是指股东只为自己的利益而行使的权利。关于股东权利的规定可参见《公司法》的诸个条文。归纳起来，可分为以下 12 类：（1）股票或其他股权证明的请求权；（2）股份转让权；（3）股息红利分配请求权；（4）股东会临时召集请求权或自行召集权；（5）参与重大决策权和选择管理者权；（6）对公司财务的监督检查权和对会计账簿的查阅权；（7）公司章程、股东（大）会会议记录、董事会决议、监事会决议的查阅权、复制权；（8）优先认购新股权；（9）公司剩余财产分配权；（10）权利损害救济权和股东代表诉讼权；（11）公司重整申请权；（12）对公司经营的建议与质询权。

股东有限责任原则和股东权平等原则是股东权利的两项基本原则。股东有限责任原则是指股东除按认缴的股份缴足出资外，对公司的债务不负其他任何责任；股东权平等原则是指同股同权，每一个股东实际享有的权利和承担的义务取决于其出资比例，但每一股份所代表的权利是平等的。持有较多股份的股东在法律上并不比持有较少股份的股东优越，小股东也不应遭受差别和歧视待遇。

### （二）股东的义务

公司股东应当根据出资协议、公司章程、法律法规的规定履行相应的义务。这些义务主要包括：（1）出资义务。包括按时缴纳的义务、足额缴纳的义务、按规定办理财产权利转移手续的义务、已缴纳出资不得抽回的义务、逾期缴纳出资向其他股东承担违约责任的义务等。显然，出资义务是股东最重要的义务。（2）参加股东（大）会会议的义务。参加股东大会会议既是股东的权利也是股东的义务，不能亲自参加时，可委托其他股东出席股东大会会议并行使表决权。（3）不干涉公司正常经营的义务。股东虽然是公司的投资人甚至缔造者，但大多数情况下，股东并不直接负责公司的具体业务和日常经营管理。股东应当尊重公司董事会和监事会，依据《公司法》和公司章程履行其职责，不得干涉董事、监事、经理的正常工作。（4）不得滥用股东权利的义务。一切利用股东身份，违反《公司法》的强制性规定，损害公司、其他股东以及第三方利益，或以合法形式掩盖非法目的的行为，都可被视为股东权利的滥用。

## 八、公司董事、监事、高级管理人员的资格和义务

公司董事，是指有限责任公司、股份有限公司董事会的全体董事或执行董事。

公司监事，是指公司监事会的全体成员或者不设监事会的有限责任公司的执行监事。

公司高级管理人员，是指公司的经理、副经理、财务负责人、上市公司董事会秘书和公司章程规定的其他人员。

### （一）公司董事、监事、高级管理人员的资格

根据《公司法》的规定，有下列情形之一的，不得担任公司的董事、监事、高级管理人员：（1）无民事行为能力或者限制民事行为能力人；（2）因贪污、贿赂、侵占财产、挪用财产或者破坏社会主义市场经济秩序，被判处刑罚，执行期满未逾5年，或者因犯罪被剥夺政治权利，执行期满未逾5年；（3）担任破产清算的公司、企业的董事或者厂长、经理，对该公司、企业的破产负有个人责任的，自该公司、企业破产清算完结之日起未逾3年；（4）担任因违法被吊销营业执照、责令关闭的公司、企业的法定代表人，并负有个人责任的，自该公司、企业被吊销营业执照之日起未逾3年；（5）个人所负数额较大的债务到期未清偿。公司违反上述规定选举、委派董事、监事或者聘任高级管理人员的，该选举、委派或者聘任无效。董事、监事、高级管理人员在任职期间出现上述所列情形的，公司应当解除其职务。

另外，《公司法》还规定，国家公务员不得兼任公司的董事、监事、高级管理人员；公司的监事不得兼任董事。

### （二）公司董事、监事、高级管理人员的义务

根据《公司法》的规定，公司董事、监事、高级管理人员应承担如下义务：董事、监事、高级管理人员应当遵守法律、行政法规和公司章程，对公司承担忠实和勤勉义务；董事、监事、高级管理人员不得利用职权收受贿赂或者其他非法收入，不得侵占公司的财产。

董事、高级管理人员不得有下列行为：（1）挪用公司资金；（2）将公司资金以其个人名义或者用其他个人名义开立账户存储；（3）违反公司章程的规定，未经股东会、股东大会或者董事会同意，将公司资金借贷给他人或者用公司财产为他人提供担保；（4）违反公司章程的规定或者未经股东会、股东大会同意，与本公司订立合同或者进行交易；（5）未经股东会或者股东大会同意，利用职务便利为自己或者他人谋取属于公司的商业机会，自营或者为他人经营所任职公司同类的业务；（6）接受他人与公司交易的佣金，归为己有；（7）擅自披露公司秘密；（8）违反对公司忠实义务的其他行为。董事、高级管理人员违反上述规定所得的收入应当归公司所有。

对有上述禁止行为的董事、高级管理人员，有限责任公司的股东、股份有限公司连续180日以上单独或者合计持有公司1%以上股份的股东，可以书面请求监事会或者不设监事会的有限责任公司的执行监事向人民法院提起诉讼；董事、高级管理人员违反法律、行政法规或者公司章程的规定，损害股东利益的，股东可以向人民法院提起诉讼。

监事执行公司职务时违反法律、行政法规或者公司章程的规定，给公司造成损失的，有限责任公司的股东、股份有限公司连续180日以上单独或者合计持有公司1%以上股份

的股东，可以书面请求董事会或者不设董事会的有限责任公司的执行董事向人民法院提起诉讼。董事会、执行董事收到股东的书面请求后拒绝提起诉讼，或者自收到请求之日起 30 日内未提起诉讼，或者情况紧急、不立即提起诉讼将会使公司利益受到难以弥补的损害的，符合上述规定的股东有权为了公司的利益以自己的名义直接向人民法院提起诉讼。

## 第二节　有限责任公司

### 一、有限责任公司的概念和特征

有限责任公司，是指依公司法设立的，由法律规定的一定人数的股东出资组成，股东以其认缴的出资额为限对公司承担责任，公司以其全部资产对公司的债务承担责任的经济组织。它具有以下特征：

**（一）公司股东具有最高人数限制**

我国现行《公司法》第二十四条规定，有限责任公司由 50 个以下股东出资设立，摒弃了原先至少两个股东的限制，承认一人有限责任公司的合法性。这是我国立法机关根据我国市场经济发展的实际情况，顺应世界的立法潮流，对原《公司法》作出的具有重大意义的修改。

**（二）公司股东承担有限责任**

有限责任公司的股东对公司仅以其出资额为限对公司承担责任，不直接对公司的债权人负责。即公司的财产不足以清偿其全部债务时，股东也无须承担以自己出资额以外的个人财产为公司清偿债务的义务。

**（三）公司资本不分为等额股份**

有限责任公司实行资本金制度，但公司股本不分为等额股份，股东出资直接以出资额计算。股东会会议依法由股东按照出资比例行使表决权。证明股东出资额的权利证书为出资证明书，而不是股票。

**（四）设立手续和公司机构简易**

有限责任公司的设立手续较为简单，一般由全体发起人制定公司章程，各自认缴出资额后，即可在公司登记机关登记设立。与股份有限公司相比，有限责任公司的组织机构也比较简单，若股东人数较少或规模较小，依法可以不设董事会和监事会。一人有限责任公司和国有独资公司则不设股东会。

**（五）公司具有封闭性**

有限责任公司的封闭性主要体现在三个方面：（1）设立程序不公开，只能发起设立，不能募集设立；（2）公司的经营状况不向社会公开；（3）股东对外转让股权受到较为严格的限制，经股东同意转让的股权，在同等条件下，其他股东有优先购买权。

此外，有限责任公司依法在其名称中应标明“有限责任公司”或者“有限公司”字样。

## 二、有限责任公司的设立

有限责任公司的设立，是指依照《公司法》的规定组建公司并取得法人资格的行为过程。公司的设立必须严格按照法定的条件和程序进行。

### （一）有限责任公司的设立条件

根据《公司法》第二十三条的规定，设立有限责任公司，应当具备下列条件：

（1）股东符合法定人数。有限责任公司由50个以下股东出资设立。除国有独资公司外，公司的股东可以是自然人，也可以是法人以及没有法人资格的集体企业或者合伙企业。

（2）有符合公司章程规定的全体股东认缴的出资额。有限责任公司的注册资本为在公司登记机关登记的全体股东认缴的出资额。法律、行政法规以及国务院决定对注册资本的最低限额有较高规定的，从其规定。

（3）股东共同制定公司章程。公司章程是指公司股东依法制定的，规范公司组织与行为，规定公司与股东之间、股东与股东之间权利和义务关系的书面文件。它是公司内部组织与行为的基本准则，对公司外部人员起着公示作用，也是政府在干预管理社会经济活动中对公司进行管理的依据之一。

（4）有公司名称，建立符合有限责任公司要求的组织机构。有限责任公司的名称一般由公司所在行政区域、字号或者商号、行业或者经营特点和“有限责任公司”字样四部分依次构成，并应当在公司登记机关登记注册。同时，需依法确立符合有限责任公司要求的股东会、董事会和监事会等组织机构。

（5）有公司住所。公司以其主要办事机构所在地为住所。

### （二）有限责任公司的设立程序

根据《公司法》的规定，设立有限责任公司的程序为：

#### 1. 发起人签订发起人协议

发起人是订立创办公司协议，提出设立公司申请，认购公司股份并对公司的设立承担责任的人。发起人既可以是法人，也可以是具有完全民事行为能力的自然人。

发起人协议是发起人之间就设立公司事项所达成的相互之间权利义务关系的书面文件。协议应包括拟建公司的规模、股东人数、注册资本数额与各自认缴的出资额、出资时间、公司成立后的经营范围、发起人的分工以及公司设立不成时各发起人的责任分担等内容。

#### 2. 股东共同制定公司章程

根据《公司法》第二十五条的规定，有限责任公司章程应当载明下列事项：（1）公司名称和住所；（2）公司经营范围；（3）公司注册资本；（4）股东的姓名或者名称；（5）股东的出资方式、出资额和出资时间；（6）公司的机构及其产生办法、职权、议事规则；（7）公司法定代表人；（8）股东会会议认为需要规定的其他事项。全体股东应当在公司章程上签名、盖章。公司章程对公司、股东、董事、监事、高级管理人员具有约束力。

#### 3. 办理名称预先核准

设立公司必须办理名称预先核准手续。预先核准的公司名称保留期为6个月，此时公司虽未成立，但名称已享有专用权。“公司”可以该名称办理前置审批等手续，但不得用于经营活动，也不得转让。

4. 进行必要的行政审批

现行《公司法》在有限责任公司的设立方面采取的是准则主义与核准主义相结合的原则。即一般的有限责任公司可直接向登记机关申请设立登记注册；法律、行政法规规定必须报经有关部门审批才能设立的公司，登记前则应依法办理行政审批手续，领取行业的许可证件，如《药业生产许可证》、《广告经营许可证》等。

5. 股东按期足额履行出资义务

根据《公司法》第二十八条的规定，股东应当按期足额缴纳公司章程中规定的各自所认缴的出资额。股东以货币出资的，应当将货币出资足额存入有限责任公司在银行开设的账户；以非货币财产出资的，应当依法办理其财产权的转移手续。

股东不按照上述规定缴纳出资的，除应当向公司足额缴纳外，还应当向已按期足额缴纳出资的股东承担违约责任。

6. 办理验资证明

股东以非货币财产缴纳的出资，须经依法设立的验资机构验资并出具验资证明。有限责任公司成立后，发现作为设立公司出资的非货币财产的实际价额显著低于公司章程所定价额时，应当由交付该出资的股东补足其差额，公司设立时的其他股东承担连带责任，且不得以发起人协议、公司章程规定或股东会决议免除。

7. 申请设立登记

发起人代表或者共同委托的代理人应提交公司登记申请书、公司章程、验资证明、批准文件等资料，向公司登记机关办理登记手续。登记机关对符合规定条件的，予以登记，发给《企业法人营业执照》及其副本。《企业法人营业执照》签发日期为公司的成立日期。

8. 签发出资证明书

公司成立后，应当向股东签发出资证明书。出资证明书是证明投资人已经依法履行缴付出资义务成为公司股东的法律文件，是股东对公司享有权利、承担义务的重要凭证。出资证明书应当载明：公司名称；公司成立日期；公司注册资本；股东的姓名或者名称。缴纳的出资额和出资日期；出资证明书的编号和核发日期。出资证明书由公司盖章后生效。

## 三、有限责任公司的组织机构

《公司法》规定，有限责任公司的组织机构一般包括股东会、董事会、公司经理、监事会。

### （一）股东会

股东会由全体股东组成，是公司的权力机构。除法律有特别规定之外，有限责任公司必须设立股东会。但股东会对外不代表公司，对内也不管理公司的具体事务，只在召开股东会会议时，负责重大问题的决策。根据《公司法》第三十七条的规定，股东会作为公司的权力机关，依法行使下列职权：（1）决定公司的经营方针和投资计划；（2）选举和更换非由职工代表担任的董事、监事，决定有关董事、监事报酬事项；（3）审议批准董事会的报告；（4）审议批准监事会或者监事的报告；（5）审议批准公司的年度财务预算、决算方案；（6）审议批准公司的利润分配方案和弥补亏损方案；（7）对公司增加或减少注册资本作出决议；（8）对发行公司债券作出决议；（9）对公司合并、分立、解散、清算或变更公司形式作出决议；（10）修改公司章程；（11）公司章程规定的其他职权。对上述所列事项股东以书面形式一致表示同意的，可以不召开股东会会议，直接作出决定，并由全体股东在决定文件上签名、盖章。

股东会会议分为定期会议和临时会议两种。定期会议的召开由公司章程确定，一般一年至少召开一次。临时会议则需要代表1/10以上表决权的股东，1/3以上的董事，监事会或者不设监事会的公司的执行监事提议，方可召开。

首次股东会会议由出资最多的股东召集和主持。成立董事会后，股东会会议由董事会召集、董事长主持；董事长不能或者不履行职务的，由副董事长主持；副董事长不能或者不履行职务的，由半数以上董事共同推举一名董事主持。不设董事会的股东会会议由执行董事召集和主持。董事会或者执行董事不能或者不履行召集股东会会议职责的，由监事会或者不设监事会的公司的执行监事召集和主持；监事会或者执行监事不召集和主持的，代表1/10以上表决权的股东可以自行召集和主持。

召开股东会会议，应当于会议召开15日以前通知全体股东；但是，公司章程另有规定或者全体股东另有约定的除外。

股东会会议由股东按照出资比例行使表决权，但《公司法》或公司章程对表决方式另有规定的，从其规定。普通决议事项须经代表1/2以上表决权的股东通过。股东会会议作出的修改公司章程、增加或者减少注册资本的决议，以及公司合并、分立、解散或者变更公司形式的决议，必须经代表2/3以上表决权的股东通过。股东会决议，一般应采取书面形式，并对所议事项的决定作成会议记录，出席会议的股东应当在会议记录上签名。

**（二）董事会**

董事会是经营决策机构。《公司法》规定有限责任公司可以设立董事会，其成员为3人至13人，由股东会选举产生。董事会设董事长1人，可以设副董事长。董事长和副董事长的产生办法由公司章程规定。董事会成员中可以有职工代表，董事会的职工代表由公司职工民主选举产生。股东人数较少或者规模较小的有限责任公司，可以不设董事会，只设1名执行董事，执行董事可以兼任公司经理。

董事的任期由公司章程规定，但每届任期不得超过3年。任期届满连选可以连任。董事任职期间，股东会不得无故解除其职务。董事任期届满未及时改选，或者董事在任期内辞职导致董事会成员低于法定人数的，在改选出的新董事就任前，原董事仍应当依照法律、行政法规和公司章程的规定，履行董事职务。

董事会对股东会负责，依法行使下列职权：（1）召集股东会会议，并向股东会报告工作；（2）执行股东会的决议；（3）决定公司的经营计划和投资方案；（4）制订公司的年度财务预算方案、决算方案；（5）制订公司的利润分配方案和弥补亏损方案；（6）制订公司增加或者减少注册资本以及发行公司债券的方案；（7）制订公司合并、分立、解散或者变更公司形式的方案；（8）决定公司内部管理机构的设置；（9）决定聘任或者解聘公司经理及其报酬事项，并根据经理的提名决定聘任或者解聘公司副经理、财务负责人及其报酬事项；（10）制定公司的基本管理制度；（11）公司章程规定的其他职权。执行董事的职权由公司章程规定。

董事会会议由董事长召集和主持；董事长不能履行职务或者不履行职务的，由副董事长召集和主持；副董事长不能履行职务或者不履行职务的，由半数以上的董事共同推举一名董事召集和主持。该规则同样适用于股份有限公司。

董事会的议事方式和表决程序，除《公司法》有规定的外，由公司章程规定。董事会决议的表决，实行一人一票。董事会应当将所议事项的决定作成会议记录，出席会议的董事应当在会议记录上签名。

**（三）公司经理**

有限责任公司可以设经理。经理是负责公司日常经营管理工作的高级管理人员，由董事会聘任或者解聘，对董事会负责。

根据《公司法》第四十九条的规定，公司经理行使下列职权：(1) 主持公司的生产经营管理工作，组织实施董事会决议；(2) 组织实施公司年度经营计划和投资方案；(3) 拟订公司内部管理机构设置方案；(4) 拟订公司的基本管理制度；(5) 制定公司的具体规章；(6) 提请聘任或者解聘公司副经理、财务负责人；(7) 决定聘任或者解聘除应由董事会决定聘任或者解聘以外的负责管理人员；(8) 董事会授予的其他职权。公司章程对经理职权另有规定的，从其规定。公司经理列席董事会会议。

**（四）监事会**

监事会是有限责任公司的监督机构，监事会对股东会负责，并向其报告工作。

根据《公司法》第五十一条的规定，监事会成员不得少于3人，并应包括股东代表和适当比例的公司职工代表。其中职工代表的比例不得少于1/3，具体比例由公司章程规定。监事会中的职工代表由公司职工通过职工代表大会、职工大会或者其他形式民主选举产生。

监事会设主席一人，由全体监事过半数选举产生。监事会主席召集和主持监事会会议；监事会主席不能或者不履行职务的，由半数以上的监事共同推举一名监事召集和主持监事会会议。

监事的任期每届为3年，任期届满，连选可以连任。监事任期届满未及时改选，或者监事在任期内辞职导致监事会成员低于法定人数的，在改选出的新监事就任前，原监事仍应当依照法律、行政法规和公司章程的规定，履行监事职务。股东人数较少或者规模较小的公司，可以只设1～2名监事，不设监事会。董事、高级管理人员不得兼任监事。

根据《公司法》第五十三条的规定，监事会、不设监事会的监事行使下列职权：(1) 检查公司财务；(2) 对董事、高级管理人员执行公司职务的行为进行监督，对违反法律、行政法规、公司章程或者股东会决议的董事、高级管理人员提出罢免的建议；(3) 当董事、高级管理人员的行为损害公司的利益时，要求董事、高级管理人员予以纠正；(4) 提议召开临时股东会会议，在董事会不履行《公司法》规定的召集和主持股东会会议职责时召集和主持股东会会议；(5) 向股东会会议提出提案；(6) 对董事、高级管理人员执行公司职务时违反法律、行政法规或者公司章程的规定，给公司造成损失的，提起诉讼；(7) 公司章程规定的其他职权。监事可以列席董事会会议，并对董事会决议事项提出质询或者建议。监事会、不设监事会的监事行使职权所必需的费用，由公司承担。

监事会、不设监事会的监事发现公司经营情况异常，可以进行调查；必要时，可以聘请会计师事务所等协助其工作，费用也由公司承担。

监事会会议每年度至少召开一次会议，监事可以提议召开临时监事会会议。监事会的议事方式和表决程序，除《公司法》有规定的外，由公司章程规定。监事会决议应当经半数以上的监事通过。监事会应当将所议事项的决定作成会议记录，出席会议的监事应当在会议记录上签名。

## 四、一人有限责任公司

### （一）一人有限责任公司的概念和特征

一人有限责任公司，是指只有一个自然人股东或者一个法人股东的有限责任公司。它具有如下法律特征：股东为一人，可以是自然人，也可以是法人；股东对公司债务承担有限责任；组织机构简单。

### （二）一人有限责任公司的特别规定

（1）一人有限责任公司章程由股东制定。

（2）一个自然人只能投资设立一个一人有限责任公司，该一人有限责任公司不能投资设立新的一人有限责任公司。但法人投资设立的一人有限责任公司，则不受此限制。

（3）法律规定的股东会职权由股东行使，当股东行使相应职权作出决定时，该决定应当采用书面形式，并由股东签名后置备于公司。

（4）一人有限责任公司应当在公司登记中注明自然人独资或者法人独资，并在营业执照中载明。

（5）一人有限责任公司应当在每一个会计年度终了时编制财务会计报告，并经依法设立的会计师事务所审计。

（6）一人有限责任公司的股东不能证明公司财产独立于股东自己财产的，应当对公司债务承担连带责任，公司债权人可以将公司和公司股东作为共同债务人追偿。

除上述特别规定外，一人有限责任公司的其他方面适用有限责任公司的一般规定。

一人有限责任公司的设立程序与一般有限责任公司的设立程序基本相同。

## 五、国有独资公司

### （一）国有独资公司的概念与特征

国有独资公司，是指国家单独出资、由国务院或者地方人民政府授权本级人民政府国有资产监督管理机构履行出资人职责的有限责任公司。国务院确定的生产特殊产品的公司或者属于特定行业的公司，如国防企业、关系共计民生的公司，应当采取国有独资公司的形式。

国有独资公司主要有以下特征：（1）国有独资公司为有限责任公司，适用有限责任公司的一般原则；（2）国家是公司的唯一股东；（3）国有资产监督管理机构履行出资人职责，代行股东权利；（4）国有独资公司章程由国有资产监督管理机构制定，或者由董事会制定报国有资产监督管理机构批准。

### （二）国有独资公司的设立方式

根据《公司法》的规定，国有独资公司有投资设立和改建设立两种设立方式。

投资设立。即由国家单独出资、由国务院或者地方人民政府授权本级人民政府国有资产监督管理机构履行出资人职责而设立的有限责任公司。其设立条件和程序与一般有限责任公司基本相同。但公司章程则由国有资产监督管理机构制定，或者由董事会制定报国有资产监督管理机构批准。

改建设立。现行《公司法》施行前已设立的国有企业，符合设立有限责任公司条件的，单一投资主体的，可依法改建为国有独资公司；多个投资主体的，其财产虽都属于国家所有，但不符合国有独资公司单一投资主体的法定要求，因此只能改建为50个以下股东共同出资设立的一般有限责任公司，而不能改建为国有独资公司。

### （三）国有独资公司的组织机构

国有独资公司不设股东会，由国有资产监督管理机构以唯一股东的身份行使股东会职权。国有资产监督管理机构可以授权公司董事会行使股东会的部分职权，决定公司的重大事项。但公司的合并、分立、解散、增减资本和发行公司债券，必须由国有资产监督管理机构决定。其中，重要的国有独资公司合并、分立、解散、申请破产的，应当由国有资产监督管理机构审核后，报本级人民政府批准。

国有独资公司设立的董事会，在国有资产监督管理机构的授权范围内行使公司股东会的部分职权，同时依法执行有限责任公司董事会的职权。董事会成员由来自两个方面的人员组成：一是国有资产监督管理机构委派的人员；二是公司职工代表大会民主选举产生的职工代表。董事会设董事长1人，可以设副董事长。董事长、副董事长由国有资产监督管理机构从董事会成员中指定。董事每届任期不得超过3年。

国有独资公司的经理由董事会聘任或者解聘。经国有资产监督管理机构同意，董事会成员可以兼任经理。经理的职权与一般有限责任公司的经理基本相同。经理列席董事会会议。

国有独资公司设立的监事会是公司的内部监督机构。监事会行使《公司法》第五十三条第一项至第三项规定的职权和国务院规定的其他职权。监事会成员不得少于5人，其中职工代表的比例不得少于1/3，具体比例由公司章程规定。监事会成员由国有资产监督管理机构委派，但其中的职工代表由公司职工代表大会或职工大会民主选举产生。监事会主席由国有资产监督管理机构从监事会成员中指定。监事列席董事会会议。董事、高级管理人员及财务负责人不得兼任监事。

国有独资公司的董事长、副董事长、董事、高级管理人员，未经国有资产监督管理机构同意，不得在其他有限责任公司、股份有限公司或者其他经济组织兼职。

## 六、有限责任公司的股权转让

我国《公司法》第七十一条规定，有限责任公司的股东之间可以相互转让其全部或者部分股权。股东向股东以外的人转让股权，应当经其他股东过半数同意。

有限责任公司的内部转让不涉及公司与股东以外的第三人的利益，股东之间的相互信任基础关系不会发生变化；而向外转让股权则会吸收新股东，从而影响原有股东之间的信任基础。因此，法律对内部转让限制较松，对外部转让限制较为严格。

根据《公司法》第七十一条的规定，股东向股东以外的人转让股权，应当就其股权转让事项书面通知其他股东征求意见，其他股东自接到书面通知之日起满30日未答复的，视为同意转让。其他股东半数以上不同意转让的，不同意的股东应当购买该转让的股权；不购买的，视为同意转让。

经股东同意转让的股权，在同等条件下，其他股东有优先购买权。两个以上股东主张行使优先购买权的，协商确定各自的购买比例；协商不成的，按照转让时各自的出资比例行使优先购买权。公司章程对股权转让另有规定的，从其规定。

人民法院依照法律规定强制执行程序转让股东的股权时，应当通知公司及全体股东，其他股东在同等条件下有优先购买权。其他股东自人民法院通知之日起满20日不行使优先购买权的，视为放弃优先购买权。自然人股东死亡后，其合法继承人可以继承股东资格，但公司章程另有规定的除外。

《公司法》规定，股东转让股权后，公司应当注销原股东的出资证明书，向新股东签发出资证明书，并相应修改公司章程和股东名册中有关股东及其出资额的记载。对公司章程的该项修改不需再由股东大会表决。

## 第三节　股份有限公司

### 一、股份有限公司的概念和特征

股份有限公司，简称股份公司，是指依照《公司法》的有关规定设立的，其全部资本分为等额股份，股东以其所持股份为限对公司承担责任，公司以其全部资产对公司的债务承担责任的企业法人。股份有限公司具有以下特征：

#### （一）公司股东只有最低人数限制，没有最高人数限制

我国《公司法》第七十八条规定，设立股份有限公司，应当有2人以上200人以下为发起人。即规定了股东最低人数2人的限制，从而使公司股东具有广泛性。而有限责任公司的股东没有最低人数限制，但是有股东最高50人的限制。

#### （二）公司的全部资本划分为等额股份

股份有限公司的资本划分为等额股份，是指公司资本划分为股份，每一股份金额相等。股份是公司资本的基本单位，股东的投资除了出资比例外，还可以用所持股份数量来衡量，有利于保证股份的广泛性和平等性。这是股份有限公司最基本的特征。

#### （三）公司股东负有限责任

股份有限公司的股东仅以其所持有的股份为限对公司承担责任，公司则以其全部资产对公司债务承担责任。这与有限责任公司股东的有限责任意义相同。

#### （四）股份的转让没有严格的限制

股份有限公司以资本信用为基础，股东之间的关系较为松散，因此，股份的转让在法律上没有严格的限制。无论在股份公司上市前还是上市后，作为股份表现形式的股票，在

法律规定的范围内，股东可以自由转让。而有限责任公司的股东转让股权则要受到严格的限制。

**（五）具有社会性与开放性**

股份有限公司可以通过对外公开发行股票向社会募集资金。任何投资者都可以通过购买股票成为公司的股东，股东可以自由转让其持有的公司股份。因此，股份有限公司有更广泛的社会性。为了便于投资者决策及有利于对公司的监管，法律规定了股份有限公司的信息披露制度，特别是股份有限公司依法成为上市公司后，必须定期向社会披露公司的实际生产经营情况和财务状况。所以，股份有限公司也被称为开放性公司。

## 二、股份有限公司的设立

**（一）股份有限公司的设立条件**

设立股份有限公司应具备以下条件：

（1）发起人符合法定人数。公司发起人是指订立发起人协议，提出设立公司申请，认购公司股份，并对公司设立承担责任者。设立股份有限公司，依法应当有 2 人以上 200 人以下为发起人，其中须有半数以上的发起人在中国境内有住所。发起人可以是自然人，也可以是法人。

（2）有符合公司章程规定的全体发起人认购的股本总额或者募集的实收股本总额。股份有限公司采取发起设立方式设立的，注册资本为在公司登记机关登记的全体发起人认购的股本总额。在发起人认购的股份缴足前，不得向他人募集股份。股份有限公司采取募集方式设立的，注册资本为在公司登记机关登记的实收股本总额。法律、行政法规以及国务院决定对股份有限公司注册资本实缴、注册资本最低限额另有规定的，从其规定。

（3）股份发行、筹办事项符合法律规定。

（4）发起人制定公司章程，采用募集方式设立的经创立大会通过。

（5）有公司名称，建立符合股份有限公司要求的组织机构。

（6）有公司住所。公司以其主要办事机构所在地为住所。

**（二）股份有限公司的设立方式与程序**

股份有限公司的设立方式有两种：一是发起设立；二是募集设立。设立方式不同，设立的程序也有所不同。

1. 发起设立

发起设立是指由发起人认购公司应发行的全部股份而设立公司。发起设立的程序包括以下几个方面：

（1）发起人订立协议。发起人应当签订发起人协议，明确各自在公司设立过程中的权利和义务。

（2）发起人共同制定公司章程。股份有限公司章程应依《公司法》第八十一条的规定，载明下列事项：公司名称和住所；公司经营范围；公司设立方式；公司股份总数、每股金额和注册资本；发起人的姓名或者名称、认购的股份数、出资方式和出资时间；董事会的组成、职权和议事规则；公司法定代表人；监事会的组成、职权和议事规则；公司利润分配办法；公司的解散事由与清算办法；公司的通知和公告办法；股东大会会议认为需要规定的其他事项。

（3）发起人缴纳股款。以发起方式设立股份有限公司的，发起人应当书面认足公司章程规定其认购的股份，并按照公司章程规定缴纳出资。

（4）依法验资。发起人的全部出资或首次出资缴纳后，应当委托依法设定的验资机构对以非货币财产出资的实物、知识产权等进行验资，领取相应的验资证明，并依法办理其财产的转移手续。

（5）召开股东大会。首次股东大会应当由出资最多的发起人主持，选举公司董事会和监事会，并由董事会和监事会的组成人员选举董事长与副董事长以及监事会主席、副主席。

（6）申请登记并公告。董事会应于股东大会结束后30日内，向登记机关报送公司章程等相应文件，申请设立登记。登记机关自接到设立登记申请之日起30日内，对符合《公司法》规定条件的，应当自核准登记之日起15日内通知申请人领取《企业法人营业执照》及其副本，并在领取了《企业法人营业执照》的30日内发布公告，公告的内容应当与登记机关核准登记的内容一致。《企业法人营业执照》的签发之日为公司的成立日期。

2. 募集设立

募集设立是指由发起人认购公司应发行股份的一部分，其余部分向社会公开募集或者向特定对象募集而设立公司。募集设立的程序如下：

（1）发起人订立协议。发起人应当通过签订发起人协议，明确各自在公司设立过程中的权利和义务。

（2）发起人共同制定公司章程。公司章程应当依《公司法》第八十一条的规定载明相应事项，并应经创立大会通过。

（3）发起人认购股份。以发起设立方式设立股份有限公司的，发起人应当书面认足公司章程规定其认购的股份，并按照公司章程规定缴纳出资。以非货币财产出资的，应当依法办理其财产权的转移手续。

（4）向国务院证券管理部门递交募股申请。募集设立股份有限公司，发起人应当向国务院证券管理部门递交募股申请书及其相关材料，申请其审查批准。

（5）签订承销协议和代收股款协议。募集股份的申请经国务院证券管理部门审查批准后，发起人应当就股份承销的方式、数量、起止日期、承销费用的计算等具体事项，与证券经营机构签订承销协议；同时与银行签订代收股款协议，银行应当按照协议代收和保存股款，向缴纳股款人出具收款单据，并负有向有关部门出具收款证明的义务。

（6）公告招股说明书，并制作认股书。发起人向社会公开募集股份，必须公告招股说明书。招股说明书应当附有发起人制定的公司章程，并载明下列事项：发起人认购的股份数；每股的票面额和发行价格；无记名股票的发行总数；募集资金的用途；认股人的权利、义务；本次募股的起止期限及逾期未募足时认股人可以撤回所认股份的说明。

认股书应载明招股说明书的全部记载事项，由认股人填写所认股份数、金额、住所，并签名、盖章，认股人按照所认股份数缴纳股款。

（7）召开公司创立大会。发起人应当在发行股份的股款缴足后30日内，主持召开公司创立大会。发行的股份超过招股说明书规定的截止时限尚未募足的，或者发行股份的股款缴足后，发起人在30日内未召开创立大会的，认股人可以按照所缴股款并加算银行同期存款利息，要求发起人返还。

创立大会由发起人、认股人组成。发起人应当在创立大会召开 15 日前将会议日期通知各认股人或者予以公告。创立大会应有代表股份总数过半数的发起人、认股人出席，方可举行。创立大会行使下列职权：审议发起人关于公司筹办情况的报告；通过公司章程；选举董事会成员；选举监事会成员；对公司的设立费用进行审核；对发起人用于抵作股款的财产的作价进行审核；发生不可抗力或者经营条件发生重大变化直接影响公司设立的，可以作出不设立公司的决议。创立大会对上述事项作出决议，必须经出席会议的认股人所持表决权过半数通过。

（8）申请设立登记并公告。以募集方式设立的股份有限公司在创立大会结束 30 日内，由选举产生的董事会向公司登记机关报送公司登记申请书，公司章程，验资证明，法定代表人、董事、监事的任职文件及其身份证明、发起人的法人资格证明或者自然人身份证明，公司住所证明，创立大会的会议记录以及经国务院证券监督管理机构核准的公开募集股份的申请书等文件，向登记机关申请设立登记。登记机关自接到设立登记申请之日起 30 日内，对符合《公司法》规定条件的，应当自核准登记之日起 15 日内通知申请人领取《企业法人营业执照》及其副本，并在领取了《企业法人营业执照》的 30 日内发布公告，公告的内容应当与登记机关核准登记的内容一致。《企业法人营业执照》的签发之日为公司的成立日期。

（9）备案和交付股票。以募集设立方式设立的股份有限公司发行股票的，还应当将募集股份的情况报送国务院证券管理部门备案。同时，根据《公司法》第一百三十二条的规定，股份有限公司成立后，即向股东正式交付股票。公司成立前不得向股东交付股票。公司成立前发起人或认股人认购股份时，仅能从代收股款的银行处获取收款单据，公司成立后，则以此凭证换取股票。

《公司法》第九十三条规定，股份有限公司成立后，发起人未按照公司章程的规定缴足出资的，应当补缴，其他发起人承担连带责任。股份有限公司成立后，发现作为设立公司出资的非货币财产的实际价额显著低于公司章程所定价额的，应当由交付该投资的发起人补足其差额，其他发起人承担连带责任。

**（三）发起人应承担的责任**

根据《公司法》第九十四条的规定，股份有限公司的发起人应当承担下列责任：（1）公司不能成立时，对设立行为所产生的债务和费用负连带责任；（2）公司不能成立时，对认股人已缴纳的股款，负返还股款并加算银行同期存款利息的连带责任；（3）在公司设立过程中，由于发起人的过失致使公司利益受到损害的，应当对公司承担赔偿责任。

**（四）有限责任公司变更为股份有限公司的法律规定**

有限责任公司变更为股份有限公司，应当符合《公司法》规定的股份有限公司的条件，并依照《公司法》有关设立股份有限公司的程序办理。

有限责任公司变更为股份有限公司时，折合的实收股本总额不得高于公司净资产额（净资产＝总资产－总负债－资产自然损耗）。当有限责任公司依法经批准变更为股份有限公司需增加资本公开发行股份时，应当依照《公司法》有关向社会公开募集股份的规定办理，并应当依法到公司登记机关履行变更登记手续。

## 三、股份有限公司的组织机构

### （一）股东大会

股东大会是股份有限公司的最高权力机构，由全体股东组成。股东大会的职权与有限责任公司股东会的职权基本相同，具体职权内容参见《公司法》第三十七条规定的有限责任公司股东会职权。

股东大会分为年会和临时会议两种。股东大会应当每年召开一次年会，通常在会计年度终了后的6个月之内召开。如果出现了下列情形，应当在两个月内召开临时股东大会：（1）董事人数不足《公司法》规定的人数或者公司章程所定人数的2/3时；（2）公司未弥补的亏损达实收股本总额1/3时；（3）单独或者合计持有公司10%以上股份的股东请求时；（4）董事会认为必要时；（5）监事会提议召开时；（6）公司章程规定的其他情形。

股东大会会议由董事会召集，董事长主持；董事长不能履行职务或者不履行职务的，由副董事长主持；副董事长不能履行职务或者不履行职务的，由半数以上董事共同推举一名董事主持。

董事会不能履行或者不履行召集股东大会会议职责的，监事会应当及时召集和主持；监事会不召集和主持的，连续90日以上单独或者合计持有公司10%以上股份的股东可以自行召集和主持。

召开股东大会会议，应当将会议召开的时间、地点和审议的事项于会议召开20日前通知各股东；临时股东大会应当于会议召开15日前通知股东；发行无记名股票的，应当于会议召开30日前公告会议召开的时间、地点和审议事项。单独或者合计持有公司3%以上股份的股东，可以在股东大会召开10日前提出临时提案并书面提交董事会，董事会应当在收到提案后两日内通知其他股东，并将该临时提案提交股东大会审议。临时提案的内容应当属于股东大会职权范围，并有明确议题和具体决议事项。股东大会不得对上述通知中未列明的事项作出决议。

无记名股票持有人出席股东大会会议的，应当于会议召开5日前至股东大会闭会时将股票交存于公司，否则不得出席会议。

股东大会决议的事项分为普通事项与特别事项两类。股东大会对普通事项作出决议，必须经出席会议的股东所持表决权过半数通过。但是，股东大会对修改公司章程、增加或者减少注册资本的决议，以及公司合并、分立、解散或者变更公司形式的特别事项作出的决议，必须经出席会议的股东所持表决权的2/3以上通过。

《公司法》和公司章程规定公司转让、受让重大资产或者对外提供担保等事项必须经股东大会作出决议的，董事会应当及时召集股东大会会议，由股东大会就上述事项进行表决。

股东大会应当对所议事项的决定作成会议记录，主持人、出席会议的董事应当在会议记录上签名。会议记录应当与出席股东的签名册及代理出席的委托书一并保存。

股东出席股东大会会议，所持每一股份有一表决权。股东可以委托代理人出席股东大会会议，代理人应当向公司提交股东授权委托书，并在授权范围内行使表决权。公司持有的本公司股份没有表决权。股东大会选举董事、监事，可以根据公司章程的规定或者股东大会的决议，实行累积投票制。

根据《公司法》第一百零五条的规定，累积投票制，是指股东大会选举董事或者监事时，每一股份拥有与应选董事或者监事人数相同的表决权，股东拥有的表决权可以集中使用。依照累积投票制，每一股份拥有与可当选人数相等的投票权，每个股东手里的投票权等于他所持有的股份数乘以待选人数之积，股东可以集中选举一人，也可以分别选举数人，最终按照得票多少依次确定当选人选。如，某公司共有 100 股，股东甲拥有 15 股，乙拥有 85 股。现要选 7 名董事，在实行普通投票制的情况下，甲投给自己提出的 7 个候选人每人的表决权不会多于 15 的表决权，远低于乙投给其提出的候选人每人 85 的表决权。此时，甲不可能选出自己提名的董事。而如实行累积投票制，甲可以集中将他拥有的 105 个（15×7）表决权全部投给自己提名的一名董事，而乙无论怎样分配其拥有的 595 个（85×7）表决权，也不可能使他提名的 7 个候选人每人的表决权都多于 105。这样，至少可以有一名甲提出的候选人当选。累积投票制的功能就在于限制大股东对选举过程的操纵，保障中小股东有可能选出自己信任的董事或监事进入公司管理层，参与董事会或监事会的活动，保护其利益。

应当明确的是，累积投票制是《公司法》的任意性规范，是否采用这种制度由公司章程或股东大会决定；采用累积投票制也仅限于股东大会选举董事、监事时适用。

**（二）董事会**

董事会是股份有限公司必设的业务执行和经营意思决定机关，它对股东大会负责。

股份有限公司董事会的成员为 5～19 人。发起设立的公司，董事由发起人选举产生；募集设立的公司，董事由创立大会选举产生；公司成立后，董事由股东大会选举产生。

董事会设董事长一人，可以设副董事长。董事长和副董事长由董事会以全体董事的过半数选举产生。董事长为公司的法定代表人，召集和主持董事会会议，检查董事会决议的实施情况，副董事长协助董事长工作。董事长不能履行职务或者不履行职务的，由副董事长履行职务；副董事长不能履行职务或者不履行职务的，由半数以上董事共同推举一名董事履行职务。

股份有限公司董事的任期与有限责任公司董事的任期的规定一致。

股份有限公司董事会的职权也与有限责任公司一致。《公司法》第一百零八条规定：“本法第四十六条关于有限责任公司董事会职权的规定，适用于股份有限公司董事会。”但除此之外，股份有限公司董事会还要负责申请设立登记，申办新股发行的手续，备置公司章程、股东名册、财务会计报告等公司文书，以供股东查阅。

董事会会议分为定期会议和临时会议两种。定期会议每年度至少召开两次，每次应当于会议召开 10 日以前通知全体董事和监事；董事会的临时会议，由代表 1/10 以上表决权的股东、1/3 以上董事或者监事会提议召开。董事长应当自接到提议后 10 日内，召集和主持董事会会议。召开临时会议的通知方式和通知时限，可在公司章程中规定。

董事会会议应有过半数以上的董事出席方可举行。董事会会议，应由董事本人出席；董事因故不能出席，可以书面委托其他董事代为出席，委托书中应载明授权范围。

董事会决议的表决，实行一人一票。董事会作出决议，必须经出席会议全体董事的过半数通过。

董事会应当对所议事项的决定作成会议记录，出席会议的董事和记录员应当在会议记录上签名。董事应对董事会决议承担责任。董事会的决议违反法律、行政法规或者公司章程、股东大会决议，致使公司遭受严重损失的，参与决议的董事对公司负赔偿责任。但经证明在表决时曾表明异议并记载于会议记录的，该董事可以免除责任。

### （三）公司经理

《公司法》第一百一十三条规定，股份有限公司可设经理，其由董事会决定聘任或者解聘，对董事会负责。作为负责管理股份有限公司的高级管理人员，股份有限公司经理的职权与有限责任公司经理的职权相同。即依照《公司法》第四十九条的规定，依法行使主持公司的生产经营管理工作，组织实施董事会决议等八项职权，并列席董事会会议。公司董事会可以决定由董事会成员兼任经理。

### （四）监事会

监事会是股份有限公司的监督机构，负责监督公司的财务及业务执行情况。《公司法》第一百一十七条规定，股份有限公司需设立监事会，其成员不得少于 3 人。监事会应当包括股东代表和适当比例的公司职工代表，其中职工代表的比例不得低于 1/3，具体比例由公司章程规定。监事会中的职工代表由公司职工通过职工代表大会、职工大会或者其他形式民主选举产生。董事、高级管理人员不得兼任监事。

监事会设主席 1 人，可以设副主席。监事会主席和副主席由全体监事过半数选举产生。监事会主席召集和主持监事会会议；监事会主席不能履行职务或者不履行职务的，由监事会副主席召集和主持监事会会议；监事会副主席不能履行职务或者不履行职务的，由半数以上监事共同推举一名监事召集和主持监事会会议。

股份有限公司监事的任期、监事会的职权与有限责任公司相同。监事会行使职权所必需的费用，由公司承担。

监事会每 6 个月至少召开一次会议。监事可以提议召开临时监事会会议。监事会的议事方式和表决程序，除《公司法》有规定的外，由公司章程规定。监事会决议应当经半数以上监事通过。监事会应当将所议事项的决定作成会议记录，出席会议的监事应当在会议记录上签名。

## 四、股份的发行与转让

### （一）股份与股票

1. 股份的概念与特征

股份是指按等额划分的、构成股份有限公司的资本，代表股东的地位和权益，而以股票为表现形式的最小金额单位。股份有限公司的股份具有以下特征：（1）股份具有平等性。股份所代表的资本金额一律平等，每一股份代表一份独立存在的股东权。同类股份代表同质同量的股东权同股同权，同股同利。（2）股份具有不可分性。股份作为公司资本的最小金额单位，依法不可以再分，但一个股份却可以为数人共有。共有人对股份利益的分享，不是对股份本身的分割。（3）股份具有证券性。股份有限公司的股份以股票为表现形式，而股票则是一种有价证券，因此股份也具有证券性。（4）股份具有可转让性。除法律对特定股份的转让有限制外，股份可以通过股票交易进行转让和流通，股票上市之后，股份则可以在股票交易所通过卖出股票，使投资者获得现金。

2. 股票的概念与分类

股票是公司签发的、证明股东所持股份的凭证。根据《公司法》第一百二十八条的规定，股份公司的股票既可以采用纸面形式，也可以采用国务院证券监督管理部门规定的其他形式。在我国，目前无纸化的股票已经基本上取代了纸面形式的股票。所谓无纸化股票，是一种以电子计算机储存的有关信息替代纸面形式的股票，通过证券交易所的联网电脑进行股权交易的无形股票凭证。

股票应当载明的主要事项包括：公司名称；公司成立日期；股票种类、票面金额及代表的股份数；股票的编号。股票由法定代表人签名，公司盖章。发起人的股票，应当标明发起人股票字样。

股票按照不同的划分标准可分为不同的种类：

（1）根据股东享有的权益，可分为普通股票和优先股票。普通股票，是指股利随公司利润的大小而增减的股票。普通股股东有权在公司提取了公积金以及支付了优先股股利之后，参与公司的盈余分配，其股利随公司利润的大小而增减。公司终止清算时，普通股股东在优先股之后取得剩余财产。普通股的股东享有一系列的表决权。普通股是公司最重要、发行量最大的股票。优先股票，是指在股利等利益分配方面享有优先权的股票。优先股股东在公司利润或剩余财产分配上享有优先于普通股股东的权利，如股利固定、先于普通股分配红利、公司终止清算时先于普通股收回投资，但优先股股东依法不享有表决权。

（2）根据股东表决权的不同，可分为表决权股票、限制表决权股票和无表决权股票。表决权股票，是指持有该种股票的股东对公司的经营管理享有表决权。限制表决权股票，是指持有该种股票的股东，其表决权受到法律和公司章程的限制。无表决权股票，是指持有该种股票的股东不享有表决权。目前我国只有表决权股票和无表决权股票。

（3）根据股票上是否记载股东姓名或名称，可分为记名股票和无记名股票。记名股票是在票面上记载股东姓名或名称的股票。公司向发起人、法人发行的股票，应当为记名股票，并应当记载该发起人、法人的名称或者姓名，不得另立户名或者以代表人姓名记名。无记名股票是指在票面上不记载股东姓名或者名称的股票。对社会公众发行的股票，可以为记名股票，也可以为无记名股票。发行无记名股票的，公司应当记载其股票数量、编号及发行日期。

（4）根据股票票面上是否标明金额，可分为有面额股票和无面额股票。有面额股票，是指在股票票面上标明一定金额的股票。无面额股票，是指在股票票面上不标明金额，只标明其占公司股本比例的股票。我国《公司法》将票面金额作为股票上应当记载的主要事项，实际上禁止了无面额股票的发行。

（5）根据投资主体的不同，可分为国家股票、法人股票、个人股票和外资股票。国家股票是指由国家授权投资的机构或者国家授权的部门，以国有资产向公司投资形成的股票。法人股票是指具有法人地位的组织以其可支配的资产向公司投资形成的股票。个人股票是以个人财产投资形成的股票。外资股票是指外国和中国港、澳、台地区的投资者，以购买人民币特种股票的形式投资形成的股票。

（6）根据发行对象的不同，股票可分为A种股票、B种股票、H种股票、N种股票和S种股票。A种股票，又称人民币股票，是指以人民币标明股票面额，专供境内自然人和法人认购和买卖交易的股票。B种股票，又称人民币特种股票，是指以人民币标明股票面额，须以外币或港、澳、台币认购或买卖的股票。过去，这种股票的发行对象是外国和我国港、澳、台地区的投资者，并不可在大陆股票市场上市交易，现在境内投资者同样可以外汇买卖，并允许在大陆股票市场上市交易。H种股票，是指我国境内的股份有限公司经批准许可在境外发行的，以人民币标明股票面额，以外币或港、澳、台币购买，在香港股票交易所上市交易的股票。N种股票，是指我国境内的股份有限公司经批准许可在境外发行的，以人民币标明股票面额，以外币购买，并在美国纽约股票交易所上市交易的股票。S种股票，是指以人民币标明股票面额，以外币购买，在新加坡被批准上市交易的股票。

### （二）股份的发行

1. 股份的发行原则

我国《公司法》第一百二十六条规定，股份的发行实行公平、公正的原则。具体应该做到：(1) 信息公开。即公司向社会公开募集股份时，应就有关股份发行的信息依法公开披露。(2) 同股同价。同次发行的股份，每股的发行条件和价格应当相同。(3) 同股同权。发行同种股份，股东所享有的权益相同。

《公司法》第一百二十七条规定：股票发行价格可以按票面金额，也可以超过票面金额，但不得低于票面金额。

2. 股份的发行方式

根据股份发行的阶段不同，可分为设立发行和新股发行。

设立发行是指为了设立新的股份有限公司而发行股票。发起设立的公司，由发起人一次全部认购发行的股份，不向外公开招募股票；募集设立的公司则是先由发起人认购应发行股份的一部分，其余部分向社会招募，由社会公众自愿认购。不论是发起设立还是募集设立，在公司登记成立之前，依法都不得向股东交付股票，只能在公司成立后正式向股东交付股票。

新股发行是指已设立的股份有限公司为增加资本而发行股票。公司发行新股，股东大会应当对下列事项作出决议：新股种类及数额；新股发行价格；新股发行的起止日期；向原有股东发行新股的种类及数额。公司经国务院证券监督管理机构核准公开发行新股时，必须公告新股招股说明书和财务会计报告，并制作认股书。公司可以根据其经营情况和财务状况确定发行新股的作价方案。公司发行新股募足后，必须向公司登记机关办理变更登记，并公告。

### （三）股份的转让

1. 股份转让的概念

股份转让是指股份有限公司的股东依照法定条件和程序把自己的股份让与他人，使他人取得该股份的法律行为。

根据《公司法》一百三十八条的规定，股东转让其股份，应当在依法设立的证券交易所进行或者按照国务院规定的其他方式进行。上市公司的股票，依照有关法律、行政法规及证券交易所规则上市交易。

2. 股份转让的方式

《公司法》第一百三十九条规定：记名股票，由股东以背书方式或者法律、行政法规规定的其他方式转让；转让后由公司将受让人的姓名或者名称及住所记载于股东名册。股东大会召开前20日内或者公司决定分配股利的基准日前5日内，不得进行记名股票转让和股东名册的变更登记。但是，法律对上市公司股东名册变更登记另有规定的，从其规定。无记名股票的转让，由股东将该股票交付给受让人后即发生转让的效力。

3. 股份转让的原则与限制

股份有限公司的股份以自由转让为原则，以法律限制为例外。《公司法》第一百四十一条规定，发起人持有的本公司股份，自公司成立之日起1年内不得转让。公司公开发行股份前已发行的股份，自公司股票在证券交易所上市交易之日起1年内不得转让。

公司董事、监事、高级管理人员应当向公司申报所持有的本公司的股份及其变动情况，在任职期间每年转让的股份不得超过其所持有本公司股份总数的25%；所持本公司股份自公司股票上市交易之日起1年内不得转让。上述人员离职后半年内，不得转让其所持有的本公司股份。公司章程可以对公司董事、监事、高级管理人员转让其所持有的本公司股份作出其他限制性规定。

4. 公司收购本公司股票的规定

《公司法》第一百四十二条规定：公司不得收购本公司股份。但是，有下列情形之一的除外：(1) 减少公司注册资本；(2) 与持有本公司股份的其他公司合并；(3) 将股份奖励给本公司职工；(4) 股东因对股东大会作出的公司合并、分立决议持异议，要求公司收购其股份的。公司因前三种情形的原因收购本公司股份的，应当经股东大会决议。公司依照规定收购本公司股份后，属于第一种情形的，应当自收购之日起10日内注销；属于第二或第四种情形的，应当在6个月内转让或者注销。公司依照第三种情形收购的本公司股份，不得超过本公司已发行股份总额的5%；用于收购的资金应当从公司的税后利润中支出；所收购的股份应当在1年内转让给职工。公司不得接受本公司的股票作为质押权的标的。

5. 记名股票的失效和补发

根据《公司法》第一百四十三条的规定，记名股票被盗、遗失或者灭失，股东可以依照《中华人民共和国民事诉讼法》规定的公示催告程序，请求人民法院宣告该股票失效。人民法院宣告该股票失效后，股东可以向公司申请补发股票。

## 五、上市公司

### （一）上市公司的概念

上市公司，是指所发行的股票经国务院或者国务院授权的证券管理部门批准在证券交易所上市交易的股份有限公司。股票上市的条件和程序应符合法律规定。

### （二）上市公司组织机构的特别规定

上市公司组织机构的特别规定有：

(1) 上市公司在1年内购买、出售重大资产或者担保金额超过公司资产总额30%的，应当由股东大会作出决议，并经出席会议的股东所持表决权的2/3以上通过。

(2) 上市公司设立独立董事。

(3) 上市公司设董事会秘书，负责公司股东大会和董事会会议的筹备、文件保管以及公司股东资料的管理，办理信息披露事务等事宜。

（4）上市公司董事与董事会会议决议事项所涉及的企业有关联关系的，不得对该项决议行使表决权，也不得代理其他董事行使表决权。该董事会会议的出席与表决均以无关联关系董事的人数为基数。出席董事会的无关联关系董事不足3人的，应将该事项提交上市公司股东大会审议。所谓关联关系，是指公司控股股东、实际控制人、董事、监事、高级管理人员与其直接或者间接控制的企业之间的关系，以及可能导致公司利益转移的其他关系。但是，国家控股的企业之间不仅仅因为同受国家控股而具有关联关系。所谓控股股东，是指其出资额占有限责任公司资本总额50%以上或者其持有的股份占股份有限公司股本总额50%以上的股东；出资额或者持有股份的比例虽然不足50%，但依其出资额或者持有的股份所享有的表决权已足以对股东大会的决议产生重大影响的股东。所谓实际控制人，是指虽不是公司的股东，但通过投资关系、协议或者其他安排，能够实际支配公司行为的人。

**（三）独立董事制度**

上市公司独立董事是指不在公司担任除董事外的其他职务，并与其所受聘的上市公司及其主要股东不存在可能妨碍其进行独立客观判断的关系的董事。

独立董事应当按照相关法律、行政法规、证监会于2001年颁布的《关于在上市公司建立独立董事制度的指导意见》（以下简称《指导意见》）以及公司章程的要求，诚信、勤勉、独立地履行职责，维护公司整体利益，尤其要关注中小股东的合法权益不受侵害。

独立董事原则上最多在5家上市公司任职，并确保有足够的时间和精力有效地履行独立董事的职责。上市公司董事会中至少包括1/3的独立董事，其中至少包括1名具有相关高级职称或注册会计师资格的会计专业人士。《指导意见》对独立董事的任职资格作出了具体规定。

独立董事除了行使公司董事的一般职权外，还被赋予以下特别职权：（1）重大关联交易（指公司拟与关联人达成的总额高于300万元或高于公司最近经审计净资产值的5%的关联交易）应由独立董事认可后，提交董事会讨论；独立董事作出判断前，可以聘请中介机构出具独立财务顾问报告，作为其判断的依据。（2）向董事会提议聘用或解聘会计师事务所。（3）向董事会提请召开临时股东大会。（4）提议召开董事会。（5）独立聘请外部审计机构和咨询机构。（6）可以在股东大会召开前公开向股东征集投票权。

除上述职权外，独立董事还应当对提名或任免董事、聘任或解聘高级管理人员、董事和高级管理人员的薪酬等事项发表独立意见。

## 第四节　公司债券

### 一、公司债券的概念与特征及种类

**（一）公司债券的概念与特征**

根据《公司法》第一百五十三条的规定，公司债券是指公司依照法定程序发行、约定在一定期限还本付息的有价证券。

公司债券与股票相比，二者虽然都是有价证券、文义证券、要式证券、证权证券，都具有流通性、风险性，发行人都是法律许可的公司，发行对象都是社会公众，都是投资人的投资工具。但却在许多方面存在着本质的不同。公司债券与股票的区别主要有以下几点：

（1）发行的主体范围不同。公司债券的发行主体是股份有限公司或有限责任公司；而股票的发行主体只限于股份有限公司，有限责任公司不得发行股票。

（2）获得权利的对价形式不同。公司债券仅限于货币认购；而股票的认购除货币外，还可以用实物、工业产权、非专利技术、土地使用权等有形财产与无形财产评估作价，折合成股份，确定股票数额，也可以用股息与红利配股，折合成股票。

（3）主体的法律地位不同。公司债券的持有人与公司之间是一种债权债务关系，只享有债权，无权参与公司的经营决策；而股票的持有者为公司的股东，享有股东的一系列权利，有权参与公司的经营决策及其他重大问题的决策。

（4）获利机制不同。公司债券的利率是固定的，不受公司经营所取得的经济效益的影响；而股票所能取得的股息和红利则是不固定的，通常要由公司的经营所取得的经济效益决定。经济效益好时，获利可能高于公司债券，反之则正相反。

（5）风险负担不同。公司破产或解散时，公司债券持有人属公司的债权人，有权优先于股东就公司财产获得清偿；而股票的持有者则须在公司债权人的债务获得清偿后，才能对公司的剩余财产进行分割。

（6）收回的条件不同。公司债券持有人依约定的期限收回投资，除公司破产外，约定期满后，公司应当按时归还公司债券持有人的投资本金及利息；而股票持有者在公司解散或破产前，无权要求公司退回投资，收回投资的一般条件是在公司上市后到证券交易所依法转让股票，或者在公司解散、破产时，分割公司清偿债务后的剩余财产。如公司剩余财产不足以清偿完全部债务的情况下，认购股票的投资将无法收回，股票则成为一张白纸。

**（二）公司债券的种类**

根据不同的标准可以将公司债券分为以下几类：

（1）根据公司债券上是否记载债权人的姓名或名称，公司债券分为记名债券和无记名债券。在公司债券上记载持券人姓名或名称的为记名债券，在公司债券上未记载持券人姓名或名称的为无记名债券。

（2）根据公司债券是否可以转换为股票，公司债券分为可转换公司债券和非转换公司债券。上市公司经国务院证券监督管理机构核准，依照法定条件和程序发行的、在一定期间内依据约定的条件可以转换为股票的债券为可转换公司债券。可转换公司债券到期时，债权人可以选择收回本金、取得利息；也可以选择以期享有的债权抵缴认股而取得公司股票，从而成为公司股东。凡在发行公司债券时未作出转换股票约定的，均为非转换公司债券。

（3）根据公司发行债券时是否以公司财产为抵押，公司债券分为有抵押公司债券和无抵押公司债券。公司以财产作为偿还本息的担保而发行的公司债券，为有抵押公司债券；仅凭公司信用而无其他财产作担保而发行的公司债券，即为无抵押公司债券。有抵押公司债券的持有人既为公司的债权人，又是公司财产的抵押权人，当公司债券到期而公司不能清偿时，有权从公司提供担保的财产中优先获得清偿；而无抵押公司债券持有人只能作为一般债权人提出权利主张。

根据《公司法》的规定，我国发行的公司债券只限于记名公司债券与无记名公司债券、可转换公司债券与非转换公司债券。

## 二、公司债券的发行程序

公司债券的发行，主要经过以下程序：

(1) 作出决议或决定。股份有限公司、有限责任公司发行公司债券，要由董事会制定方案，股东会或股东大会审议作出决议；国有独资公司发行公司债券，由国家授权投资的机构或者国家授权的部门作出决定。

(2) 提出申请。发行公司应向国务院证券管理部门提出发行公司债券的申请，并提交公司营业执照、公司章程、公司债券募集办法、资产评估报告和验资报告、国务院授权的部门规定的其他文件。聘请保荐人的，还应当报送保荐人出具的发行保荐书。

(3) 经主管部门核准。国务院证券监督管理部门对发行公司债券的申请进行审查，对符合法定条件的予以核准，反之则不予核准。对已作出核准的如发现不符合规定的，应予撤销；尚未发行公司债券的，停止发行；已经发行公司债券的，发行的公司应当向认购人退还所缴款项并加算银行同期存款利息。

(4) 与证券商签订承销协议。我国法律规定，发行公司债券，必须由证券经营机构承销。

(5) 公告公司债券募集办法。发行公司债券的申请经批准后，应当公告债券的募集办法。公司债券募集办法中应当载明下列主要事项：公司名称；债券募集资金的用途；债券总额和债券的票面金额；债券利率的确定方式；还本付息的期限和方式；债券担保情况；债券的发行价格、发行的起止日期；公司净资产额；已发行的尚未到期的公司债券总额；公司债券的承销机构。上市公司发行可转换债券的，还应当在募集办法中载明具体的转换方法。

(6) 认购公司债券。社会公众认购公司债券的行为称为应募，应募者可以先填写应募书，而后缴清价款，也可以当场以现金支付购买。认购人缴足价款时，发行人即应该以认购人所持的交款凭证交付公司债券。

根据《公司法》第一百五十七条的规定，公司发行公司债券应当置备公司债券存根簿。发行记名公司债券的，应当在公司债券存根簿上载明下列事项：债券持有人的姓名或者名称及住所；债券持有人取得债券的日期及债券的编号；债权总额，债券的票面金额、利率、还本付息的期限和方式；债券的发行日期。记名公司债券的登记结算机构应当建立债券登记、存管、付息、兑付等相关制度。发行无记名公司债券的，应当在公司债券存根簿上载明债券总额、利率、偿还期限和方式、发行日期及债券的编号。上市公司发行可转换为股票的公司债券时，应当在公司债券上标明“可转换公司债券”字样，并在公司债券存根簿上载明可转换公司债券的数额。公司发行公司债券应符合法律规定的条件。

## 三、公司债券的转让

公司债券的转让，是指通过法定手续，使公司债券由持有人一方转让给受让方的法律行为。根据《公司法》第一百五十九条的规定，公司债券可以转让，转让价格由转让人与受让人约定。公司债券的转让价格，既可以等于债券票面标明的金额，也可以高于债券票面标明的金额，还可以低于公司债券票面标明的金额。公司债券在证券交易所上市交易的，按照证券交易所的交易规则转让。

记名公司债券的转让，由债券持有人以背书方式或者法律、行政法规规定的其他方式转让。记名公司债券转让后，由公司将受让人的姓名或者名称及住所记载于公司的债券存根簿。

无记名公司债券的转让，由债券持有人将该债券交付给受让人后即发生转让的效力。

## 第五节　公司的财务会计制度

### 一、公司财务会计制度的概念

《公司法》第一百六十三条规定：公司应当依照法律、行政法规和国务院财政部门的规定建立本公司的财务、会计制度。公司的财务会计制度是指在会计法规、会计原则或者会计制度的指导下，以货币为主要计量形式，对公司的整个财务活动和经营状况进行记账、算账、报账，为公司管理者和其他利害关系人定期提供公司财务信息的活动。

### 二、公司的财务会计报告

《公司法》第一百六十四条规定：公司应当在每一个会计年度终了时编制财务会计报告，并依法经会计师事务所审计。财务会计报告应当依照法律、行政法规和国务院财政部门的规定制作。公司的财务会计报告是反映公司生产经营的成果和财务状况的总结性书面文件。

公司的财务会计报告应当包括资产负债表、损益表、财务状况变动表、财务情况说明书和利润分配表及附属明细表等内容。对于上市公司，在每一个会计年度的上半年结束之后，还应当制作中期财务会计报告。

公司的财务会计报告反映的会计信息应当真实、完整，并由公司法定代表人、主管会计工作的负责人、总会计师、会计机构负责人和主管会计人员签名、盖章。有限责任公司应当按照公司章程规定的期限，将公司财务会计报告及时送交各个股东。股份有限公司的财务会计报告应当在召开股东大会年会的20日之前置备于本公司，供股东查阅。公开发行股票的股份有限公司必须公告其财务会计报告。

### 三、公司的利润分配

公司的利润是公司在一定期间（通常为一年）的经营成果。即一定时期公司的全部收入超过全部费用和损失的余额，包括营业利润、投资净收益和营业外收支净额。

#### （一）公司利润分配的原则和顺序

在公司的每一会计年度终了时，董事会要按照《公司法》的有关利润分配的规定，结合公司当年的盈余和上一年度有无亏损的具体情况，制定出当年的公司利润分配方案，提交股东会或股东大会审议；方案一经表决通过，董事会就必须认真贯彻执行。但必须遵循无盈余不分、同股同利和按法定顺序分配的原则。

根据《公司法》第一百六十六条和《企业财务通则》第五十条的规定，公司当年税后利润的法定分配顺序是：(1) 拨付被没收财物的损失、违反税法的滞纳金和罚款；(2) 弥补以前年度亏损，即在公司已有的法定公积金不足以弥补上一年度公司亏损时，先用当年利润弥补亏损；(3) 提取法定公积金；(4) 经股东会或股东大会决议提取任意公积金；(5) 支付股息与红利。公司在完成前几项的税后利润分配后，若仍有利润，即可按照确定的股息与红利分配方案向股东支付股息和红利。有限责任公司按股东实缴的出资比例分取红利，但全体股东约定不按照出资比例分取红利的除外；股份有限公司按照股东持有的股份比例分配股息和红利，但股份有限公司章程规定不按持股比例分配的除外。

股东会、股东大会或者董事会违反上述规定，在公司弥补亏损和提取法定公积金之前对股东分配利润的，股东必须将违反规定分配的利润退还公司。公司持有的本公司股份不得分配利润。

**(二) 公积金制度**

公积金是指公司为了增强自身财力、扩大业务范围和预防意外亏损，依照法律和自行决定而在公司资本金之外所保留的资金金额。公积金分为盈余公积金和资本公积金两类。盈余公积金是指在公司盈余中提取的公积金。盈余公积金又分为法定公积金和任意公积金两种。资本公积金，是指直接由非经营原因形成的收入，如超过票面价额发行股票所得的溢价款额、公司的财产重估的增值额、接受捐赠的资产价值等。

《公司法》第一百六十六条规定，法定公积金应当按税后利润的10%提取，公司法定公积金累计额为公司注册资本的50%以上的，可以不再提取。

法定公积金的主要用途：一是弥补公司的亏损；二是扩大公司生产经营；三是增加公司注册资本。但转增资本时，所留存的法定公积金不得少于转增前公司注册资本的25%。

资本公积金虽也可以转增为公司资本，但依法不得用于弥补公司的亏损。

任意公积金是公司在法定公积金之外，依照公司章程或股东大会决议而从税后利润中提取的公积金。任意公积金提取的比例、最低提取额及其用途，公司法均无规定，由公司章程规定或由股东大会决议决定。但公司章程一旦规定或者股东大会一经决定，不得随意改变。

### 四、公司财务会计监督

公司的财务会计报告应当由法定的会计师事务所审计。公司聘用、解聘承办公司审计业务的会计师事务所，依照公司章程的规定，由股东会、股东大会或者董事会决定。

公司股东会、股东大会或者董事会解聘会计师事务所进行表决时，应当允许会计师事务所陈述意见。公司应当向聘用的会计师事务所提供真实、完整的会计凭证、会计账簿、财务会计报告及其他会计资料，不得拒绝、隐匿、谎报，公司除法定的会计账簿外，不得另立会计账簿。对公司资产，不得以任何个人名义开立账户存储。

## 第六节　公司的合并、分立、增资和减资

公司在市场经济运行过程中，因种种特定或不特定事由或事件的出现与发生，使公司

的合并、分立、增资和减资成为公司变更的重要法律行为。为此，本节主要介绍《公司法》对公司合并、分立的形式和程序，以及公司增资与减资的相关规定，以便于在社会实践中依法适度、适时地进行公司的合并、分立、增资和减资等法律行为。

## 一、公司的合并和分立

### （一）公司合并的形式和程序

公司合并是指依照《公司法》及有关法律、行政法规的规定，两个或两个以上的公司通过签订协议合并为一个公司的法律行为。公司合并的原因可以是资产重组、产业结构调整、收购、兼并等。公司合并须经股东会或股东大会决议通过。

公司合并可以采取吸收合并或新设合并两种方式。吸收合并是指一个公司吸收其他公司，被吸收的公司解散，原公司法人资格被注销的一种形式。接受方的法人资格保留，并到公司登记机关办理变更登记手续。新设合并是指两个以上的公司合并设立一个新公司。合并时，合并各方的公司法人资格被注销，新公司经办理开业登记而设立。

公司合并，应当由合并各方签订合并协议，并编制资产负债表及财产清单。公司应当自作出合并决议之日起 10 日内通知债权人，并于 30 日内在报纸上公告。报纸发行地应与债权人所在地一致。债权人自接到通知书的 30 日内，未接到通知书的自公告之日起 45 日内有权要求公司清偿债务或者提供相应的担保。不清偿债务或者不提供相应担保的，公司不得合并。公司合并时，合并各方的债权、债务，应当由合并后存续的公司或者新设的公司享有和承担。

### （二）公司分立的形式和程序

公司分立是指依照《公司法》及有关法律、行政法规的规定，一个公司分成两个或两个以上公司的法律行为。

公司分立可以采取新设分立和派生分立两种形式。新设分立是指原有的一个公司分立成两个以上的公司。原有公司的法人资格消灭，新分出的两个以上公司各自均取得独立法人资格。原有公司的注销与新公司设立均应到公司登记机关办理登记手续。派生分立是指将原来的一个公司的部分资产划出来成立为一个新的公司的形式。原有公司名称继续保留，并办理相应的变更手续，新设立的公司办理开业登记手续。

公司的分立，应当编制资产负债表及财产清单。公司应当自作出分立决议之日起 10 日内通知债权人，并于 30 日内在报纸上公告。公司分立前的债务由分立后的公司承担连带责任。但是，公司在分立前与债权人就债务清偿达成书面协议另有约定的除外。

## 二、公司的减资和增资

### （一）公司的减资

公司减资，是指公司依法减少注册资本的行为。公司成立后，或因原定资本过高而形成资本闲置、或因经营不善而严重亏损时，都可通过减资来解决相应问题。公司需要减少注册资本时，必须编制资产负债表及财产清单。

公司应当自作出减少注册资本决议之日起 10 日内通知债权人，并于 30 日内在报纸上公告。登有公告的报纸的发行地区应包括债权人的住所。债权人自接到通知书之日起 30

日内，未接到通知书的自公告之日起45日内，有权要求公司清偿债务或者提供相应的担保，否则公司不得减少注册资本。

公司无论因何种原因减资，减资后的注册资本都不得低于法定的最低资本限额。

**（二）公司的增资**

公司的增资，是指公司依法增加注册资本的行为。有限责任公司增加注册资本时，股东认缴新增资本的出资，依照《公司法》设立有限责任公司缴纳出资的有关规定执行。股份有限公司为增加注册资本发行新股时，股东认购新股，依照《公司法》设立股份有限公司缴纳股款的有关规定执行。

公司增加或者减少注册资本时，都应当依法向公司登记机关办理变更登记。

# 第七节　公司的解散和清算

公司的解散，是指因公司章程和法定的事由导致公司法人资格消灭的一种法律行为。公司的清算，是指为终结已解散公司的法律关系而清理其债权债务并处分其财产，以达到消灭已解散公司法人资格的程序。解散与清算的区别在于，前者是公司法人在市场经济运行过程中的一种事实状态，而后者则是由这种状态引发的法定程序。解散是清算的前提条件和基础，清算是解散的必然结果。公司因合并或分立解散无须清算则是例外情况。

## 一、公司的解散

《公司法》第一百八十条规定：公司因下列原因解散：（1）公司章程规定的营业期限届满或者公司章程规定的其他解散事由出现；（2）股东会或者股东大会决议解散；（3）因公司合并或者分立需要解散；（4）依法被吊销营业执照、责令关闭或者被撤销；（5）人民法院依照《公司法》第一百八十二条的规定予以解散。

有上述第（1）项情形的，可以通过修改公司章程而存续。依法修改公司章程，有限责任公司须经持有2/3以上表决权的股东通过，股份有限公司须经出席股东大会会议的股东所持表决权的2/3以上通过。

《公司法》第一百八十二条规定，公司经营管理发生严重困难，继续存续会使股东利益受到重大损失，通过其他途径不能解决的，持有公司全部股东表决权10%以上的股东，可以请求人民法院解散公司。

此外，公司因不能清偿到期债务，被依法宣告破产的，实际上则是公司解散的特殊原因。我国《企业破产法》和《民事诉讼法》对此有具体规定，但《公司法》没有将其列入公司的解散原因。

## 二、公司的清算

根据《公司法》的规定，公司解散后清算的程序主要包括以下几个方面：

**（一）成立清算组**

清算组，是指公司解散后为进行清算而依法成立的对内执行清算事务、对外代表清算中的公司法人意思表示的专门机构。

解散的公司，应当自解散之日起 15 日内成立清算组。有限责任公司的清算组由股东组成，股份有限公司的清算组由董事或者股东大会确定的人员组成。逾期不成立清算组的，人民法院可以依债权人申请指定有关人员组成清算组进行清算。

清算组在清算期间行使下列职权：(1) 清理公司财产，分别编制资产负债表和财产清单；(2) 通知、公告债权人；(3) 处理与清算有关的公司未了结的业务；(4) 清缴所欠税款以及清算过程中产生的税款；(5) 清理债权、债务；(6) 处理公司清偿债务后的剩余财产；(7) 代表公司参与民事诉讼活动。

**(二) 通知债权人申报债权**

清算组应当自成立之日起 10 日内通知债权人，并于 60 日内在报纸上公告。债权人应当自接到通知书之日起 30 内，未接到通知书的自公告之日起 45 日内，向清算组申报其债权，并且应当说明债权的有关事项、提供证明材料，清算组应当对债权进行登记。

**(三) 清理财产、清偿债务**

清算组在编制资产负债表和财产清单后，应当制定清算方案，并报股东会、股东大会或者人民法院确认。清算期间，公司不得开展新的经营活动，任何人未经清算组批准不得处分公司财产。

清算组应按下列顺序清偿公司债务：(1) 支付清算费用；(2) 拖欠的职工的工资或薪金；(3) 拖欠的社会保险费用和法定补偿金；(4) 缴纳所欠税款；(5) 清偿公司债务。

《公司法》第一百八十七条规定：清算组在清理公司财产、编制资产负债表和财产清单后，发现公司财产不足清偿债务的，应当依法向人民法院申请宣告破产。公司经人民法院裁定公司宣告破产后，清算组应当将清算事务移交给人民法院。

**(四) 分配剩余财产**

按上述顺序清偿公司债务完成后，如还有剩余财产，清算组应将剩余财产分配给股东。有限责任公司按照股东的出资比例分配，股份有限公司按照股东持有的股份比例分配。

**(五) 制作清算报告并办理注销登记**

公司清算结束后，清算组应当制作清算报告，报股东会、股东大会或者人民法院确认。经确认后将清算报告报送公司登记机关，申请注销登记。注销登记后，公告公司终止。不申请注销登记的，由登记机关吊销其营业执照，予以公告。

公司被依法宣告破产的，依照有关《企业破产法》的规定实施破产清算。

## 第八节　违反《公司法》的法律责任

### 一、公司违反《公司法》的法律责任

**(一) 公司违反关于财务、会计规定的法律责任**

(1) 公司违反《公司法》的规定，在法定的会计账簿以外另立会计账簿的，由县级以

上人民政府财政部门责令改正，处以 5 万元以上 50 万元以下的罚款。

（2）公司在依法向有关主管部门提供的财务会计报告等材料上作虚假记载或者隐瞒重要事实的，由有关主管部门对直接负责的主管人员和其他直接责任人员处以 3 万元以上 30 万元以下的罚款。

（3）公司不依照《公司法》规定提取法定公积金的，由县级以上人民政府财政部门责令如数补足应当提取的金额，可以对公司处以 20 万元以下的罚款。

**（二）公司违反关于合并、分立、减少注册资本或者清算规定的法律责任**

（1）公司在合并、分立、减少注册资本或者进行清算时，不依照《公司法》规定通知或者公告债权人的，由公司登记机关责令改正，对公司处以 1 万元以上 10 万元以下的罚款。

（2）公司在进行清算时，隐匿财产，对资产负债表或者财产清单作虚假记载或者在未清偿债务前分配公司财产的，由公司登记机关责令改正，对公司处以隐匿财产或者未清偿债务前分配公司财产金额 5%以上 10%以下的罚款；对直接负责的主管人员和其他直接责任人员处以 1 万元以上 10 万元以下的罚款。

（3）公司在清算期间开展与清算无关的经营活动的，由公司登记机关予以警告，没收违法所得。

**（三）公司违反关于依法开业和变更登记规定的法律责任**

（1）公司成立后无正当理由超过 6 个月未开业的，或者开业后自行停业连续 6 个月以上的，由公司登记机关吊销其公司营业执照。

（2）公司登记事项发生变更时，未按照《公司法》规定办理有关变更登记的，责令限期登记，逾期不登记的，处以 1 万元以上 10 万元以下的罚款。

**（四）外国公司擅自在中国境内设立分支机构的法律责任**

（1）外国公司违反《公司法》规定，擅自在中国境内设立分支机构的，由公司登记机关责令改正或者关闭，可以并处 5 万元以上 20 万元以下的罚款。

（2）利用公司名义从事危害国家安全、社会公共利益的严重违法行为的，吊销营业执照。

（3）公司违反《公司法》规定，应当承担民事赔偿责任和缴纳罚款、罚金的，其财产不足以支付时，先承担民事赔偿责任。

## 二、发起人、股东违反《公司法》的法律责任

（1）公司的发起人、股东虚假出资，未交付或者未按期交付作为出资的货币或者非货币财产的，由公司登记机关责令改正，处以虚假出资金额 5%以上 15%以下的罚款。

（2）公司的发起人、股东在公司成立后，抽逃其出资的，由公司登记机关责令改正，处以所抽逃出资金额 5%以上 15%以下的罚款。

## 三、清算组和清算组成员违反《公司法》的法律责任

（1）清算组不按照《公司法》规定向公司登记机关报送清算报告，或者报送清算报告隐瞒重要事实或者有重大遗漏的，由公司登记机关责令改正。

（2）清算组成员利用职权徇私舞弊、谋取非法收入或者侵占公司财产的，由公司登记机关责令退还公司财产，没收违法所得，并可以处以违法所得1倍以上5倍以下的罚款。构成犯罪的，依法追究刑事责任。

## 四、资产评估、验资或者验证机构违反《公司法》的法律责任

（1）承担资产评估、验资或者验证的机构提供虚假材料的，由公司登记机关没收违法所得，处以违法所得1倍以上5倍以下的罚款，并可由有关主管部门依法责令该机构停业、吊销直接责任人员的资格证书，吊销营业执照。构成犯罪的，依法追究刑事责任。

（2）承担资产评估、验资或者验证的机构因过失提供有重大遗漏的报告的，由公司登记机关责令改正，情节较重的，处以所得收入1倍以上5倍以下的罚款，并可以由有关主管部门依法责令该机构停业、吊销直接责任人员的资格证书，吊销营业执照。

（3）承担资产评估、验资或者验证的机构因其出具的评估结果、验资或者验证证明不实，给公司债权人造成损失的，除能够证明自己没有过错的外，在其评估或者证明不实的金额范围内承担赔偿责任。

## 五、有关单位或者个人违反《公司法》的法律责任

（1）违反《公司法》的规定，虚报注册资本、提交虚假材料或者采取其他欺诈手段隐瞒重要事实取得公司登记的，由公司登记机关责令改正，对虚报注册资本的公司，处以虚报注册资本金额5%以上15%以下的罚款；对提交虚假材料或者采取其他欺诈手段隐瞒重要事实的公司，处以5万元以上50万元以下的罚款；情节严重的，撤销公司登记或者吊销营业执照。

（2）未依法登记为有限责任公司或者股份有限公司，而冒用有限责任公司或者股份有限公司名义的，或者未依法登记为有限责任公司或者股份有限公司的分公司，而冒用有限责任公司或者股份有限公司的分公司名义的，由公司登记机关责令改正或者予以取缔，可以处10万元以下的罚款。

## 六、公司登记机关违反《公司法》的法律责任

（1）公司登记机关对不符合法律规定条件的登记申请予以登记，或者对符合法律规定条件的登记申请不予登记的，对直接负责的主管人员和其他直接责任人员，依法给予行政处分。

（2）公司登记机关的上级部门强令公司登记机关对不符合《公司法》规定条件的登记申请予以登记，或者对符合法律规定条件的登记申请不予登记的，或者对违法登记进行包庇的，对直接负责的主管人员和其他直接责任人员依法给予行政处分。

## 本章小结

公司法是规定公司法律地位、调整公司在设立、变更与终止过程中所发生的社会关系的法律规范的总称。我国的公司分为有限责任公司和股份有限公司。本章详细介绍了我国《公司法》规定的有限责任公司的设立、组织机构，一人有限责任公司和国有独资公司的法律规定；股份有限公司的设立、组织机构以及公司股份和公司债券的发行与转让；公司

的财务会计制度；公司的合并、分立、增资、减资；公司的解散和清算，以及违反《公司法》应当承担的责任等。

## 思考与练习

### 一、单项选择题

1. 依照我国《公司法》的规定，以下不属于有限责任公司法定设立条件的是（　　）。

A. 股东符合法定人数

B. 有符合公司章程规定的全体股东认缴的出资额

C. 有公司住所

D. 有固定的生产经营场所和必要的生产经营条件

2. 下列关于有限责任公司股东用于出资的非货币财产的说法，错误的是（　　）。

A. 不得超过有限责任公司注册资本的20%

B. 可以用货币估价

C. 可以依法转让

D. 不违背法律禁止性规定

3. 当有限责任公司股东请求公司按照合理的价格收购其股权时，股东与公司不能达成股权收购协议，可以自股东会会议决议通过之日起（　　）内向人民法院提起诉讼。

A. 15日　　B. 45日　　C. 60日　　D. 90日

4. 设立股份有限公司，在中国境内有住所的发起人应占发起人总数的（　　）以上。

A. 1/5　　B. 1/3　　C. 2/3　　D. 半数

5. 依据《公司法》的规定，发行人所发行股份的股款缴足后，必须进行验资，验资机构须（　　）。

A. 依法设立　　B. 证监会指定

C. 证券交易所指定　　D. 省级政府指定

6. 股份有限公司创立大会必须有（　　）方可举行。

A. 全体发起人出席

B. 全体认股人出席

C. 代表股份总数过半数的发起人、认股人出席

D. 占总人数1/2以上的发起人、认股人出席

7. 根据《公司法》的规定，单独或合计持有股份有限公司（　　）以上股份的股东有权向股东大会提出临时提案。

A. 3%　　B. 5%　　C. 15%　　D. 20%

### 二、多项选择题

1. 按公司财产责任形式分类，公司可分为（　　）。

A. 有限责任公司　　B. 无限责任公司

C. 两合公司　　D. 股份两合公司

2. 下列属于有限责任公司签发的股东出资证明书应当载明的事项是（　　）。

A. 法定代表人　　B. 公司成立日期
C. 股东的姓名或者名称　　D. 公司注册资本

3. 以下有权提议召开有限责任公司临时股东会议的是（　　）。
A. 代表 1/10 以上表决权的股东　　B. 1/3 以上的董事
C. 监事会　　D. 董事长

4. 必须经有限责任公司股东会会议代表 2/3 以上表决权股东通过的事项有（　　）。
A. 修改公司章程　　B. 增减注册资本
C. 发行公司债券　　D. 变更公司形式

5. 下列各项中，（　　）属于有限责任公司监事会行使的职权。
A. 检查公司财务　　B. 对违反法律的董事提出罢免建议
C. 提议召开临时股东会会议　　D. 解聘公司财务负责人

6. 下列关于有限责任公司监事会或监事的说法，正确的是（　　）。
A. 行使职权所必需的费用由公司承担
B. 监事会决议应当由出席会议监事的半数以上通过
C. 监事会每年度至少召开一次会议
D. 监事可以列席董事会会议

7. 下列关于一人有限责任公司的说法中，符合我国《公司法》规定的有（　　）。
A. 自然人和法人都可以设立一人有限责任公司
B. 在公司登记中注明自然人独资或法人独资
C. 作出增资决定时应当采用书面形式
D. 应当编制中期和年度财务会计报告并经会计师事务所审计

8. 下列有关国有独资公司的说法，正确的有（　　）。
A. 董事及高级管理人员未经国有资产监督管理机构同意，不得在其他经济组织兼职
B. 国有独资公司不设股东会
C. 董事会成员中应当有公司职工代表
D. 监事会成员不得少于 3 人

9. 下列各项中，（　　）属于上市公司发行可转换为股票的公司债券必备的条件。
A. 符合我国《证券法》规定的发行条件
B. 报国务院证券监督管理机构核准
C. 报证券交易所审核
D. 经股东大会决议

10. 公司的资本公积金可以用于（　　）。
A. 弥补公司的亏损　　B. 扩大公司生产经营
C. 转为增加公司资本　　D. 向股东分配利润

## 三、案例分析

甲生化有限公司与乙贸易有限公司为关系企业。甲公司负责某注册商标产品的生产，乙公司负责销售。该注册商标专用权属于乙公司。为了扬长避短，两公司洽谈后达成合并意向，约定乙公司并入甲公司。但乙公司董事会将合并意向向股东会提交讨论时，遇到了困难。该公司有 7 名股东，其中 4 名股东明确表示不同意合并，投了反对票，他们代表公

司股份的30%。另有代表公司股份70%的3名股东表决赞成合并。不同意合并的股东认为同意合并的股东人数未过半数，因此股东大会未通过公司合并决议，公司不得与甲公司合并。

**根据上述资料，回答下列问题：**

1. 乙公司股东会的表决结果是否通过了合并决议？
2. 如果乙公司与甲公司合并，应采用何种合并方式？
3. 如果进行合并，其程序如何？
4. 一旦合并，乙公司现有的债权、债务如何处理？

# 第六章
# 合同法律制度

**学习要点**

◇ 合同的概念与分类、合同法的概念
◇ 合同法的基本原则
◇ 合同订立的一般程序
◇ 合同生效的条件、无效合同、效力待定合同、可撤销合同
◇ 合同的履行原则、规则，合同履行中的抗辩权，合同的保全
◇ 合同担保的法定形式
◇ 合同的变更、转让，合同权利义务终止的概念和情形
◇ 承担违约责任的方式、合同违约的免责

## 第一节　合同法概述

### 一、合同的概念和特征

合同是平等主体的自然人、法人、其他组织之间设立、变更、终止民事权利和义务关系的协议。作为一种平等主体之间的协议，合同具有以下四个法律特征：

(1) 合同是平等主体之间的民事法律行为，具有主体的平等性。合同的当事人包括自然人、法人和其他组织，他们之间的法律地位是平等的，不存在从属或强制关系，任何一方不得将自己的意志强加于对方。在合同中作出意思表示的双方或多方当事人的合同权利，受法律的保护。

(2) 合同是当事人进行的双方法律行为，具有意思表示的一致性。合同的成立必须是两个以上的当事人相互进行对应的意思表示，并达到意思表示一致，从而形成反映当事人共同目的的协议。这是合同区别于单方法律行为的一个重要标志。

(3) 合同以设立、变更、终止民事权利和义务关系为目的。合同是以设立、变更、终止民事权利和义务关系为目的的协议。这种目的性在合同中以各方当事人之间的权利和义务关系的约定，或设立或变更或终止为内容形式来表现。合同成立后，各方当事人之间依据合同而达到其目的，实现其利益。

（4）合同必须具有合法性、确定性和可履行性。合法性是指合同的签订与发生的法律后果必须符合法律的要求。确定性是指合同内容必须有明确的约定，不能模糊不清、约定不明。内容难以确定时，可直接依据法律规定办理。可履行性是指合同标的具有履行的可能，合同有效。否则，除不可抗力导致的不能履行的合同外，其他不能履行的合同将导致合同的解除或无效。在当事人履行合同义务时，产生合法结果；如果当事人不履行，则要对因此而产生的不良法律后果负责。

## 二、合同的分类

合同的分类，是指按一定的标准，将合同划分为不同的种类。从理论上讲，合同可以有以下六种分类：

（1）有名合同和无名合同。根据合同是否具有法律明确的特定名称并设有专门规范为标准，合同分为有名合同与无名合同。

有名合同是指法律上以特定名称命名，并以专门规范加以调整的合同。《合同法》在分则中所列出的买卖合同、赠与合同、借款合同等 15 种合同，均属于有名合同。无名合同是指法律上没有规定的特定名称，亦没有专门规范加以调整的合同。凡是我国《合同法》没有明文规定的合同，均属于无名合同。

有名合同除了适用于《合同法》总则的规定外，还要遵守分则的法律规定；无名合同一般只适用于《合同法》总则的一般规定，如果总则中没有明确规定的，可参照适用《合同法》分则或者其他法律最相类似的规定。

（2）有偿合同与无偿合同。根据合同当事人取得利益是否必须支付相应代价为标准，合同分为有偿合同与无偿合同。有偿合同是指当事人一方依照合同规定，享有合同权利时必须向另一方当事人支付相应代价的合同。无偿合同是指当事人一方依照合同规定，享有合同权利时不必向另一方当事人支付相应代价的合同，如赠与合同等。

（3）单务合同与双务合同。根据在合同中给付义务是否由双方当事人相互担负为标准，合同分为单务合同与双务合同。单务合同是指一方当事人只承担义务而不享有权利，而对方当事人只享有权利而不承担义务的合同。双务合同是指当事人双方相互享有权利、承担义务的合同。实践中多数合同均属双务合同。

（4）诺成合同与实践合同。以合同的成立是否必须给付标的物或者完成约定的其他给付为标准，合同分为诺成合同与实践合同。诺成合同是指当事人各方的意思表示一致即可成立，不需具备其他条件的合同。实践合同是指除当事人各方的意思表示一致外，还必须交付标的物或者完成约定的其他给付才能成立的合同。

（5）要式合同与不要式合同。以合同的成立是否必须使用法律要求的特定形式为标准，合同分为要式合同与不要式合同。要式合同是指必须按法律规定的特定形式与手续才能成立和生效的合同。如抵押合同应当以书面形式订立，并在办理抵押物登记后生效。不要式合同是指法律上没有规定特定的形式或手续，由当事人自由选择合同订立方式的合同。一般的买卖合同多为不要式合同。

（6）主合同与从合同。以合同相互之间的主从关系或依附关系为标准，合同分为主合同与从合同。主合同是指在两个或两个以上的合同中，不以其他合同的成立为条件而独立存在的合同。从合同是指在两个或两个以上的合同中，必须以其他合同的成立为条件而存在的合同。

## 三、合同法的概念和基本原则

### （一）合同法的概念和调整范围

合同法是调整平等主体当事人之间的合同权利义务关系的法律规范的总称。《合同法》仅是狭义的合同法，广义的合同法还有其他法律、行政法规以及司法解释中关于合同的规定。

为了适应市场经济发展的需要，并与国际合同法接轨，1999 年 3 月 15 日，第九届全国人民代表大会第二次会议通过了《中华人民共和国合同法》（以下简称《合同法》），自 1999 年 10 月 1 日起实行。原《中华人民共和国经济合同法》、《中华人民共和国涉外经济合同法》、《中华人民共和国技术合同法》在《合同法》正式实施之日起同时废止。

《合同法》的调整范围是平等主体之间的民事权利义务关系，主要调整属于财产关系的民事法律关系。民事关系中的婚姻、收养、监护等属于人身关系的部分不适用《合同法》；民事法律关系中的物权关系也不适用《合同法》；政府对经济管理而产生的行政法律关系也不属于《合同法》的调整范围。

### （二）合同法的基本原则

合同法的基本原则是合同立法、执法和司法的基本准则，是实现合同目的的重要保障。我国《合同法》确立的基本原则主要包括以下五个方面：

（1）平等原则。平等原则是指合同当事人法律地位平等，一方不得将自己的意志强加给另一方。在合同订立、履行时，当事人无论具有什么身份，也无论其经济实力强弱，其合同关系相互之间的法律地位是平等的、独立的，没有高低、从属之分，一方不得将自己的意志强加给另一方。平等原则还意味着当事人的合法权益平等地受法律保护，任何一方当事人自身权益受到侵害时都可以请求人民法院或仲裁机构依法保护或救济。

（2）自愿原则。自愿原则是指当事人依法享有自愿订立合同的权利，任何单位和个人不得非法干预。即当事人自由协商订立合同，自主决定合同的内容和形式，确立相互间的权利义务，在合同中追求自己最大的利益。当然，自愿也不是绝对的，当事人订立合同、履行合同应当遵守法律、行政法规，尊重社会公德，不得扰乱社会经济秩序，损害社会公共利益。

（3）公平原则。公平原则是指当事人应当遵循公平原则确定各方的权利和义务，合同当事人之间的权利和义务要公平合理，要大体上平衡，强调一方给付与另一方给付之间的等值性，合同上的负担和风险要合理分配，禁止强迫交易或不等价交换。合同不得因欺诈、胁迫、乘人之危而成立。公平原则有利于保护当事人的合法权益，维护和平衡当事人之间的利益。

（4）诚实信用原则。诚实信用原则是指当事人行使权利、履行义务应当诚实守信、相互协作。它要求合同当事人以善良的态度订立和履行合同，讲究信用，恪守诺言，不得损害合同对方当事人和国家、集体及社会公共利益，也不得损害合同以外第三人的利益。

（5）遵守法律和社会公序良俗原则。当事人在订立、履行、变更、解除合同以及解决合同履行中的争议时，都必须遵守法律、行政法规，尊重社会公德，不得扰乱社会经济秩序，损害社会公共利益。即当事人在从事合同行为时，既要依法进行，又要遵守社会的公序良俗原则，不得以损害他人利益和社会利益或社会经济秩序为代价，追求自己的个人利益。

# 第二节　合同的订立

## 一、合同订立的一般程序

合同订立的一般程序分为要约与承诺两个阶段。

### （一）要约

*1. 要约的概念及构成要件*

《合同法》第十四条规定：要约是希望和他人订立合同的意思表示。当事人可以通过发信、发电报、发传真等方式向对方发出要约。发出要约的当事人为要约人，接受要约的当事人为受要约人。

要约应符合以下构成要件：(1) 要约必须是特定的合同当事人所为的意思表示。要约是要约人向受要约人发出的含有合同内容的意思表示，一经受要约人承诺，合同即告成立。所以，发出要约的人必须是特定的，即为合同关系主体的自然人、法人、其他组织。(2) 要约必须具有缔结合同的目的。表明一经受要约人承诺，要约人即受该意思表示约束。(3) 要约的内容必须具体确定。要约不仅能够表达订立合同的愿望，而且还应包括受要约人一经承诺即可成立的合同的基本条款。(4) 要约应当向要约人希望与之订立合同的相对人发出。相对人一般为特定人。但在特殊情况下，也可以是非特定人，如商业悬赏广告、柜台标价出售的商品等方式。(5) 要约须表明经受要约人承诺，要约人即受该意思表示的约束。

要约的形式通常有书面形式和口头形式两种。书面形式是采取交换信函、电报、电传电子数据和电子邮件等文字形式来进行要约，口头形式是要约人以直接对话或者电话等方式向被要约人进行要约。

*2. 要约邀请*

《合同法》第十五条规定：要约邀请是希望他人向自己发出要约的意思表示，寄送的价目表、拍卖公告、招标公告、招标说明书、商品广告等为要约邀请。要约邀请一般是通过媒介手段向不特定的群体发送，不属于订立合同的行为，没有法律约束力。商业广告的内容符合要约规定条件的，如悬赏广告，则视为要约。

*3. 要约的法律效力*

按照我国《合同法》的规定，要约到达受要约人时生效，对要约人和受要约人产生法律上的约束力。要约到达是指要约送达受要约人能够控制的地方，由于要约的送达方式不同，其到达时间的确定也不同。采取口头形式进行要约的，在受要约人了解要约时即可生效。采取书面形式进行要约的，必须是要约方到达受要约人所在地时方能发生法律效力。采取电文形式订立合同，收件人指定特定系统接收数据电文的，该数据电文进入该特定的系统的时间，视为到达时间；未指定特定系统的，该数据电文进入收件人的任何系统的首次时间，视为到达时间。

4. 要约的撤回和撤销

要约发出后，要约人不得随意撤回、撤销或对要约加以限制、变更或扩张。但为了尊重要约人的意志和保护要约人的利益，已发出的要约可以撤回或撤销。但为了保护受要约人的利益，这种撤回或撤销又是有条件限制的。

要约的撤回是指要约人在要约发出后，在到达受要约人前，要约人取消要约行为，使要约不发生法律效力的行为。我国《合同法》规定，要约可以撤回，撤回要约的通知应当在要约到达受要约人之前或者与要约同时到达受要约人。

要约的撤销是指要约人在要约到达受要约人并生效以后，要约人将该项要约取消，使要约的法律效力归于消灭的意思表示。我国《合同法》规定，要约可以撤销，撤销要约的通知应当在受要约人发出承诺通知之前到达受要约人。但有下列情形之一的，要约不得撤销：（1）要约人确定了承诺期限或者以其他形式明示要约不可撤销；（2）受要约人有理由认为要约是不可撤销的，并已经为履行合同做了准备工作。

5. 要约的失效

要约的失效是指要约丧失了对要约人和受要约人的法律约束力。《合同法》规定，有下列情形之一的，要约失效：（1）拒绝要约的通知到达要约人；（2）要约人依法撤销要约；（3）承诺期限届满，受要约人未作出承诺；（4）受要约人对要约的内容作出实质性变更。根据《合同法》的规定，受要约人对合同的标的、数量、质量、价款或者报酬、履行期限、地点和方式、违约责任和解决争议的方法等条款的变更，都属于对要约内容的实质性变更。

**（二）承诺**

1. 承诺的概念及构成要件

承诺是指受要约人同意接受要约全部条件的意思表示。一项有效的承诺，即表明各方就合同的主要条款达成一致，合同即告成立。

有效的承诺必须具备以下要件：（1）承诺必须由受要约人或其代理人向要约人作出。（2）承诺的内容必须与要约的内容一致。承诺必须是对要约内容的完全同意，没有实质性地改变要约的内容。承诺对要约的内容作出非实质性变更的，除要约人及时表示反对或者要约表明承诺不得对要约内容作出任何变更的以外，该承诺有效，合同的内容以承诺的内容为准。如果受要约人在承诺中对要约的内容加以扩张、限制或者变更，就是对要约的拒绝或者称为新要约。新要约是指有关合同标的、数量、质量、价款或者报酬、履行期限、履行地点和方式、违约责任和解决争议方法的实质性变更。（3）受要约人应当在要约确定的期限内承诺。规定有承诺期限的要约，受要约人超过承诺期限发出承诺的，除要约人及时通知受要约人该承诺有效的以外，为新要约。受要约人在承诺期限内发出承诺，按照通常情形能够及时到达要约人，但因其他原因承诺到达要约人时超过承诺期限的，除要约人及时通知受要约人因承诺超过期限不接受该承诺的以外，该承诺有效。

2. 承诺的方式

承诺应当以通知的方式作出。通知的方式可以是口头的，也可以是书面的。例如，要约中指定用传真方式作出承诺，若采用信函方式，承诺不成立；如要约对承诺未规定，承诺方式应与要约方式一样，或以其他合理方式作出。但根据交易习惯或者要约表明可以通过缄默或者不作为进行承诺的除外。

承诺应当在要约确定的期限内到达要约人。要约没有确定承诺期限的，承诺应当依照下列规定到达：(1) 要约以对话方式作出的，应当及时作出承诺，但当事人另有约定的除外。(2) 要约以非对话方式作出的，承诺应在合理期限内到达。(3) 要约以信件或者电报作出的，承诺期限自信件载明的日期或者电报交发之后开始计算；信件未载明日期的，自投寄信件的邮戳日期开始计算。(4) 要约以电话、传真等快速通信方式作出的，承诺期限自要约到达受要约人时开始计算。

3. 承诺的效力

承诺的效力在于合同的成立，承诺生效时合同成立。承诺需要通知的，自通知到达要约人时生效；承诺不需要通知的，根据交易习惯或者要约的要求作出承诺的行为时生效。

4. 承诺的撤回

承诺的撤回是指受要约人在承诺生效之前，阻止承诺发生法律效力的意思表示。撤回承诺的通知应当在承诺通知到达要约人之前或者与承诺通知同时到达要约人。

5. 承诺的延迟

承诺延迟是指受要约人超过要约人所要求的承诺期限发出承诺。迟到的承诺除要约人及时通知受要约人该承诺有效的以外，为新要约。

此外，《合同法》第二十九条规定：受要约人在承诺期限内发出承诺，按照通常情形能够及时到达要约人，但因其他原因承诺到达要约人时超过承诺期限的，除要约人及时通知受要约人因承诺超过期限不接受该承诺的以外，该承诺有效。

### (三) 缔约过失责任

缔约过失责任是指合同的一方当事人在订立合同过程中，因违反了法定的缔约义务，导致合同不成立、无效或被撤销，致使另一方当事人因此而受到损失的，应当承担的赔偿受害人损失的法律责任。

我国《合同法》规定，当事人在订立合同过程中有下列情形之一，给对方造成损失的，应当承担损害赔偿责任：(1) 假借订立合同，恶意进行磋商，损害对方或第三方利益；(2) 故意隐瞒与订立合同有关的重要事实或者提供虚假情况；(3) 泄露或不正当地使用商业秘密，给对方造成损失的；(4) 其他违背诚实信用原则的行为。

缔约过失责任不同于违约责任。违约责任是发生于合同成立后，当事人违反合同而承担的法律责任；缔约过失责任是在合同未成立、未生效或者合同无效、被撤销等情况下应承担的损害赔偿责任。

## 二、合同成立的时间和地点

### (一) 合同成立的时间

合同成立的时间是指当事人之间最终达成协议的时间，在大多数合同中，合同成立的时间就是合同生效的时间，而合同成立的时间是由承诺实际生效的时间所决定的。我国《合同法》规定，承诺生效时合同成立，但因为订立合同的形式很多，所以《合同法》对不同形式的合同的成立时间有不同规定：(1) 用口头形式订立合同的，承诺在一般情况下是立即作出并生效，合同随之成立，不存在签字或盖章问题；(2) 当事人采用书面形式订立合同的，自双方当事人签字或盖章时合同成立，双方当事人签字或盖章不在同一时间的，最后签字或盖章时合同成立；(3) 当事人采用信件、数据电文等形式订立合同的，可以在合同成立之前要求签订确认书，签订确认书时合同成立；(4) 法律、行政法规规定或者当事人约定采用书面形式订立合同，当事人未采用书面形式，但一方已经履行了主要义务，对方接受时，该合同成立；(5) 当事人采用合同书形式订立合同的，在签字或者盖章时合同成立。采用合同书形式订立合同，在签字或盖章之前，当事人一方已履行合同主要义务，对方接受的，合同成立。

**(二) 合同成立的地点**

合同成立的地点与合同成立的时间有着密切的联系，并有可能成为确定司法管辖的重要因素。我国《合同法》规定，承诺生效的地点为合同成立的地点。采用数据电文形式订立合同的，收件人的主要营业地为合同成立的地点；没有主营业地的，其经常居住地为合同成立的地点。当事人采用合同书、确认书形式订立合同的，双方当事人签字或盖章的地点为合同成立的地点。合同需要完成特殊的约定或法律形式才能成立的，以完成合同约定或法律规定形式的地点为合同成立的地点。当事人对合同成立地点另有约定的，按照其约定。

## 三、合同的内容和形式

**(一) 合同的内容**

合同内容是双方当事人订立合同过程中意思表示的具体化。根据《合同法》的规定，合同的内容由当事人约定，一般包括以下主要条款：(1) 当事人的名称或者姓名和住所。(2) 标的，即双方当事人权利和义务所共同指向的对象。(3) 数量，即当事人按照国家规定的法定计量单位约定其权利和义务大小的依据。(4) 质量，即当事人约定标的质量标准。它可以是国家标准，也可以是约定标准。但国家规定强制标准的，必须依据国家标准。(5) 价款或报酬，即当事人明确约定的价款或报酬的单价和总额以及结算方法、结果、地点、付款时间、付款方式等内容。(6) 履行期限、地点和方式。(7) 违约责任，即当事人在法律允许的范围内约定经营方式行为的表现及其承担违约责任的方法、内容和责任幅度。(8) 解决争议的方法。即当事人依法约定发生争议的合同的解决方式和解决纠纷的机构。

**(二) 合同的形式**

合同的形式是订立合同的双方当事人意思表示一致的表现形式。根据《合同法》的规定，当事人订立合同，有口头形式、书面形式和其他形式。

(1) 口头形式。口头形式是当事人通过语言约定达成一致的意思表示，凡法律没有规定或当事人未约定采用特定形式的合同，均可采取口头形式。它的优点是简便易行，缺点是一旦发生纠纷难以举证，不易分清责任。因此订立合同采取口头形式时应当慎重，对于不能即时结清和比较重要的合同不宜采用口头形式。

(2) 书面形式。合同的书面形式是指合同书、信件和数据电文（包括电报、电传、传真、电子数据交换和电子邮件）等可以有形地表现所载内容的形式。书面合同虽然在订立方式上较为复杂，不及口头形式迅速直接，但其优点是可以将当事人约定的权利、义务内容予以明确记载，便于履行和监督，一旦发生纠纷，易于取证和分清责任。

《合同法》规定，凡是法律、行政法规规定或当事人约定应当采用书面形式的，当事人应依法或依约定采用书面形式，否则合同不发生法律效力。若法律、行政法规规定或当事人约定采用书面形式订立合同，当事人未采用书面形式，但一方已经履行主要义务，对方接受的，该合同成立。

（3）其他形式。是指当事人未以书面形式或者口头形式订立合同，主要包括：（1）默示形式与推定形式。默示形式是指当事人用沉默的方式进行意思表示，即从当事人的不作为中可以推断其意思表示；推定形式是指当事人通过实施某种行为进行意思表示。（2）视听形式。是指以录音、录像之类的视听手段记载合同内容的形式。但法律另有规定的除外。

#### （三）格式条款

《合同法》第三十九条规定：格式条款是当事人为了重复使用而预先拟定，并在订立合同时未与对方协商的条款。

格式条款在实践中主要呈现为四种情况：（1）一方拟定的对方只能接受或拒绝（甚至不能拒绝）而别无选择的典型格式条款，如电信、供水、供电、供气、交通运输等公用事业，以及银行、保险等依法具有独占地位的经营者给消费者或者其他交易对方所提供的格式条款，通常都是不容对方讨价还价的。（2）一方预先拟定的作为签约基础而允许对方修改的条款，也可以认定为格式条款。（3）一方拟定了大部分条款而留下部分条款，经与对方协商填充后而形成合同的情况，也属于格式条款。（4）有些合同的示范文本经当事人一方采纳并转化为当事人一方预先拟定的合同条款时，也构成格式条款。但在被特定当事人采纳之前，不是《合同法》第三十九条规定意义上的格式条款。在社会生活实践中，人们通常把包含格式条款的合同统称为格式合同。

为了保证另一方当事人的合法权益，我国《合同法》对格式条款作了必要的限制性规定：（1）提供格式条款的一方应当公平地确定双方的权利义务，并采取合理的方式提请对方注意免除或限制其责任的条款。（2）如果格式条款有《合同法》规定的合同无效情形，或者提供格式条款一方免除自己的责任、加重对方责任、排除对方主要权利的，该条款无效。（3）格式条款与非格式条款内容不一致的，采用非格式条款。对格式条款有两种以上解释的，按照不利于提供格式条款一方的解释。

## 第三节　合同的效力

### 一、合同的效力概述

#### （一）合同效力的概念

合同的效力，是指合同依法成立之后，对当事人具有的法律约束力。依法成立的合同，自成立时生效。法律、行政法规规定应当办理批准、登记等手续生效的，依照其规定。

合同的成立与合同的生效既有联系又有区别。合同的成立是指当事人经过要约和承诺，意思表示一致后达成协议。合同的成立是合同生效的前提，但如果合同不符合法律规定的生效要件，即使成立也不能产生当事人预期的法律效力。合同的生效是指已经依法成立的合同，得到国家的承认和保护，发生相应的法律效力，强调的是合同的合法性。合同的成立是一种事实的判断，合同的生效则是一种法律上的判断，合同成立不一定有效，有效的合同也不一定立即生效。

当事人对合同的效力可以约定条件和期限，附生效条件的合同，自条件成就时生效；附解除条件的合同，自条件成就时解除。当事人为自己的利益不正当地阻止条件成就的，视为条件已经成就；当事人不正当地促成条件成就的，视为条件不成就。附生效期限的合同，自期限届至时生效；附终止期限的合同，自期限届满时解除。附期限与附条件的区别是：附期限是一定能发生的事实，附条件是不一定能发生的事实。

**（二）合同生效的要件**

（1）合同当事人必须具有与订立合同相适应的行为能力。自然人、法人、其他组织订立合同，必须具备与订立合同相适应的民事行为能力，其订立的合同才能生效。

限制民事行为能力人只能订立与其年龄、智力或精神状况相适应的合同。无民事行为能力人原则上不能订立合同，但订立使自己纯获利益的合同或者与其年龄、智力、健康状况相适应的合同，无须代理人追认自然有效。法人或其他组织的法定代表人、负责人超越权限订立的合同，除相对人知道或者应当知道其超越权限的以外，该代表行为有效，其订立的合同亦有效。

（2）合同当事人意思表示真实。合同是要约和承诺两种意思表示达成一致的产物。意思表示真实是合同生效的重要构成要件，因为合同本质上是当事人之间的一种合意，这种合意能否产生法律上的约束力，很重要的一点是取决于合意的意思表示是否同行为人的真实意思相符合。如果行为人作出的意思表示与其真实意思不相符合，其订立的合同不发生法律效力，即不能生效。

（3）合同内容不违反法律、不损害社会公共利益。具有法律效力的合同，内容不得违反法律的强制性规定，也不得损害社会公共利益。将不违反法律和损害社会公共利益作为有效合同的要件，既可以使合法的合同受到法律保护，产生当事人预期的法律效果，还可以弥补法律规定的某些不足。同时，合同的内容还必须遵守社会公共道德，不得损人利己，损公肥私，否则将要受到相应的制裁或舆论谴责。

（4）合同应当具备法律要求具备的形式。合同法规定的合同形式包括口头形式、书面形式和其他形式，其中法律规定用特定形式才能生效的合同，当事人必须依照法律规定，才能获得国家的承认和保护。

（5）合同标的须合法确定和可能。标的的合法确定，是指合同标的必须自始合乎法律确定，或按照可能而确定。即订立合同时或将来履行合同时都处于可以确定的状态。标的可能是指合同追求的交易目的在客观上要具有实现的现实性。

## 二、无效合同

无效合同是指合同虽已经成立，但违反法律规定，严重欠缺合同的生效要件，不能发生当事人预期的法律后果的合同。无效合同自订立时候起就没有法律约束力。

我国《合同法》规定，有下列情形之一的，合同无效：(1) 一方以欺诈、胁迫手段订立合同，损害国家利益；(2) 恶意串通、损害国家、集体或者第三人利益；(3) 以合法形式掩盖非法目的；(4) 损害社会公共利益；(5) 违反法律、行政法规的强制性规定。

无效合同属于违法合同，即合同内容违法。只要合同内容违反了法律、法规的强制性规定，就应被确认为无效。但当事人订立合同的某些条款无效，并不影响整个合同的效力，只是导致合同部分条款无效，其余部分仍然有效。

另外，当事人在订立合同的过程中，常常会出现一些免责条款。所谓免责条款，是指当事人在合同中预先约定免除将来可能发生损害的赔偿责任。免责条款必须写入合同中才能成为合同条款。对于合法的、有效免责条款，只要出现了符合免责条款所规定的情况，当事人就可以被免除或者减少民事责任。免责条款成为合同的组成部分，并不说明它一定有效。我国《合同法》规定，合同中的下列免责条款无效：(1) 造成对方人身伤害的；(2) 因故意或者重大过失造成对方财产损失的。

## 三、效力待定的合同

效力待定的合同，是指合同虽然已经成立，但因为欠缺有效要件，其生效与否尚未确定，必须经过权利人的追认或附加条件、附加期限事实的出现，才能发生当事人预期的法律效力，否则将归于无效的合同。

效力待定合同与无效合同不同。无效合同是因为违反法律或损害社会公共利益而导致合同绝对无效，而效力待定合同主要是因为合同主体存在瑕疵或附加条件、附加期限事实未成就，只有权利人通过追认消除该瑕疵或附加条件、附加期限成就后，效力待定的合同方为有效。

根据《合同法》的规定，下列合同属于效力待定的合同：

(1) 限制民事行为能力人订立的合同。限制民事行为能力人订立的合同，必须经法定代理人追认后，该合同才能有效。但纯获利益的合同或者与其年龄、智力、精神健康状况相适应而订立的合同，则不必经法定代理人追认。相对人可以行使催告权和撤销权，催告法定代理人在1个月内予以追认，追认的意思表示自到达相对人时生效，合同自订立时起生效。法定代理人未作表示的，视为拒绝追认。合同被追认之前，善意相对人有撤销的权利，撤销应当以通知的方式作出。

(2) 无权代理人以被代理人名义订立的合同。行为人没有代理权、超越代理权或者代理权终止后以被代理人的名义订立的合同，未经被代理人追认，对被代理人不发生效力，由行为人承担责任。经被代理人追认后，该合同有效。相对人可以催告被代理人在1个月内予以追认，追认的意思表示自到达相对人时生效，合同自订立时起生效。无权代理人以被代理人的名义订立合同，被代理人已经开始履行合同义务的，视为对合同的追认。被代理人未作表示的，视为拒绝追认。合同被追认之前，善意相对人有撤销的权利，撤销应当以通知的方式作出。行为人没有代理权，超越代理权或者代理权终止后，以被代理人名义订立合同，相对人有理由相信行为人有代理权的，该代理行为有效。被代理人依照承担有效代理行为所产生的责任后，可以向无权代理人追偿因代理行为而遭受的损失。

(3) 无处分权人处分他人财产订立的合同。无处分权的人处分他人财产，并与相对人订立的财产转让合同，经权利人追认或者无处分权的人订立合同后取得处分权的，该合同有效。无处分权人在订立合同后取得处分权的，该合同也自始发生效力。

(4) 附条件或附期限的合同。我国《合同法》规定，附生效条件的合同，自条件成就时生效；附生效期限的合同，自期限届至时生效。因此，附生效条件或附生效期限的合同，也属于效力待定的合同。

## 四、可变更和可撤销的合同

可变更和可撤销合同是指虽然合同已经成立，但因意思表示不真实，一方当事人可以请求人民法院或仲裁机构予以变更或撤销的合同。

根据《合同法》的规定，对于下列合同，当事人一方有权请求人民法院或仲裁机构变更或者撤销：

(1) 因重大误解订立的合同。因重大误解订立的合同是指当事人因为自己的过错对合同的某些事实产生错误的理解和认识，在违背真实意思的情况下订立的合同。

(2) 在订立时显失公平的合同。根据最高人民法院的司法解释，显失公平的合同是由于一方当事人利用优势或者利用对方没有经验，致使双方的权利与义务明显违反公平、等价有偿原则的，可以认定为显失公平。

(3) 乘人之危订立的合同。乘人之危订立的合同是指行为人利用对方当事人的紧迫需要或者危难处境，迫使其违背本意接受了对自己非常不利的条件而订立的合同。乘人之危的构成要件有三个：一是合同的一方订立合同是利用了对方的危难；二是合同的订立违背了对方的真实意愿；三是危难事实与对方订立合同具有因果关系。

(4) 一方以欺诈、胁迫的手段，使对方在违背真实意思的情况下订立的合同。一方以欺诈、胁迫的手段，使对方在违背真实意思的情况下订立的合同，如果损害国家利益的，可以认定为无效合同；如果受害的只是受欺诈、受胁迫一方当事人的，受害人可以向人民法院或仲裁机构申请确认合同无效，也可以申请变更或撤销。

对于可撤销或可变更合同，当事人可以请求变更，也可以请求撤销。当事人请求变更合同的，人民法院或仲裁机构不得撤销。

撤销权具有时限的限制，我国《合同法》规定，有下列情形之一的，撤销权消灭：

(1) 具有撤销权的当事人自知道或应当知道撤销事由之日起 1 年内没有行使撤销权；

(2) 具有撤销权的当事人知道撤销事由后，明确表示或者以自己的行为放弃撤销权。

## 五、合同无效或被撤销的后果

合同被确认无效或者被撤销以后，将导致合同自始无效，不发生当事人订立合同时所预期的法律效果。对于无效合同，由于当事人侵犯了法律所保护的社会秩序和社会公共利益，应承担一定的法律责任。对于可撤销或可变更的合同，当事人一般不会承担无效合同的某些后果，但因合同撤销，当事人之间也应承担一定的民事责任。

合同被确认无效或被撤销后，当事人基于合同所取得的财产，应当予以返还；不能返还或没有必要返还的，应当折价补偿。有过错的一方应当赔偿对方因此所造成的损失，双方均有过错的，应当各自承担相应的责任。当事人属于恶意串通、损害国家、集体或第三人利益的，因此所取得的财产收归国家所有或返还集体、第三人。

被撤销的合同与无效合同一样，自始没有法律约束力，合同被撤销的，不影响合同中独立存在的有关解决争议的方法条款的效力。

## 第四节 合同的履行

### 一、合同的履行原则

合同的履行是指合同成立后，当事人双方正确、适当、全面地完成合同中规定的各项义务的行为。

根据《合同法》的规定，合同当事人在履行合同的过程中应当遵循以下原则：

（1）全面履行原则。又称适当或正确履行原则，是指合同当事人按照合同约定的全部条款，全面履行合同的义务。这是合同履行的首要原则，对实现合同的目的，严肃合同纪律都有着非常重要的意义。

（2）实际履行原则。实际履行原则是指当事人要按照合同规定的标的来履行义务，不能用其他标的代替；一方违约时，不能以向对方偿付违约金、赔偿金代替其履行。

（3）协作履行原则。协作履行原则要求当事人根据合同的性质、目的和交易习惯履行通知、协助、保密等义务，以及根据诚实信用原则履行其他义务。主要包括：债务人履行债务，债权人应及时地受领；合同一方当事人因故不能履行合同时，应当及时通知对方，以避免损失的产生和扩大；对方也应及时采取措施避免和减少自己的损失，否则应对扩大的损失自己承担责任；在履行过程中发生的争议，应及时协商解决。

（4）继续履行原则。继续履行原则是指当事人一方因违约向对方交付了违约金、赔偿金之后，如对方要求继续履行的，也必须继续履行，以防止有的当事人宁肯偿付违约金、赔偿金而故意不履行合同的违法或违约行为得逞。

### 二、合同的履行规则

#### （一）合同条款存在缺陷时的履行规则

合同生效后，当事人就质量、价款或者报酬、履行地点等内容没有约定或者约定不明确的，可以协议补充；不能达成补充协议的，按照合同有关条款或者交易习惯确定。仍然不能确定时，应当依照《合同法》规定的以下规则履行：

（1）质量要求不明确的，按照国家标准、行业标准履行；没有国家标准、行业标准的，按照通常标准或者符合合同目的的特定标准履行。

（2）价款或者报酬不明确的，按照订立合同时履行地点的市场价格履行；但是，依法应当执行政府定价或者政府指导价的，按照有关规定办理。

（3）履行地点不明确的，给付货币的，则在接受货币一方所在地履行；交付不动产的，则在不动产所在地履行；其他标的，则在履行义务一方所在地履行。

（4）履行期限不明确的，债务人可以随时履行，债权人也可以随时要求履行，但是，应当给对方必要的准备时间。

（5）履行方式不明确的，应当按照有利于实现合同目的的方式履行。

（6）履行费用的负担不明确的，则由履行义务一方负担。

**（二）价格发生变动时的履行规则**

（1）执行政府定价或者政府指导价的合同，在合同约定的交付期限内政府价格调整时，按照交付时的价格计价。

（2）逾期交付标的物的，遇价格上涨时，按照原价格执行；价格下降时，按照新价格执行。

（3）逾期提取标的物或者逾期付款的，遇价格上涨时，按照新价格执行；价格下降时，按照原价格执行。

**（三）债务人向第三人履行义务或者第三人向债权人履行义务的规则**

《合同法》规定，当事人可以约定由债务人向第三人履行合同债务，也可以约定由第三人向债权人履行义务。但如果债务人未向第三人履行债务或者履行债务不符合约定的，债务人仍应当向债权人承担违约责任。同样，如果当事人约定由第三人向债权人履行债务，而第三人不履行债务或者履行债务不符合约定的，则债务人仍应当向债权人承担违约责任。

**（四）其他合同履行问题的处理**

债权人分立、合并或者变更住所没有通知债务人，致使债务人履行债务发生困难的，债务人可以中止履行或者将标的物提存。

债务人在合同规定的履行期限之前履行合同的，债权人可以拒绝债务人提前履行债务。但如果该项提前履行不损害债权人利益，则债权人不得拒绝对方的提前履行；如果债务人提前履行债务给债权人增加费用，该费用由债务人负担。

债务人部分履行债务的，债权人可以拒绝，若部分履行不损害债权人利益，债权人则不可以拒绝。债务人部分履行给债权人增加的费用由债务人负担。

依法订立的合同，一经成立即具有法律约束力，任何一方当事人都不得以姓名、名称的变更或者法定代表人、负责人、承办人的变动为借口而不履行合同义务。

## 三、合同履行中的抗辩权

合同履行中的抗辩权，是指一方当事人依法具有的对抗对方当事人的履行请求，暂时拒绝履行其合同债务的权利。根据《合同法》的规定，双务合同的当事人依法享有以下抗辩权：

**（一）同时履行抗辩权**

同时履行抗辩权，是指在没有规定履行顺序的双务合同中，当事人一方在对方未履行前或未依约定履行时，享有拒绝履行合同的权利。《合同法》第六十六条规定：当事人互负债务，没有先后履行顺序的，应当同时履行。一方在对方履行之前有权拒绝其履行要求。一方在对方履行债务不符合约定时，有权拒绝其相应的履行要求。

同时履行抗辩权的行使应具备下列条件：（1）合同当事人互负对价债务，即合同当事人所负的债务不仅互为因果，且在价格上基本相等，不显失公平；（2）合同中未约定履行的先后顺序；（3）对方未履行或者未正确履行债务；（4）双方的债务已届清偿期；（5）对方所负债务仍有履行的可能性。否则，唯有依合同解除制度解除合同。

合同当事人只有在具备上述条件时，才可以自主行使同时履行抗辩权，其行使的方式是将拒绝履行的理由、根据及意思表示通知对方当事人。一旦对方当事人开始履行或恢复正确履行，同时履行抗辩权即告消灭，行使抗辩权的一方也应恢复履行自己的义务。

**（二）后履行抗辩权**

后履行抗辩权，是指在具有先后履行顺序的双务合同中，依照约定应当先履行合同的一方没履行或履行债务不符合约定时，后履行的一方有权拒绝履行自己的合同义务的权利。对此，《合同法》第六十七条明确规定：当事人互负债务，有先后履行顺序的，先履行一方未履行的，后履行一方有权拒绝其履行要求。先履行一方履行债务不符合约定的，后履行一方有权拒绝其相应的履行要求。

后履行抗辩权的行使必须符合下列条件：（1）合同必须是双务合同；（2）合同明确约定了履行的先后顺序；（3）先履行债务的一方不履行债务或者履行债务不符合约定；（4）应该先履行的债务有履行的可能性。

后履行抗辩权的行使，也必须采用通知的方式告知对方。若先履行方开始先履行债务或改按约定履行债务后，后履行一方也应按照约定履行自身的债务，不得拒绝履行。否则构成违约，应承担违约责任。

**（三）不安抗辩权**

不安抗辩权，是指在有先后履行顺序的双务合同中，先履行债务的当事人有确切证据证明对方当事人不能履行合同债务的可能并没有或拒绝提供担保时，先履行一方当事人有中止履行合同的权利。

不安抗辩权的使用应当具备以下条件：（1）当事人因双务合同互负债务；（2）一方当事人有先履行债务的义务；（3）后履行债务的当事人债务尚未届满履行期限；（4）后履行债务的一方当事人有丧失或可能丧失履行债务能力的现实情形；（5）后履行义务人没有或拒绝提供担保。

先履行合同的当事人，有确切证据证明对方有下列情形之一的，可以中止履行：经营状况严重恶化；转移财产、抽逃资金，已逃避债务；丧失商业信誉；有丧失或者可能丧失履行债务能力的其他情形。

当事人行使不安抗辩权，中止履行合同的，应当及时通知对方。对方提供适当担保时，应当恢复履行。中止履行后，对方在合理期限内未恢复履约能力，并且未提供适当担保的，中止履行的一方可以解除合同。

## 四、合同的保全

合同保全，是指在合同履行过程中，为防止债务人的财产减少而给债权人的债权带来危害，允许债权人为保全其债权的实现而采取一定的法律措施，从而保证债权人权利的实现。合同的保全措施包括债权人代位权和撤销权两种。

**（一）代位权**

代位权是指因债务人怠于行使对第三人的到期债权，从而对债权人造成损害的，债权人为保全其债权不受损害，可以向人民法院请求以自己的名义代位行使债务人对第三人的权利。

代位权的成立应具备以下条件：（1）债权人与债务人之间因合同产生了合法的债权债

务关系；（2）债务人怠于行使其对第三人享有的到期债权；（3）债务人怠于行使其到期债权，对债权人造成损害；（4）债务人对债权人的债务已到清偿期，债务人已属于迟延履行；（5）债务人的债权不是专属于债务人自身的债权，即不包括基于扶养关系、抚养关系、赡养关系、继承关系产生的给付请求权，也不包括劳动报酬、养老金、抚恤金、保险金、人身伤害赔偿请求权等不能被他人代为行使的债权。

债权人行使代位权，应当通过诉讼程序进行。即以债权人自己的名义向人民法院提出请求，要求行使的范围以债权人的债权为限，其行使的结果直接归属于债权人。债权人行使代位权的必要费用，由债务人承担。债权人的到期债务得到全部清偿后，债权人与债务人之间的债权债务关系消灭。

**（二）撤销权**

撤销权是指因债务人放弃对第三人的到期债权，无偿转让财产或以明显不合理的低价转让财产，从而危害债权人的债权时，债权人可以请求人民法院撤销债务人所实施行为的权利。

撤销权的成立应具备下列条件：（1）债务人确有放弃到期债权、无偿转让，或以明显不合理的低价转让其财产的行为；（2）债务人规避债务的行为对债权人的利益造成了损害；（3）债务人在实施危害债权的行为时具有主观恶意；（4）受让人知道债务人以明显不合理的低价转让财产属于恶意。

撤销权的行使，必须由享有撤销权的债权人以自己的名义，向人民法院提起诉讼，请求法院撤销债务人的危害债权行为。撤销权的行使应以债权人的债权范围为限，主要包括主债权及其利息、违约金、赔偿金，也包括行使撤销权的必要费用。因该费用是因债务人的不当行为所致，故应由债务人负担。

债权人行使撤销权对债务人生效后，债务人的行为被视为自始无效。第三人因该行为取得的财产，应当返还债务人。如果债务人对返还的财产不行使请求权，债权人可以行使代位权。

债权人的撤销权自债权人知道或者应当知道撤销事由之日起 1 年内行使，自债务人的行为发生之日起 5 年内没有行使撤销权的，该撤销权消灭。

## 第五节　合同的担保

### 一、合同担保概述

**（一）合同担保的概念和特征**

合同的担保是指当事人为确保合同的切实履行，依照法律规定或当事人约定而采取的具有法律效力的保证措施。担保一经确立即具有法律效力，任何一方不得擅自变更或撤销。如担保人要求提前解除担保关系，必须事先得到权利人的同意，否则即构成违约，需要承担相应的法律责任。

作为合同履行的一种法律形式，担保具有以下法律特征：（1）从属性。担保合同是依附于主合同的从合同。一般情况下，随主合同的成立而成立，随主合同的终止而终止。

(2) 补充性。即在主合同的基础上补充一些权利义务关系。只有在债务人不履行合同规定义务时，债权人才可以行使担保权。(3) 保障性。是指担保合同是用以保障债务的履行和债权的实现。担保合同必须经主合同当事人协商一致，自愿订立；如果由第三人承担保证义务时，必须由从合同的当事人自愿协商订立。(4) 相对独立性。担保条款相对于合同条款而独立存在，担保的范围并不要求与合同所涉及的债务完全等同。主合同无效，担保合同另有约定并不违反法律规定的，可以继续有效。如担保合同不是因主合同成立而成立，而是因当事人另行约定而成立，主合同解除后，担保人对债务人应当承担的民事责任仍然负有担保义务。(5) 财产性。债权人只能依据担保条款对债务人的财产行使担保权利，不能对债务人的人身进行控制或支配。

### （二）我国的担保法律制度

我国的担保法律制度是随着我国经济体制改革的进程逐渐完善起来的。在 20 世纪 80 年代颁布的《经济合同法》和《民法通则》虽分别规定了定金、保证、抵押和留置等担保形式，但因在具体内容上过于简单，很难实际操作，因此没有发挥应有的作用。1995 年 6 月 30 日第八届全国人民代表大会常务委员会第十四次会议通过了《中华人民共和国担保法》(以下简称《担保法》)。从而建立了我国较为切实可行的担保法律制度。最高人民法院结合审判实践经验，于 2000 年 9 月 29 日通过了《关于适用〈中华人民共和国担保法〉若干问题的解释》(以下简称《担保法司法解释》)，对《担保法》作了进一步的补充和完善。2007 年 3 月 16 日，全国十届人民代表大会第五次会议通过了《中华人民共和国物权法》(以下简称《物权法》)，该法专门设立“担保物权”一编，对抵押权、质权和留置权作了更为详尽的规定，从而形成了我国较为系统和适用的担保法律制度。

## 二、保证

### （一）保证的概念与保证人

根据《担保法》的规定，保证是指保证人与债权人约定，当债务人不履行债务时，保证人按照约定履行债务或者承担责任的行为。在保证法律关系中，债权人为主合同的债权人，债务人为主合同的债务人，提供保证的第三人为保证人。

保证属于人保的形式，保证人并不以具体的财产提供担保，而是以本人的信誉和不特定的财产提供担保。

保证人必须是具有清偿债务能力的法人。其他经济组织或公民、国家机关、学校、医院等以公益为目的的事业单位、社会团体不得为保证人；企业法人的分支机构、职能部门，不得作为合同的保证人。企业法人的分支机构只能在法人授权的范围内提供保证，国家机关只能在使用外国政府或国际经济组织贷款进行转贷的情况下，经国务院批准可以作为保证人。

两个或者两个以上的保证人为同一债务作保证的，称为共同保证。保证人为两人以上的，按照约定承担保证责任；没有约定的，承担连带保证责任。已承担连带责任的保证人有权向债务人追偿，或者要求其他保证人清偿其应当承担的份额。

### （二）保证合同的内容与方式

保证合同是保证人与主合同中的债权人签订的合同。保证合同依法必须采用书面形式。一项完整的保证合同，应当包括以下内容：(1) 被保证的主债权种类、数额；(2) 债务人履行债务的期限；(3) 保证的方式；(4) 保证担保的范围；(5) 保证的期间；(6) 双方认为需要约定的其他事项。

保证的方式可分为一般保证和连带责任保证。当事人在保证合同中约定，债务人不能履行债务时，由保证人承担保证责任的，为一般保证。当事人在保证合同中约定保证人与债务人对债务承担连带责任的，为连带责任保证。一般保证与连带责任保证的主要区别在于：一般保证的保证人对债权人享有先诉抗辩权，在主合同未经审判或者仲裁，并就债务人财产依法强制执行仍不能履行债务前，保证人对债权人可以拒绝承担保证责任。但有下列情况之一的，保证人不得以主张先诉抗辩权为由拒绝承担保证责任：债务人住所变更，致使债权人要求其履行债务发生重大困难的；人民法院受理债务人破产案件，中止执行程序的；保证人以书面形式放弃先诉抗辩权的。当事人对保证方式没有约定或者约定不明确的，按照连带责任承担保证责任。在连带责任保证中，债务人债务履行期限届满不履行债务的，债权人可以自主选择由债务人来履行债务或者由保证人在其保证担保的范围内承担保证责任，被选择的债务人或者保证人都无权拒绝。

**(三) 保证期间**

保证期间由保证人与债权人在保证合同中约定。一般保证未约定保证期间的，保证期间为债务履行届满之日起 6 个月；连带责任保证未约定保证期间的，债权人有权自主债务履行债务期届满之日起 6 个月内要求保证人承担保证责任。

在合同约定或法定的保证期间内，债务人不能履行债务时，保证人应在保证范围内承担保证责任或者根据约定与债务人一起承担连带责任。保证人承担保证责任后，有权向债务人追偿。人民法院受理债务人破产案件后，债权人申报债权的，保证人可以预先行使追偿权，以参与破产财产的分配。

**(四) 保证责任**

保证担保的范围包括主债权及利息、违约金、损害赔偿金和实现债权的费用。保证合同另有约定的按其约定。当事人对保证担保的范围没有约定或者约定不明确的，保证人应对全部债务承担责任。

保证期间，债权人依法将债权出让的，除另有约定外，保证人应在原保证范围内承担保证责任；债务人将债务出让的，应取得保证人书面同意，否则保证人不再承担保证责任。保证期间债权人与债务人协议变更主合同的，应当取得保证人书面同意；否则保证人只在原担保范围内承担保证责任。

保证人在约定的保证期间或法定的保证期间内承担责任。保证期间债权人依法将主债权转让给第三人的，保证债权同时转让，保证人在原保证范围内对受让人承担保证责任，但当事人另有约定的除外。保证期间，债权人许可债务人转让债务的，应当取得保证人的书面同意，保证人对未经同意转让的债务人不再承担保证责任。保证期间，债权人与债务人协议变更主合同的，应当取得保证人的同意；未经保证人书面同意的，保证人仅在原合同约定的或法律规定的范围内承担保证责任。

同一债权上既有抵押又有保证的，根据当事人的约定确定承担责任的顺序；没有约定或约定不明的，先就债务人的物的担保求偿；没有约定或约定不明，又没有债务人的物的担保的，第三人物的担保和保证担保同一顺序清偿，如果其中一人承担了担保责任，则只能向债务人追偿，不能向另一个担保人追偿。

主合同当事人双方串通骗取保证人提供保证的，或者主合同债权人采取欺诈、胁迫等手段使保证人在违背真实意思的情况下提供保证的，保证人均不承担民事责任。

## 三、抵押

### （一）抵押和抵押物

抵押是指债务人或者第三人不转移对法定财产的占有，将该财产作为债权的担保，债务人不履行债务时，债权人有权依法以该财产折价或者以拍卖、变卖该财产的价款优先受偿的一种担保制度。

1. 抵押物

抵押人只能以法律规定可以抵押的财产提供担保。《物权法》第一百八十条规定，债务人或者第三人有权处分的下列财产可以抵押：（1）建筑物和其他土地附着物；（2）建设用地使用权；（3）以招标、拍卖、公开协商等方式取得的荒地等土地承包经营权；（4）生产设备、原材料、半成品、产品；（5）正在建造的建筑物、船舶、航空器；（6）交通运输工具；（7）法律、行政法规未禁止抵押的其他财产。抵押人可以将上述所列财产一并抵押，也可以分别抵押。

2. 不得抵押的财产

《物权法》第一百八十四条规定，下列财产不得抵押：（1）土地所有权；（2）耕地、宅基地、自留地、自留山等集体所有的土地使用权，但法律规定可以抵押的除外；（3）学校、幼儿园、医院等以公益为目的的事业单位、社会团体的教育设施、医疗卫生设施和其他社会公益设施；（4）所有权、使用权不明或者有争议的财产；（5）依法被查封、扣押、监管的财产；（6）法律、行政法规规定不得抵押的其他财产。

3. 抵押的效力

根据《担保法司法解释》规定，已经法定程序确认为违法、违章的建筑物抵押的，抵押无效。当事人以农作物和与其尚未分离的土地使用权同时抵押的，土地使用权部分的抵押无效。按份共有人以其共有财产中享有的份额设定抵押的，抵押有效。共同共有人以其共有财产设定抵押，未经其他共有人同意的，抵押无效；但是，其他共有人知道或者应当知道而未提出异议的视为同意，抵押有效。

### （二）抵押合同与抵押物登记

1. 抵押合同

抵押合同应当采取书面形式。其内容包括：（1）被担保的主债权种类、数额。（2）债务人履行债务的期限。（3）抵押物的名称、数量、质量、状况、所在地、所有权权属或使用权权属。（4）抵押担保的范围。（5）当事人认为需要约定的其他事项。如果抵押合同不完全具备上述内容的，可以补正。

2. 抵押物登记

抵押物登记的效力有以下两种情形：（1）登记是抵押权的生效条件。根据《物权法》

的规定，以建筑物和其他土地附着物，建设用地使用权，以招标、拍卖、公开协商等方式取得的荒地等土地承包经营权，正在建造的建筑物这四种财产设定抵押的，应当办理抵押物登记。抵押权自登记时设立。（2）登记产生对抗第三人的效力。根据《物权法》的规定，以生产设备、原材料、半成品、产品，交通运输工具及正在建造的船舶、航空器及《物权法》规定的其他财产设定抵押的，抵押权自抵押合同生效时设立，未经登记，不得对抗善意的第三人。所谓不能对抗善意的第三人，是指抵押人如在抵押期间处分抵押财产，使抵押财产为第三人所占有，抵押权人不能直接向第三人主张抵押权利。抵押人如在抵押期间再次设置抵押并办理登记，经登记的抵押权人将优先于发生时间在前的未登记的抵押权人受偿。

**（三）抵押权的效力和实现**

抵押担保范围包括主债权及利息、违约金、损害赔偿金和实现抵押权的费用，抵押合同另有约定的，按其约定。

在债务人到期不履行债务的事由发生后，抵押权人可以与抵押人协议以抵押物折价或者以拍卖、变卖该抵押物所得的价款受偿。抵押物折价或者拍卖、变卖后，其价款超过债权数额的部分返还抵押人，归抵押人所有；不足部分由债务人继续承担清偿责任。为债务人抵押担保的第三人，在抵押权人实现抵押权后，有权向债务人追偿。抵押权因抵押物灭失而消灭，因灭失所得的赔偿金，应当作为抵押财产。

抵押期间，抵押人转让已经办理登记的抵押物的，应当通知抵押权人并告知受让人转让物已经设置抵押的情况。抵押人没有通知抵押权人或未告知受让人的，该转让行为无效。

同一财产向两个以上债权人抵押的，拍卖、变卖抵押的所得的价款按照以下规定清偿：（1）抵押合同已登记的，按照抵押合同登记的先后顺序清偿；顺序相同的，按比例清偿。（2）抵押合同自签订之日起生效的，按前述规定清偿；未登记的，按合同生效时间的先后顺序清偿，顺序相同的，按照债权比例清偿。抵押物已登记的先于未登记的受偿。

## 四、质押

**（一）质押的概念和种类**

质押是指债务人或第三人将其动产或权利凭证移交给债权人占有，以该动产或权利凭证作为合同的担保。当债务人不能履行债务时，债权人享有就占有的财产优先受偿的权利。

质押包括动产质押和权利质押。动产质押是指债务人或者第三人将其动产移交债权人占有，将该动产作为债权的担保，债务人不履行债务时，债权人有权依法以该动产折价或者以拍卖、变卖动产的价款优先受偿。

依法可以质押的动产较为广泛，即除了法律法规及部门规章禁止流通的动产和限制流通的动产外，其他动产都可以作为质押的标的物。

权利质押是指以债务人或第三人将拥有的股票、专利权等财产权利作为担保，债务人不履行债务时，债权人有权将该权利财产折价或拍卖、变卖而优先受偿。依法可以质押的权利包括：汇票、支票、本票、债券、存款单、仓单、提单、股票、出资证明书、商标专用权、专利权、著作权中的财产权及其他权利等。

**（二）质押合同**

质押合同应当采用书面形式，合同自质押物移交于质权人占有时生效。但是以股票、商标专用权以及专利权、著作权中的财产权出质的，应当向有关部门办理出质登记，合同自登记之日起生效。

质押合同的内容包括：被担保的主债权种类、数额；债务人履行债务的期限；质押物的名称、数量、质量、状况；质押担保的范围；质押物移交的时间；当事人认为需要约定的其他事项。质押合同为实践合同，自质押物移交给债权人时生效。

**（三）质押权的效力**

质押担保范围包括主债权及利息、违约金、损害赔偿金、质押物保管费用和实现质权的费用。质押合同另有约定的，按照其执行约定。

债务履行期届满，出质人清偿债务的，质权人应当返还质押物。债务履行期届满，质权人未受清偿的，可以与出质人协商以质押物折价，也可以依法拍卖、变卖质押物。质押物拍卖或变卖后，其价款超过债权数额的部分归出质人所有，不足部门由债务人清偿。

质权人有妥善保管质押物的义务。因质权人未尽妥善保管义务致使质物灭失的，质权人应当承担民事赔偿责任。

此外，质权因为质物灭失而消灭。因灭失所得的赔偿金，应作为出质财产。质权与担保的债权同时存在，债权消灭后，质权也随之消灭。

## 五、留置

**（一）留置与留置权的概念**

留置是指债权人按照合同约定占有债务人的动产，债务人不按合同约定的期限履行债务，债权人有权依法留置该财产，以该财产折价或者以拍卖、变卖该财产的价款优先受偿。

留置权是指债权人对已占有的债务人的动产，在债务未能如期获得清偿前，留置该动产作为担保和实现债权的权利。

**（二）留置权适用范围与留置担保范围**

根据《担保法》的规定，因保管合同、运输合同、加工承揽等合同发生的债权，债务人不履行债务的，债权人有留置权。法律规定可以留置的其他合同，适用留置的规定。留置的财产为可分物的，留置物的价值应当相当于债务的金额。当事人可以在合同中约定不得留置的物。

留置担保的范围包括主债权及利息、违约金、损害赔偿金、留置物保管费用和实现留置权的费用。

**（三）留置权的成立要件**

留置权的成立应当具备的条件是：（1）留置的财产必须是债权人以合法方式占有债务人的动产；（2）留置的财产必须与债权人的债权属于同一法律关系，但企业之间留置的除外；(3) 留置权的行使必须是债务已届清偿期；(4) 留置的财产必须为动产。

**(四) 留置权的实现**

债权人应当与债务人在合同中约定，债权人留置财产后，债务人应当在不少于 2 个月的期限内履行债务。债权人与债务人在合同中未约定的，债权人留置债务人财产后，应当确定 2 个月以上的期限，通知债务人在该期限内履行债务。如债务人逾期仍不履行，债权人可以与债务人协议以留置物折价，也可以依法拍卖、变卖留置物，折价、拍卖、变卖后的价款超过债权数额的部分归债务人所有，不足部分由债务人清偿。

**(五) 留置权人的义务与留置权的消灭**

留置权人负有妥善保管留置物的义务。因保管不善致使留置物灭失或者毁损的，留置权人应当承担民事责任。

留置权因债权消灭或者债务人另行提供担保并被债权人接受而消灭。

## 六、定金

**(一) 定金的概念**

定金是指合同一方当事人为了确保合同债务的履行，预先向对方交付一定数额的货币的合同担保方式。定金不同于订金，区别在于后者没有合同担保作用。

**(二) 定金是合同成立的证明**

定金通常是在订立合同时给付，以此事实来证明合同的成立，普通合同从支付定金之日起生效。定金可以作为主合同的条款存在，也可以作为从合同另行签订，但都必须以书面形式存在。

**(三) 定金的数额受法律限制**

根据《担保法》的规定，定金的数额由当事人约定，但不得超过合同金额的 20%。当事人约定的定金数额超过法定比例的，超过部分无效。

合同当事人既约定违约金又约定定金的，一方违约时，对方可选择适用违约金或定金条款。

**(四) 定金与一般预付款的区别**

定金与一般预付款的区别有五个方面：一是定金是合同的担保形式，其设立的目的是确保合同的履行；而预付款则是合同标的的一部分，其交付是履行合同义务。二是定金交付后，可以形成独立的合同；而预付款则是在合同成立后，双方的意思表示一致时确立的合同内容。三是定金适用于多种合同，而预付款的适用则存在不少法律限制。四是定金的双方当事人在不履行合同时，适用定金罚则；而交付预付款后不履行合同时，不发生丧失或双倍返还的问题。五是定金一般为一次性交付，而预付款可以分期交付。

**(五) 定金是对主合同违约方的经济制裁**

合同履行后，定金就应收回或者抵作价款。给付定金的一方不履行合同的，无权请求返还定金；接受定金的一方不履行合同的，应当双倍返还定金。

# 第六节　合同的变更和转让

## 一、合同的变更

### （一）合同变更的概念和特征

1. 合同变更的概念

合同变更是指合同成立后、履行完毕之前由双方当事人依法对原合同的内容所进行的修改。广义的合同变更，包括合同主体、客体和内容的变更。狭义的合同变更，仅指合同客体和内容的变更。合同主体的变更又称为合同的转让。

2. 合同变更的特征

（1）以原合同有效为前提，这是其与可变更、可撤销合同变更的主要区别；（2）合同变更的期间为合同订立后到合同没履行完毕前；（3）是依原合同的存在而存在的；（4）是对原合同部分内容的修改或变动；（5）一般需要有双方当事人的一致同意，单方变更无效；（6）变更必须遵守法定的程序和形式；（7）合同变更不具有溯及力。

### （二）合同变更的程序

由于合同变更以合同有效为前提，所以只有合同当事人协商一致，才能变更原合同。如当事人对合同变更约定不明确，应依法推定为未变更。如法律法规规定变更合同应当办理批准、登记手续的，应依法办理批准、登记等法定手续。否则，也不能认定为合同变更。

### （三）合同变更的后果

合同变更的实质是以变更后的合同取代原合同。所以，对已按原合同所作的履行无溯及力。而且，仅对约定变更的部分发生效力，未变更部分的权利义务继续有效，原合同债权所具有的利益与履行合同的瑕疵继续存在。在原合同有担保的情况下，物的担保不及于扩张的债权的价值额；人的担保，在增加债务人负担的情况下，非经保证人同意，保证对变更后的内容不发生效力。

## 二、合同的转让

合同的转让，即合同主体的变更，是指合同当事人依法将合同全部或者部分权利义务转让给第三人。合同的转让分为合同权利的转让、合同义务的转让和合同权利义务的一并转让三种情况。

### （一）合同权利的转让

合同权利的转让，是指合同中享有权利的一方当事人通过协议依法将自己的债权全部或者部分转让给第三人。

《合同法》第七十九条规定，有下列情形之一的，不得转让合同权利：（1）根据合同性质不得转让的。主要指基于当事人特定身份而订立的合同。（2）按照当事人约定不得转让的。(3) 依照法律规定不得转让的。

债权人转让权利，应当通知债务人；如未通知债务人，则该债权转让对债务人不发生效力，债务人仍有权向原合同债权人履行合同义务。

债权人转让权利的通知不得撤销，但经受让人同意的除外。债权转让之后，受让人取得与债权有关的从权利，但该从权利专属于债权人自身的除外。在债权转让中，债务人对让与人的抗辩，可以向受让人主张；债务人若对让与人享有债权，并且该债权先于转让的债权到期或者与转让的债权同时到期的，则债务人可以向受让人主张抵销。

**(二) 合同义务的转让**

合同义务的转让，是指合同中的债务人将自己应当履行的义务转让给第三人。根据《合同法》第八十四条的规定，债务人将合同的义务全部或者部分转移给第三人，应当经债权人同意。新债务人受让原债务人的债务之后，还应当承担与主债务有关的从债务，除非该从债务专属于原债务人自身之外。

债务人转让义务的，新债务人可以主张原债务人对债权人的抗辩权。

**(三) 合同权利义务的一并转让**

合同订立以后，当事人欲将自己在合同中的权利和义务一并转让给第三人的，除了存在《合同法》规定的不得转让的情形之外，都可以转让。但是，必须经对方当事人同意，并且依法办理有关批准或者登记的手续。

当事人订立合同后进行合并、分立活动的，也会发生合同权利义务转让的情况。当事人订立合同后合并的，原合同权利义务由合并后的法人或者其他组织行使和承担；当事人订立合同后分立的，除了债权人与债务人另有约定之外，由分立后的法人或者其他组织对原合同的权利和义务享有连带债权、承担连带债务。

## 第七节　合同权利义务的终止

### 一、合同权利义务终止的原因

合同权利义务的终止，就是合同确立的当事人之间的权利、义务关系的消灭。《合同法》第九十一条规定，合同权利义务可以因以下法定原因而终止。

(1) 债务已经按照约定履行。合同当事人各自依约定履行了自己的合同债务，双方订立合同的目的已经实现，合同也就自然消灭。

(2) 合同解除。

(3) 债务相互抵销。《合同法》规定，当事人互负到期债务，并且债务的标的物种类、品质相同的，除非法律规定或合同性质决定不得抵销外，任何一方可以将自己的债务与对方的债务抵销。标的物种类、品质不相同的，经双方协商一致，也可以抵销。抵销依法不得附条件或附期限。

(4) 债务人依法将标的物提存。提存是指在合同履行中，由于合同债权人的原因，债务人无法向其交付标的物时，债务人将标的物提交给提存机关，而使合同终止的法律制度。根据《合同法》第一百零一条的规定，债务人可以将标的物提存的情形包括：1) 债权人无正当理由拒绝受领；2）债权人下落不明；3）债权人死亡未确定继承人或者丧失民事行为能力未确定监护人；4）法律规定的其他情形。标的物提存后，毁损、灭失的风险以及提存费用由债权人承担；标的物的孳息归债权人所有；债权人可以随时领取提存物，但自提存之日起 5 年内不行使该权利的，该权利消灭，提存物扣除提存费用后归国家所有。

（5）债权人免除债务。全部免除债务的，合同关系全部终止；免除部分债务的，合同关系仅在该部分的范围内终止。但免除从债务的，主债务并不消灭。

（6）债权债务同归于一人。《合同法》第一百零六条规定，债权债务同归于一人的，合同的权利义务终止，但涉及第三人利益的除外。即涉及第三人的义务并不因债的混同而终止，债务人仍应当履行义务。

（7）法律规定或者当事人约定终止的其他情形。

## 二、合同终止后的义务

合同的权利义务终止后，当事人的合同关系结束。但某些合同的特点决定了当事人的义务具有延续性，或者具有不可替代性，因此合同终止后当事人仍应当履行某些义务。《合同法》第九十二条规定，合同的权利义务终止后，当事人仍应当遵循诚实信用原则，并根据交易习惯履行通知、协助和保密等义务。《合同法》第九十八条还规定，合同的权利义务终止，不影响合同中结算和清理条款的效力。因此合同终止后，当事人仍应当按照合同中的结算和清理条款履行相应的义务。

## 三、合同的解除

### （一）合同解除的概念和形式

合同解除，是指合同有效成立后，因当事人一方或双方的意思表示，使基于合同而产生的权利义务关系终止。合同解除有协议解除和法定解除两种形式。

1. 协议解除

协议解除是指当事人通过协商一致解除合同关系。《合同法》第九十三条规定，当事人既可以在合同订立后，通过协商一致解除合同关系，也可以在订立合同之时相互约定解除合同的条件，当解除条件成就时，有解除权的一方当事人就可以依照约定解决合同。

2. 法定解除

法定解除，是指合同成立后，当事人一方行使法定解除权而使合同关系终止。法定解除是单方法律行为，只有当法律规定的解除条件出现时，一方当事人才能行使解除权，从而使合同的权利义务终止。

《合同法》第九十四条规定的可以依法解除合同的五种情形是：（1）因不可抗力致使不能实现合同目的。所谓不可抗力，是指不能预见、不能避免并且不能克服的客观情况。如地震、洪水等自然现象和战争等社会现象。发生了不可抗力事件，并且该事件致使合同目的不能实现时，当事人可以提出解除合同。因此而受的损失由各自承担。（2）在履行期限届满之前，当事人一方明确表示或者以自己的行为表明不履行主要债务。由于一方当事人的预期违约，对方当事人为减少自己的损失有权提出解除合同并要求违约方赔偿自己的损失。

(3) 当事人一方迟延履行主要债务，经催告后在合理期限内仍未履行。迟延履行是指债务人无正当理由，在合同约定的履行期限届满时仍未履行合同债务；或者对于未约定履行期限的合同，债务人在债权人提出履行的催告后仍未履行。债务人已经迟延履行，并且经催告后仍未在合理期限内履行其合同债务的，对方当事人可以提出解除合同。(4) 当事人一方迟延履行债务或者有其他违约行为致使不能实现合同目的。由于当事人违约致使合同目的不能实现，即为根本违约。在一方根本违约的情况下对方当事人有权解除合同；如果仅仅是部分违约并未导致合同目的无法实现，如违约方仅仅是逾期交货数日，不影响守约方使用该标的物等，则守约方不能单方面行使解除权。(5) 法律规定的其他情形。

**（二）合同解除的期限与程序**

当事人行使合同解除权是有期限限制的。《合同法》第九十五条规定，法律规定或者当事人约定解除权有行使期限的，当事人若在期限届满时仍不行使，则该解除权消灭。没有规定或者当事人没有约定解除权行使期限的，若经对方当事人催告后在合理期限内仍不行使，该解除权也消灭。

当事人依法主张解除合同的，应当通知对方当事人。并且合同自解除通知到达对方时解除，但法律行政法规规定应当办理批准、登记等手续的，应依照其规定办理。对合同解除有异议的，可以请求人民法院或者仲裁机构确认解除合同的效力。

**（三）合同解除的法律后果**

《合同法》第九十七条规定，合同解除后，尚未履行的，终止履行；已经履行的，根据履行情况和合同性质，当事人可以要求恢复原状、采取其他补救措施，并有权要求赔偿损失。

恢复原状即恢复到合同订立之前的状态。法律允许当事人在合同解除后要求恢复原状，表明合同解除的效力可以溯及既往。然而有的合同性质决定其无法彻底恢复原状，如租赁合同及供用电、水合同，因此就不一定溯及既往，当事人可以通过其他补救措施或者请求赔偿损失来获得救济。

## 第八节　违约责任

### 一、违约责任概述

违约责任是指合同当事人不履行或不适当履行合同义务时，依照法律规定或合同约定所应承担的责任。

各国法律对违约责任的归责原则有两种不同的规定，即过错责任原则和严格责任原则。我国《合同法》确定的违约责任的归责原则是严格责任原则，即不论违约方有无故意或者过失，只要有违约行为，除了法定或者约定的免责事由之外都必须承担违约责任。

### 二、承担违约责任的方式

根据《合同法》的规定，承担违约责任的方式有继续履行、采取补救措施、赔偿损失、支付违约金或定金等。

### （一）继续履行

继续履行是指当事人一方不履行合同义务或者履行合同义务不符合约定时，另一方当事人可以要求违约方继续按照原合同的约定完成合同义务。

继续履行适用较多的是对金钱债务的违约，即当事人所负的债务直接表现为支付货币的义务。对于非金钱债务的违约，对方当事人虽然也可以要求违约方继续履行，但往往会受到一定的限制。《合同法》第一百一十条规定，非金钱债务违约的，遇有下列情形之一时，守约方不能要求违约方继续履行：（1）法律上或者事实上不能履行；（2）债务的标的不适于强制履行或者履行的费用过高；（3）债权人在合理期限内未要求对方履行。

### （二）采取补救措施

补救措施是指违约方所采取的旨在消除违约后果的除了继续履行、支付赔偿金、支付违约金或定金方式以外的其他措施。如当事人履行合同质量不符合约定，受损害方可以根据标的的性质以及损失的大小，合理选择要求对方承担修理、更换、重做、退货、减少价款或者报酬的违约责任。

### （三）赔偿损失

赔偿损失指违约方因不履行或者不完全履行合同义务给对方造成损失，在继续履行合同或采取补救措施后，对方还有其他损失的，依法应当赔偿对方当事人所遭受的损失。

当事人承担损失赔偿责任的构成要件除有违约行为外，还必须有损害事实，并且违约行为与损害事实之间存有因果关系。只要具备了上述三个要件，违约者就应当承担赔偿损失的责任。

赔偿损失包括赔偿直接损失和赔偿间接损失。直接损失指现有财产上的直接减少。间接损失指失去可以预期获得的利益。但守约方要求赔偿的预期可得利益，不得超过违约方在订立合同时能够预见的损失。当事人为防止损失扩大而支出的合理费用也应当由违约方承担，但是若一方违约后对方应当采取而未采取适当措施致使损失扩大的，扩大的损失不能要求违约方赔偿。

### （四）支付违约金或定金

违约金是指当事人在合同中约定的或者由法律所规定的，一方违约时应向对方支付一定数量的货币。

违约方承担违约金的责任不以违约造成损失为条件，但违约金的主要功能在于补偿损失。《合同法》规定，当约定的违约金低于或者过分高于违约造成的损失的，当事人可以请求人民法院或者仲裁机构予以调整。当事人迟延履行约定违约金的，违约方支付违约金后，还应当履行债务。

如果当事人既约定违约金又约定定金，在一方违约时，对方只能选择两者中的一项。

预期违约是指在合同订立之后履行期限届满之前，当事人一方明确表示或者以自己的行为表明不履行合同义务的行为。《合同法》第一百零八条规定：当事人一方明确表示或者以自己的行为表明不履行合同义务的，对方可以在履行期限届满之前要求其承担违约责任。预期违约责任的承担可以采取支付赔偿金、违约金以及其他的具体方式。

## 三、合同违约的免责

违约责任的免除是指依据法律规定或当事人约定，当事人对其不履行合同的行为不承担违约责任的情况。

违约的免责条件归纳起来主要包括：当事人之间存在着有效的免责条款且所约定的条件成立；法律明文规定的免责事由发生；不可抗力；债权人本身过错造成违约等。其中，不可抗力和债权人过错是两个重要的免责事由。

当事人因不可抗力而违约的，可以免责。根据《合同法》第一百一十七条第二款的规定，所谓不可抗力，是指不能预见、不能避免并不能克服的客观情况。世界各国普遍将不可抗力作为违约责任的免责事由。

构成不可抗力并据此主张免责，必须同时具备四个条件：不可预见性、不可避免性、不可克服性、发生在合同履行期间。

一方当事人因不可抗力不能履行合同的，应当及时通知对方，并应当在合理期限内提供证明。迟延履行后发生不可抗力的不能免除责任。

根据不可抗力的影响程度大小，不可抗力免责可分为全部免责和部分免责；部分免责又可分为免除部分不履行合同的责任和免除延期履行合同的责任。

## 四、违约行为与侵权行为的竞合

违约行为与侵权行为的竞合，是指合同当事人一方的同一行为既构成违约行为也构成侵权行为。在违约行为与侵权行为竞合的情况下，为了防止不当得利，各国法律都规定受害方只能在违约赔偿请求与侵权赔偿请求中主张一项，不能双重请求。我国《合同法》规定，因当事人一方的违约行为，侵害对方人身财产权益的，受害方有权选择救济方式，可以选择请求对方承担违约责任或者请求对方承担侵权责任。

## 本章小结

合同法是调整平等主体之间的财产关系的重要的法律。学习合同法，应当重点掌握合同的概念、特征和分类，合同法的概念、特征和基本原则，合同的内容、形式、订立程序和缔约过失责任，合同的生效，无效合同、可变更或可撤销合同及其法律后果，合同的履行原则、履行中的抗辩权，合同的保全，合同担保的形式，合同的变更、转让和终止，以及承担违约责任的方式。在合同法的学习中，尤其要理论联系实际，学习运用法律知识解决实际问题。

## 思考与练习

### 一、名词解释

合同　要约　承诺　缔约过失责任　同时履行抗辩权　后履行抗辩权　不安抗辩权　代位权　撤销权　保证　抵押　质押　留置　定金　违约责任

## 二、简述题

1. 合同一般应包括哪些内容?

2. 简述要约失效的情形。

3. 简述合同生效应当具备的要件。

4. 简述合同担保的主要形式。

5. 简述合同权利义务终止的原因。

## 三、案例分析

1. 2014 年 3 月 15 日，原甲公司业务员张某在火车上遇到与该公司有长期业务关系的乙厂经理陈某，闲聊中张某得知乙厂正准备进行技术改造，需购置一台精密仪表，张某表示甲公司生产这类仪表，可以向乙厂供货。双方达成协议后，乙厂按规定时间向甲公司电汇了预付款 10 万元人民币。但到合同约定的交货日期，甲公司却以张某在与乙厂签订合同时已是该公司下岗人员，没有该公司业务代理权为由，拒绝履行合同。乙厂则认为甲公司并没有把解除张某业务代理权的情况通知自己，且张某仍具有盖有甲公司合同专用章的空白合同书，而且在乙厂向甲公司支付预付款时，甲公司也没有表示异议，双方为此发生纠纷。经协商，甲公司同意在 15 日内履行合同，乙厂同意追加 1%的代理费。但 15 日后，甲公司仍未能向乙厂交货。乙厂催告甲公司因时间紧迫，只能再给 10 日的宽限期，届时仍不履行合同，将解除合同并追究违约责任。但期限过后，甲公司仍未向乙厂提供其急需的精密仪表，乙厂为此损失了 15 万元人民币。于是乙厂提出解除该合同，要求甲公司退还预付款，并赔偿损失。

**问:**

(1) 张某代表甲公司与乙厂签订的合同是否有效? 为什么?

(2) 甲公司与乙厂就履行时间和代理费达成的协议属于订立的新合同，还是原合同的补充，是否有效? 为什么?

(3) 乙厂向甲公司提出解除合同退还预付款并赔偿损失的要求，是否有法律依据? 为什么?

2. 某年，甲公司与乙服装厂签订加工 5 万套服装（单价 100 元）的合同，约定甲公司于该年 10 月 30 日前向乙服装厂支付预付款 100 万元，服装厂要在该年 12 月 1 日前交付第一批服装 2 万套。12 月 10 日甲公司支付乙服装厂款项 200 万元，在次年 1 月 15 日前乙服装厂交付第二批服装 3 万套，甲公司在接到第二批服装后 15 日内将余款 200 万元付给乙服装厂。合同约定一旦双方出现纠纷，即提交仲裁委员会仲裁。

合同按期履行，但到该年 12 月 5 日，乙服装厂突发火灾，将厂房、布料和大部分设备烧毁。甲公司知道后，便停止向乙服装厂支付第二笔款项。经乙服装厂的交涉，甲公司同意若乙厂在次年 1 月 5 日前恢复生产能力，甲公司便支付余下的全部款项，双方继续履行合同。由于筹措资金困难，乙服装厂在次年 1 月 15 日才恢复生产，并请求甲公司继续履行合同。甲公司认为，由于服装销售季节性很强，这时再生产服装已错过了销售高峰期，很难卖得出去，于是通知对方解除合同，表示可以结清乙厂已交付服装的款项。乙服装厂经多次与甲公司协商未果，遂向人民法院提起诉讼。

**问：**

（1）甲公司在得知乙服装厂因失火烧毁厂房、布料和大部分机器设备时即中止履行合同是否合法？为什么？

（2）乙服装厂于次年1月15日恢复生产能力，而甲公司却提出解除合同是否合法？为什么？

（3）乙服装厂在双方发生合同争议时向人民法院提起诉讼是否合法？为什么？

（4）本案应如何处理？请说明理由。

# 第七章

# 工业产权法律制度

学习要点

◇ 工业产权的概念及国际保护
◇ 专利权的概念与专利法的概念
◇ 专利权的主体和客体
◇ 授予专利权的条件和程序
◇ 专利权人的权利和义务
◇ 专利权的期限、终止和无效
◇ 专利权的保护
◇ 商标的概念与商标法的概念
◇ 商标注册的原则
◇ 注册商标的条件和程序
◇ 商标权人的权利和义务
◇ 商标权的转让、使用许可和消灭
◇ 商标专用权的保护

## 第一节　工业产权法概述

### 一、工业产权的概念和特征

#### （一）工业产权的概念

工业产权是指人们依法对应用于商品生产和流通中的创造发明和显著标识等智力成果，在一定地区和期限内享有的专有权。

工业产权一词来源于 1883 年 3 月 20 日在法国巴黎签订的《保护工业产权巴黎公约》。该公约明确规定，工业产权主要包括：发明专利、实用新型、工业品外观设计、商标、服务标识、商号、货源标识、原产地名称以及制止不正当竞争等方面的权利。在我国，工业产权主要是指专利权和商标权。其客体是人类创造的智力成果，属于精神财富范畴，是知识产权的重要组成部分。

**（二）工业产权的特征**

（1）无形性。工业产权的客体是人类劳动创造的智力成果，是一种无形的财富。客体的非物质性是工业产权的本质属性，是其与其他有形财产最根本的区别。

（2）专有性。又称排他性和垄断性，是指工业产权只能由其权利人所专有，非经专利权人同意，任何人不得制造、使用、转让或买卖该项权利，否则即构成侵权，要受到法律的制裁。

（3）地域性。即一国依法确认和保护的工业产权，除产权人所在国参加的保护工业产权的国际公约或与其他国签署的互惠条约外，按照一国法律获得承认和保护的工业产权，只能在该国管辖的地域范围内有效，没有域外效力。其他国家也没有保护的义务。在多国申请并被依法确认的工业产权，也只在确认的国家管辖的地域范围内具有法律效力。

（4）时间性。工业产权是受时间限制的权利。这个时间限制就是权利的有效期或法律的保护期。工业产权仅在法定的期限内受到保护，一旦超过法律规定的有效期，这一权利就自行消失，其成果便成为整个社会的共同财富，为全社会所共同享有。

## 二、工业产权法的概念

工业产权法是调整在确认、保护、转让和使用工业产权的过程中所发生的社会关系的法律规范的总称。工业产权法律制度是世界大多数国家为保护工业产权而普遍采用的法律制度。各国都根据各自的具体情况，颁布和实施了若干保护工业产权的法律制度。

我国的工业产权法主要是由专利法和商标法两部分组成。此外，还包括若干与此相关的条例、细则以及我国加入的国际公约、国际组织的有关规定和我国与他国签订的有关协议。在国际上，这方面的规定主要有《保护工业产权巴黎公约》、《商标国际注册马德里协定》、《商标注册条约》、《专利合作条约》等，我国在这方面的法律有《中华人民共和国专利法》、《中华人民共和国商标法》等。

## 三、我国参加的保护工业产权的国际公约和国际组织

**（一）《保护工业产权巴黎公约》**

为保护工业产权，给国际交流提供法律保护，1883 年，比利时、巴西、法国、危地马拉、意大利、荷兰、葡萄牙、萨尔瓦多、塞尔维亚、西班牙和瑞士 11 个国家在巴黎共同签署了《保护工业产权巴黎公约》（以下简称《巴黎公约》）。19 世纪末其成员国增加至 19 个，20 世纪初，尤其第二次世界大战后其成员国数目显著增加。我国于 1985 年 3 月 19 日成为该公约成员国。该公约签订后，虽经多次修订，但对工业产权国际保护的以下三项基本原则始终没有改变。

（1）国民待遇原则。在工业产权的国际保护方面，各缔约国必须把给予本国国民的待遇同等地给予其他缔约国的国民；非缔约国国民如在一个缔约国国内有住所或营业场所，只要遵守对该国国民适用的有关条件和手续的规定，也应当享有与该国国民同样的待遇。

（2）优先权原则。缔约国国民首次向一个缔约国提出专利注册或商标注册申请后，又在一定时期内（一般发明与实用新型为 12 个月，工业品外观设计为 6 个月）以同一智力

成果向另一缔约国提出申请，其后申请的日期可视同首次申请日期。在此期限内，如遇第三者以同一智力成果提出注册申请，或已实施了该发明创造或使用了商标，该项工业产权仍由第一位申请人所享有。

(3) 独立性原则。各缔约国有权独立地按照本国的法律规定，给予、拒绝、撤销、终止某项专利权或商标权，不受其他缔约国对该项申请所做的任何决定的影响。同一智力成果在某一个缔约国取得工业产权，并不意味着在其他缔约国也可以取得；工业产权在某一个缔约国被撤销或终止，也不意味着在其他缔约国会被撤销或终止。

**(二)《商标国际注册马德里协定》**

该协定于 1891 年 4 月 14 日在西班牙首都马德里签订。它是在《巴黎公约》的基础上，对有关商标国际保护所做的必要补充。它的保护对象是商标和服务标记，第一次解决了商标在国际间注册的程序问题，简化了商标的国际注册手续。该协定规定，成员国的任何申请人只要在其所属国办理了某一商标注册，即可通过该国商标主管部门向世界知识产权组织提出国际注册申请。该申请若获得批准并经世界知识产权组织国际局公告后，将由国际局通知申请人要求给予保护的各成员国。被要求保护的成员国在接到通知后 1 年内有权决定是否对其给予保护。申请人对拒绝给予保护的成员国有权提出法律申诉。但各国的保护依据是本国的国内法，它体现了《巴黎公约》的独立性原则。至今，该协定已经过多次修改。我国于 1989 年 10 月 4 日成为该协定的正式成员国。

**(三)《专利合作条约》**

《专利合作条约》是只对《巴黎公约》成员国开放的条约，于 1970 年 6 月在华盛顿签订，是于 1978 年 1 月生效的非开放性国际性条约。我国于 1994 年 1 月 1 日起成为该公约的正式成员国。在我国加入世界贸易组织时递交的法律文件中，我国政府再次承诺严格履行该公约成员国的义务。

**(四) 保护工业产权的国际组织**

1883 年《巴黎公约》签订之后，各国为保护文学艺术作品的版权，又签订了《伯尔尼公约》。这两个公约的执行机构当时为保护知识产权联合国际局。1967 年在斯德哥尔摩，由 51 个国家又签订了《成立世界知识产权组织公约》。根据公约在日内瓦设立了世界知识产权组织的总部，该组织也是《巴黎公约》的组织机构。自 1974 年世界知识产权组织成为联合国的 15 个专门机构之一。我国于 1980 年 6 月成为该组织的成员国。

# 第二节　专利法

## 一、专利法概述

**(一) 专利的含义**

专利一词通常具有四种含义：一是指受专利法保护的发明创造，具体包括发明、实用新型和外观设计三种专利；二是指依法获得的一种垄断性的权利，这是“专利”一词在法律上最基本的含义；三是指专利证书，即专利主管机关发给专利权人的权利凭证；四是指记载专利技术的专利文献，包括记载发明创造内容的专利文献。一般情况下，大多数人认为“专利”指的是“专利权”。

**（二）专利权的概念**

专利权是指由国家专利主管机关依法授予发明人、设计人或其他合法申请人在一定的期限内对某项发明创造享有的专有权。享有专利权的个人或单位统称为专利权人。除法律另有规定的以外，任何单位或个人未经专利权人许可，不得以生产经营目的制造、使用、销售其专利产品，或者使用其专利方法以及使用、销售依照该方法直接获得的产品，并不得以生产经营目的进口其专利产品或者进口依照其专利方法直接获得的产品。

**（三）专利法的概念及立法概况**

专利法是调整专利关系的法律规范的总称。专利关系是指在确认、保护发明创造的专利权，以及使用专有的发明创造过程中形成的各种社会关系，包括专利管理关系、专利权属关系、专利许可使用关系、专利转让关系等。

世界上最早的《专利法》是于1474年威尼斯共和国颁布的。我国于1984年3月12日第六届全国人民代表大会常委会第四次会议通过了《中华人民共和国专利法》（以下简称《专利法》）。1992年9月4日，第七届全国人民代表大会常委会第二十七次会议通过了《关于修改〈中华人民共和国专利法〉的决定》，对专利法进行了第一次修正，延长了三种专利的保护期限。2000年8月25日，第九届全国人民代表大会常委会第十七次会议对《专利法》再次作了大幅度的修改，使其内容更加完善，对专利的归属、专利管理体制和机构、专利的申请与审查、专利权的保护和侵权纠纷的处理等，规定的更加明确。2008年12月27日第十一届全国人民代表大会常务委员会第六次会议通过了《关于修改〈中华人民共和国专利法〉的决定》，对《专利法》进行了第三次修正，自2009年10月1日起施行。此次修订主要是从突出提升创新能力、注重提升专利质量方面进行修正。2001年6月15日，国务院公布了《中华人民共和国专利法实施细则》；2002年12月28日国务院对《中华人民共和国专利法实施细则》进行了第一次修订，2009年12月进行了第二次修订。《专利法》及其实施细则的颁布和修改，不仅为我国技术创新工作的开展创造了更为有利的条件，而且使我国的专利法与国际相关公约的要求一致，对促进国际技术交流与合作提供了有力的法律依据。

## 二、专利权的主体和客体

**（一）专利权的主体**

专利权的主体，是指有权提出专利申请并取得专利权的单位和个人。享有专利权的单位和个人统称为专利权人。根据《专利法》的规定，专利权人既包括本国的自然人、法人和其他组织，也包括外国的自然人、法人和其他组织。从专利权获得方式上看，专利权人包括原始主体和继受主体。

我国《专利法》规定的专利权的主体主要包括以下五种：

（1）职务发明的发明人、设计人所在的单位。即发明人或设计人在本职工作中完成的发明创造。主要包括执行本单位任务或主要利用本单位的物质技术条件完成的发明创造，以及退职、退休或调动工作后1年内做出的与其在原单位分配的任务有关的发明创造。该类发明创造申请专利的权利属于该单位；申请被批准后，该单位为专利权人。利用本单位的物质技术条件所完成的发明创造，单位与发明人或设计人订有合同，对申请专利的权利和专利权的归属做出约定的，从其约定。

(2) 非职务发明的发明人、设计人。即不是执行本单位的任务，没有利用或极少利用本单位的物质技术条件所完成的发明创造的发明人或设计人。非职务发明创造申请专利的权利属于发明人或设计人，申请被批准后，该发明人或者设计人为专利权人。

(3) 共同发明人、设计人。即由两个以上单位或者个人合作完成的发明创造，一个单位或者个人接受其他单位或者个人委托所完成的发明创造，除另有协议约定的以外，申请专利的权利属于共同完成的单位或个人；申请批准后的专利权，归共同发明人或共同设计人共有。

(4) 外国的单位或者个人。在中国没有经常居所或者营业所的外国人、外国企业或者其他组织在中国申请专利或办理其他专利事务时，可依照其所属国同中国签订的协议或者共同参加的国际条约，或者依照互惠原则，委托国务院专利行政机构指定的专利代理机构办理。

(5) 合法受让人。即通过合法转让得到的发明创造专利申请权或专利权的单位或个人。专利申请权转让后，原专利权人丧失专利权人资格，受让人成为新的专利权人。此外，因赠与或继承关系，受赠人或继承人也自然成为新的专利权人。

**(二) 专利权的客体**

专利权的客体，是指依法可以取得专利权的发明创造，包括发明、实用新型和外观设计。

(1) 发明。发明是指对产品、方法或者其改进所提出的新技术方案。发明必须具有以下特征：一是发明必须是前所未有的技术方案，且有一定的进步或难度；二是必须利用自然规律或者自然现象，不利用自然规律或者自然现象的不能称为发明；三是发明应当是具体的技术方案，它能够实施且有一定的效果，还应当具有重复性。

发明分为产品发明、方法发明和改进发明。产品发明是指人工制造的各类物品和制品；方法发明是人们利用自然规律致使一个对象物发生新的部分质变或变为另一个新的对象物的方法、手段；改进发明是指人们对已有的产品或方法的新的较大的技术改进。发明和科学发现不同。科学发现是揭示社会和自然界中已经存在但未被人们认识的东西；发明则是对客观规律的利用。科学发现依法不能被授予专利权，而发明则应依法获得专利权。

(2) 实用新型。实用新型是指对产品的形状、构造或者其结合所提出的适于实用的新技术方案。与发明比较，实用新型仅涉及对有形物品的改革设计，不涉及没有具体形状的物品，也不涉及设计制作方法。它的专利有效期比发明短，创新要求比发明低。因此，又称为“小发明”。

(3) 外观设计。外观设计是指对产品的形状、图案、色彩或者其结合所作出的富有美感并适于工业上应用的新设计。外观设计只涉及产品的外表和形状，即设计产品的制造和设计技术。外观设计必须以产品为依托，以追求美感为目的。外观设计必须适用于工业应用，可以通过工业手段大量复制。

## 三、授予专利权的条件

### （一）授予发明和实用新型专利权的实质条件

我国《专利法》规定，授予发明和实用新型专利权应当具备以下三个条件：

（1）新颖性。新颖性是指该发明或者实用新型不属于现有技术，也没有任何单位或者个人就同样的发明或者实用新型向国务院专利行政部门提出过申请，并且记载在申请日以后公布的专利申请文件中。这里的所谓“公布”，就是指发明创造失去保密状态，能够为公众所知或利用。

申请专利的发明和实用新型在申请日以前6个月内，有下列情形之一的，不丧失新颖性：在中国政府主办或者承认的国际展览会上首次展出的；在规定的学术会议或者技术会议上首次发表的；他人未经申请人同意而泄露其内容的。

（2）创造性。创造性是指同申请日以前已有的技术相比，该发明具有突出的实质性特点和显著进步。突出的实质性特点是指与原有技术相比有本质性的突破；显著进步是指明显地超出了已有的技术水平，具有人们料想不到的技术成果。实用新型则不要求“突出”和“显著”，因此比发明创造的先进性要求更低。

（3）实用性。实用性是指该发明或实用新型能够制造或者使用，并且能够产生积极效益。实用性具体包括实施性、再现性和有益性三方面内容。不能被实际地制造或使用的发明创造就没有实施性；只能使用一次不能重复使用的发明创造就没有再现性；不能为社会带来良好的效益或利益的发明创造就没有有益性。发明和实用新型的实用性是专利权社会性的具体体现。

### （二）授予外观设计专利的实质条件

《专利法》规定，授予专利权的外观设计，应当不属于现有设计；也没有任何单位或者个人就同样的设计在申请日以前向国务院专利行政部门提出过申请，并记载在申请日以后公告的专利文件中。

授予专利权的外观设计与现有设计或者现有设计特征的组合相比，应当具有明显区别。

授予专利权的外观设计不得与他人在申请日以前已经取得的合法权利相冲突。

在《专利法》中所定义的“设计”，是指申请日以前在国内外为公众所知的设计。

### （三）不授予专利权的情形

根据《专利法》的规定，下列情形不授予专利权：（1）科学发现；（2）智力活动的规则和方法；（3）疾病的诊断和治疗方法；（4）动物和植物品种，但动物和植物品种的生产方法，可以授予专利权；（5）用原子核变换方法获得的物质；（6）对平面印刷品的图案、色彩或者二者的结合作出的主要起标识作用的设计。

## 四、专利的申请、审查和批准

### （一）专利申请的原则

（1）书面申请原则。该原则要求申请人向国家专利管理机关递交的各种申请文件必须符合《专利法》及专利管理机关的规定形式。具体要求是：文件的规格、文字的使用要规范；文件撰写的顺序、技术术语和计量单位的采用要标准；不得以口头、电报、实物等形式代替书面文件。

（2）先申请原则。即两个以上的申请人分别就同样的发明创造申请专利时，专利权授予最先申请的人。这是世界上绝大多数国家采用的原则，它有别于美国等少数国家实行的先发明原则。实行先申请原则，申请日的确定便具有了重要的法律意义。它既是判断发明创造是否具有新颖性的时间标准，也是专利权有效期限及其他一些法定程序的起算日。为此，《专利法》第二十八条规定：国务院专利行政部门收到专利申请文件之日为申请日。如果申请文件是邮寄的，以寄出的邮戳日为申请日。申请人享有优先权的，优先权日为申请日；国务院专利行政部门收到专利申请文件有欠缺的，以文件补齐之日为申请日。

（3）优先权原则。《专利法》第二十九条规定：申请人自发明或者实用新型在外国第一次提出专利申请之日起 12 个月内，或者自外观设计在外国第一次提出专利申请之日起 6 个月内，又在中国就相同主题提出专利申请的，依照该外国同中国签订的协议或者共同参加的国际条约，或者依照相互承认优先权的原则，可以享有优先权。申请人自发明或者实用新型在中国第一次提出申请之日起 12 个月内，又向国务院专利行政部门就相同主题提出申请的，可以享有优先权。申请人要求优先权的，应当在申请的时候提出书面声明，并且在 3 个月内提交第一次提出的专利申请文件的副本；未提出书面声明或者逾期未提出专利申请文件副本的，视为未要求优先权。申请人在一个专利申请中，可以要求一项或者多项优先权；要求多项优先权的，该申请的优先权期限从最早的优先权日起计算。

（4）一申请一发明原则。它是指一个专利申请只限于一项发明创造。即一个发明或者实用新型专利申请应当限于一项发明或实用新型。属于一个总的发明构思的两项以上的发明或实用新型，可以作为一个申请提出。一个外观设计专利申请应当限于一项外观设计。同一产品两项以上的相似外观设计，或者用于同一类别并且成套出售或者使用的产品的两项以上外观设计，可以作为一个申请提出。

（5）有权撤回申请原则。申请人可以在被授予专利权之前随时撤回其专利申请。在整个专利申请和审批过程中，申请人可以对其申请文件进行修改，但是，对发明和实用新型专利申请文件的修改不得超出原说明书和权利要求书记载的范围，对外观设计专利申请文件的修改不得超出原图片或者照片表示的范围。

**（二）专利申请文件**

《专利法》规定：申请发明或者实用新型专利的，应当提交请求书、说明书及其摘要和权利要求书等文件。请求书应当写明：发明或实用新型的名称；发明人的姓名；申请人姓名或者名称、地址以及其他事项；申请人的国籍。说明书应当对发明或者实用新型做出清楚、完整的说明，以所属技术领域的技术人员能够实现为准；必要的时候应当附图。摘要应当简要说明发明或实用新型的技术要点。权利要求书应当以说明书为依据，说明要求专利保护的范围。依赖遗传资源完成的发明创造，申请人应当在专利申请文件中说明该遗传资源的直接来源和原始来源；申请人无法说明原始来源的，应当陈述理由。

申请外观设计专利的，应当提交请求书、该外观设计的图片或者照片以及对该外观设计的简要说明等文件。申请人提交的有关图片或者照片应当清楚地显示要求专利保护的产品的外观设计。另外，已参加《巴黎公约》的国家的专利申请人还应当将优先权请求文件附于申请书中，否则将可能影响该发明创造在公约其他成员国取得专利权。

**（三）专利的审查**

专利的审查制度是指专利申请人提出申请后，国家专利管理机关要依法对专利申请进行审查的制度。我国对发明专利申请采取“早期公开、延迟审查”制度。主要有以下三种形式：

（1）初步审查。初步审查也称形式审查，主要审查申请手续是否齐全、格式是否符合要求、证件是否齐备、申请人身份是否符合法律规定、是否属于授予专利的范围等形式要件。实用新型和外观设计只实行初步审查制度。

（2）早期公开。国家专利局在收到发明专利申请后，经过初步审查认为符合《专利法》规定的，自申请日起满18个月后，即行公布。专利局也可以根据申请人的请求早日公布其申请。

早期公开的内容包括发明说明书、权利要求书以及申请人的姓名、地址、申请日期、申请号和国际专利分类等。公开的内容刊登在国务院专利行政部门公开发行的专利报纸上。公开后给予临时性保护，但不立即进行实质审查。

（3）实质审查。实质审查是国家专利局对发明创造是否具备新颖性、创造性和实用性等进行的审查。发明专利申请自申请日起3年内，国家专利局可以根据申请人随时提出的请求，对其专利申请进行实质审查；申请人无正当理由逾期不请求实质审查的，该申请即被视为撤回。发明专利已经在外国提出申请的，国家专利局可以要求申请人在指定期限内提交该国为审查其申请进行检索的资料或者审查结果的资料；无正当理由逾期不提交的，该申请即被视为撤回。国家专利局认为必要时，可以自行对发明专利申请进行实质审查。

**（四）专利的批准**

发明专利申请经实质审查后，没有发现驳回理由的，国家专利管理机关应当作出授予专利权的决定，发给《发明专利证书》，并予以登记和公告，发明专利权自公告之日起生效。实用新型和外观设计专利申请经初步审查后，没有发现驳回理由的，国家专利管理机关应当作出授予专利权的决定，发给相应的《专利证书》，并予以登记和公告。实用新型和外观设计专利权自公告之日起生效。

**（五）专利的复审**

专利申请人对国家专利管理机关驳回申请的决定不服的，可以自收到通知之日起3个月内，向专利复审委员会请求复审，提交复审请求书，说明复审理由，并附有关论证资料和证明文件。复审委员会经过复审，作出决定，并通知专利申请人。专利申请人对专利复审委员会的复审决定不服的，可以自收到通知之日起3个月内向人民法院起诉。

## 五、专利权人的权利与义务

**（一）专利权人的权利**

（1）独占权。专利权人有独占制造、使用和销售专利产品或使用专利方法的权利。除法律另有规定的情况外，任何单位与个人未经专利权人许可，都不得实施其专利。

（2）转让权。专利申请权和专利权均可以转让，但转让专利权必须签订书面合同，经国家专利管理机关登记和公告后生效。中国单位或个人向外国人转让专利申请权或专利权的，必须经国务院专利行政部门批准。

(3) 许可权。专利权人享有许可他人实施其专利并收取使用费的权利。许可他人实施专利必须签订实施许可合同，被许可单位或个人无权允许合同以外的任何单位或者个人实施该专利。

(4) 标记权。专利权人有在专利产品或者该产品包装上标明专利标记和专利号的权利。发明人和设计人有在专利文件上写明自己是发明人或设计人的权利，这种人身权不因专利权的归属或转让而消失。

(5) 排除侵犯权。专利权人当其专利权受到侵犯时，享有请求国家专利管理机关进行处理，排除妨害并要求侵权人赔偿损失或直接向人民法院起诉的权利。

(6) 放弃权。专利权人享有以向国家专利管理机关提交书面申请或以不缴纳年费的方式放弃其专利权。

**(二) 专利权人的义务**

(1) 实施其专利的义务。专利权人负有在我国制造其专利产品、使用其专利方法或许可他人在我国制造其专利产品、使用其专利方法的义务。

(2) 缴纳专利费的义务。专利权人负有按照法律、法规的有关规定及时缴纳专利费的义务。专利费的缴纳从被授予专利权的当年开始。不按规定缴纳专利费的，视为自动放弃专利权。

(3) 对职务发明的发明人或设计人给予奖励的义务。职务发明取得专利后，作为专利权人的单位负有向参与该项发明创造的发明人员或设计人员给予奖励的义务。

(4) 不得滥用专利权的义务。即专利权人不得超越法律允许的范围行使各种权利。如专利权人向外国申请专利，不得违背首先向中国专利局申请专利的规定；转让专利权必须签订书面合同，并经专利局登记、公告；涉及国家安全或者需要保密的，专利权人必须严格保密。如违背这些规定行使专利权，将依法受到相应的制裁。

**(三) 专利权的强制许可**

强制许可也称非自愿许可，是国家专利管理机关根据具体情况，不经专利权人许可，授权他人实施发明或者实用新型专利的一种法律制度。

我国《专利法》规定了以下四种形式的强制许可：

(1) 防止专利权滥用的强制许可。其一是专利权人自专利权被授予之日起满三年，且自提出专利申请之日起满四年，无正当理由未实施或者未充分实施其专利的。其二，专利权人行使专利权的行为被依法认定为垄断行为，为消除或者减少该行为对竞争产生的不利影响的。

(2) 为公共利益目的的强制许可。在国家出现紧急状态或者非常情况时，或者为了公共利益目的，国务院专利行政部门可以给予实施发明专利或者实用新型专利的强制许可。

(3) 为公共健康目的的强制许可。为了公共健康目的，对取得专利权的药品，国务院专利行政部门可以给予制造并将其出口到符合中华人民共和国参加的有关国际条约规定的国家或者地区的强制许可。

(4) 交叉强制许可。一项取得专利权的发明或者实用新型比在此前已经取得专利权的发明或者实用新型具有显著经济意义的重大技术进步，其实施又有赖于前一发明或者实用新型实施的，国务院专利行政部门根据后一专利权人的申请，可以给予实施前一发明或者实用新型的强制许可。在依照规定给予实施强制许可的情形下，国务院专利行政部门根据前一专利权人的申请，也可以给予实施后一发明或者实用新型的强制许可。

申请实施强制许可的单位或者个人，应当提出未能以合理条件与专利权人签订实施许可合同的证明。国务院专利行政部门作出给予实施强制许可的决定，应当及时通知专利权人，并予以登记和公告。取得强制许可的单位或者个人不享有独占的实施权，并且无权许可他人实施，并应当向专利权人支付合理使用费。

## 六、专利权的期限、终止与无效

### （一）专利权的期限

专利权的期限即专利权受法律保护的期限，超过这段期限就失去了法律效力。我国《专利法》规定，发明专利权的期限为 20 年，实用新型专利权和外观设计专利权的期限为 10 年，均自申请日起计算。

### （二）专利权的终止

专利权的终止也称专利权的消灭。《专利法》规定，有下列情形之一的，专利权终止：专利权期限届满；没有按照规定缴纳年费的；专利权人以书面声明放弃专利权的。专利权在期限届满时终止的，为正常终止；专利权在期限届满前终止的，为提前终止，由国务院专利行政部门登记和公告。

### （三）专利权的无效

专利权的无效，是指对已经授予的专利权，因不符合专利法的规定，由专利复审委员会宣告该专利权不具有法律效力。我国《专利法》规定：自国务院专利行政部门公告授予专利权之日起，任何单位或者个人认为该专利权的授予不符合《专利法》有关规定的，可以请求专利复审委员会宣告该专利权无效。

专利复审委员会对宣告专利权无效的请求应当及时审查并作出决定，并通知请求人和专利权人。对专利复审委员会宣告专利权无效或者维持专利权的决定不服的，可以自收到通知之日起 3 个月内向人民法院起诉。

宣告无效的专利权视为自始即不存在。宣告专利权无效的决定，对在宣告专利权无效前人民法院作出并已执行的专利侵权的判决、调解书，已经履行或者强制执行的专利侵权纠纷处理决定，以及已经履行的专利实施许可合同和专利权转让合同，不具有追溯力。但是因专利权人的恶意给他人造成的损失，应当给予赔偿。

## 七、专利权的保护

### （一）专利权的保护范围

发明或者实用新型专利权的保护范围以其权利要求的内容为准，说明书及附图可以用于解释权利要求的内容。

外观设计专利权的保护范围以表示在图片或者照片中的该产品的外观设计为准，简要说明可以用于解释图片或者照片所表示的该产品的外观设计。

### (二) 专利侵权行为

1. 非法实施专利的行为

发明和实用新型专利权被授予后，除法律另有规定的以外，任何单位或者个人未经专利权人许可，都不得实施下列侵犯专利权的行为：(1) 以生产经营为目的制造、使用、许诺销售、销售、进口其专利产品；(2) 使用专利方法；(3) 使用、许诺销售、销售、进口依照该专利方法直接获得的产品。

2. 假冒他人专利的行为

下列行为，属于假冒他人专利权：(1) 未经许可，在其制造或者销售的产品、产品的包装上标注他人的专利号；(2) 未经许可，在广告或者其他宣传材料中使用他人的专利号，使人将所涉及的技术误认为是他人的专利技术；(3) 未经许可，在合同中使用他人的专利号，使人将合同涉及的技术误认为是他人的专利技术；(4) 伪造或者复制他人的专利证书、专利文件或者专利申请文件。

3. 以非专利产品冒充专利产品、以非专利方法冒充专利方法的行为

这类侵权行为有：(1) 制造或者销售标有专利标记的非专利产品；(2) 专利权被宣告无效后，继续在制造或者销售的产品上标注专利标记；(3) 在广告或者其他宣传材料中将非专利技术称为专利技术；(4) 在合同中将非专利技术称为专利技术；(5) 伪造或者变造专利证书、专利文件或者专利申请文件。

根据《专利法》第六十九条的规定，下列情形不视为侵犯专利权：(1) 专利权人制造、进口或经专利权人许可而制造、进口的专利产品或依照专利方法直接获得的产品售出后，使用、许诺销售、销售或进口该产品的；(2) 在专利申请日前已经制造相同产品、使用相同方法或者已经做好制造、使用的必要准备，并且仅在原有范围内继续制造、使用的；(3) 临时通过中国领陆、领水、领空的外国运输工具，依照其所属国同中国签订的协议或者其共同参加的国际条约，或者依照互惠原则，为运输工具自身需要而在其装置和设备中使用有关专利的；(4) 专为科学研究和实验而使用有关专利的。

### (三) 专利侵权行为的法律责任

专利侵权行为的法律责任包括：民事责任、行政责任和刑事责任。民事责任主要包括停止侵害，赔偿损失、消除影响、恢复名誉等；行政责任主要包括责令侵权人立即停止侵权，没收非法所得，罚款；刑事责任只限于假冒他人专利且情节严重的情形。根据《刑法》的规定，假冒他人专利，情节严重的，处 3 年以下有期徒刑或者拘役，并处或者单处罚金。

# 第三节 商标法

## 一、商标与商标法

### (一) 商标的概念和特征

商标，是指任何能够将自然人、法人或者其他组织的商品与他人的商品区别开的标

志，包括文字、图形、字母、数字、三维标志、颜色组合和声音等，以及上述要素的组合。商标具有如下特征：(1) 商标的主体为自然人、法人以及其他组织；(2) 商标由法定要素构成，主要包括文字、图形、字母、数字、三维标志、颜色组合和声音等，以及上述要素的组合；(3) 商标是用于商品或者服务上的标记，商标的使用是用于识别商品来源的行为。

**(二) 商标的分类**

根据不同的划分标准，商标可以分成不同的种类：(1) 根据商标的结构要素，商标可分为文字商标、图形商标、三维商标、颜色商标、声音商标、气味商标、立体商标以及组合商标。(2) 根据商标的用途，商标可分为商品商标和服务商标。(3) 根据商标的作用和功能，商标可分为证明商标、集体商标、联合商标和防御商标。证明商标是指由对某种商品或者服务具有检测和监督能力的组织所控制，而由该组织以外的单位或者个人使用于商品或者服务，用以证明商品或者服务的原产地、原料、制造方法、质量或者其他特定品质的标志。集体商标是指以团体、协会或者其他组织名义注册，供该组织成员在商务活动中使用，以表明使用者在该组织中的成员资格的标志。联合商标是指将与已注册商标相近似的商标在相同或类似商品或者服务上加以注册。防御商标是将同一商标注册于不同的商品或者服务上，构成一个防御体系，以防止他人在不同商品或服务上使用该商标可能给消费者造成的混淆。现行《中华人民共和国商标法》第二十二条第二款规定，商标注册申请人可以通过一份申请就多个类别的商品申请注册同一商标。设置这一制度的出发点在于方便申请人针对同一商标在多个类别的商品上进行注册申请，从而达到一份申请文件的注册范围可涵盖多类商品的目的。(4) 根据商标的声誉和知名度，商标可分为驰名商标和普通商标。(5) 根据商标是否注册分为注册商标和非注册商标。(6) 根据商标权人的国籍，商标分为国内商标和国外商标。

**(三) 商标法的概念和立法情况**

商标法是调整商标的组成、注册、使用、管理和商标专用权的保护过程中发生的社会关系的法律规范的总称。

1982 年 8 月 23 日第五届全国人民代表大会常委会第二十四次会议通过了《中华人民共和国商标法》(以下简称《商标法》)，它是新中国的第一部商标法，于 1983 年 3 月 1 日起施行。

1993 年 2 月 22 日第七届全国人民代表大会常委会第三十次会议通过了《关于修改〈中华人民共和国商标法〉的决定》，对 1983 年《商标法》作了第一次修正，主要是增加了保护服务商标和不当注册商标给予撤销的规定，加强了对商标侵权的打击力度。

随着我国市场经济的发展，并为了适应我国加入实际贸易经济贸易组织的进程，2001 年 10 月 27 日，经第九届全国人民代表大会常委会第二十四次会议审议，通过了《商标法》的第二次修正案。这次修正增加了集体商标、证明商标的规定，扩大了商标构成的范围，增加了对在先权利和驰名商标保护的规定，规定了认定驰名商标的参考因素，侵权行为方面的修改较大，取消了工商行政管理机关决定损害赔偿的权力。此次修订自 2001 年 12 月 1 日起施行。

2013 年 8 月 30 日第十二届全国人民代表大会常务委员会第四次会议通过了《关于修

改〈中华人民共和国商标法〉的决定》，对《商标法》进行第三次修正。新《商标法》增加了商标审查时限的规定，完善了商标注册异议制度，厘清了驰名商标保护制度，加强了商标专用权保护，禁止抢注他人商标，进一步在法律层面规范商标的代理活动。新《商标法》自 2014 年 5 月 1 日起施行。

## 二、商标注册

### （一）商标注册的概念

商标注册，是指经营者为了取得商标专用权，依法向国家商标局提出申请，经其审核批准，授予注册人商标专用权的法律行为。经商标局核准注册并刊登在商标公告上的商标为注册商标。

按照我国《商标法》的规定，注册是取得商标权的条件，商标只有依法注册，才能取得商标专用权，受到法律保护。未经注册的商标虽然可以使用，但是没有排他性，在受到他人假冒、仿冒时，原则上不能得到法律救济。现行《商标法》虽然对他人已经使用并产生一定影响的商标给予一定程度的保护，但商标使用人没有商标专用权，经营者要获得使用商标的专用权，必须依法及时申请商标注册。

### （二）商标注册的原则

（1）自愿注册和强制注册相结合原则。自愿注册是指经营者对其经营的商品或从事的服务，是否进行注册，由商标使用人自主决定。除国家规定必须注册商标的商品外，经营者在经营中可以使用注册商标，也可以使用非注册商标。但未注册商标不受法律保护。强制注册，是指无论商标使用人是否愿意，对国家规定必须使用注册商标的人用药品（中药材、中药饮品除外）和烟草制品等两类商品，必须申请商标注册，未经核准注册的，不得在市场上销售。

（2）申请在先为主，使用在先为辅的原则。两个或者两个以上的商标注册申请人，在同一种商品或者类似商品上，以相同或者近似的商标申请注册的，初步审定并公告申请在先的商标。同一天申请的，初步审定并公告使用在先的商标，驳回其他人的申请，不予公告。同一天使用或者均未使用的，申请人应当协商解决。超过 30 天达不成协议的，应当在商标局的主持下，由申请人抽签决定或者由商标局裁定。

（3）商标合法性原则。申请注册的商标不得使用法律禁止的标志。就相同或类似商品或服务申请注册的商标是复制、模仿或翻译他人未在中国注册的驰名商标，容易导致混淆的，不予注册并禁止使用。

（4）禁止抢注商标原则。申请商标注册不得以不正当手段抢先注册他人已经使用并有一定影响的商标。商标注册的申请日期以商标局收到申请书为准。

（5）诚实信用原则。申请注册和使用商标，应当遵循诚实信用原则，商标使用人应当对其使用商标的商品质量负责。各级工商行政管理部门应当通过商标管理，制止欺骗消费者的行为。

### （三）注册商标的条件

申请注册的商标应当具备以下条件：

1. 具有显著性特征

商标的显著性特征是指商标使用的文字、图形等或者其组合，应当具有显著特征和识别性，能够起到帮助消费者将该标志与商品或服务的特定质量、特点相联系的作用。商标的显著性特征可以通过两种方式产生：一是商标本身固有的显著性；二是通过长期的使用，消费者已经将其标志视为特定商品或服务的商标，从而使该标志获得了显著性。申请注册的商标只有具备本身固有的显著性，同时又具备经过长期使用所形成的显著性，依法才准予注册。

2. 商标应当符合法定性标志

文字、图形、字母、数字、三维标志、颜色和声音等，以及上述要素的组合，均可以作为商标申请注册。但气味标志在我国依法不能成为注册商标。

3. 不得侵犯他人在先取得的合法权利

注册商标不得侵犯他人在先取得的权利包括三个方面的内容：一是不得与已经注册商标或申请在先的商标相同或近似；二是不得与已经使用并有一定影响的未注册商标相同或近似；三是不得与其他在先的民事权利相抵触。

4. 不得使用禁止用作商标的标志

根据《商标法》第十条的规定，下列标志不得作为商标使用：(1) 同中华人民共和国的国家名称、国旗、国徽、国歌、军旗、军徽、军歌、勋章等相同或者近似的，以及同中央国家机关的名称、标志、所在地特定地点的名称或者标志性建筑物的名称、图形相同的。(2) 同外国的国家名称、国旗、国徽、军旗等相同或者近似的，但经该国政府同意的除外。(3) 同政府间国际组织的名称、旗帜、徽记等相同或者近似的，但经该组织同意或者不易误导公众的除外。(4) 与表明实施控制、予以保证的官方标志、检验印记相同或者近似的，但经授权的除外。(5) 同"红十字"、"红新月"的名称、标志相同或者近似的。(6) 带有民族歧视性的。(7) 带有欺骗性，容易使公众对商品的质量等特点或者产地产生误认的。(8) 有害于社会主义道德风尚或者有其他不良影响的。

此外，《商标法》规定县级以上行政区划的地名或者公众知晓的外国地名，不得作为商标。但是，地名具有其他含义或者作为集体商标、证明商标组成部分的除外；已经注册的使用地名的商标继续有效。

5. 不得使用其他不能作为商标注册的标志

根据《商标法》的规定，下列标志不得作为商标注册：(1) 仅有本商品的通用名称、图形、型号的；(2) 仅直接表示商品的质量、主要原料、功能、用途、重量、数量及其他特点的；(3) 其他缺乏显著特征的。但这些标志经过使用取得显著特征并便于识别的，可以作为商标注册。

此外，以三维标志申请注册的，仅由商品自身的性质产生的形状、为获得技术效果而需有的商品形状或者使用商品具有实质性价值的形状，不得注册。就相同或类似商品申请注册的商标是复制、模仿或者翻译他人未在中国注册的驰名商标，容易导致混淆的，也不予注册并禁止使用。就不相同或不类似商品申请注册的商标是复制、模仿或者翻译他人已经在中国注册的驰名商标，误导公众，致使该驰名商标注册人的利益可能受到损害的，也不予注册并禁止使用。商标中有商品的地理标志，而该商品并非来源于该标志所标示的地区，误导公众的，不予注册并禁止使用；但是，已经善意取得注册的继续有效。

**（四）商标注册申请人**

商标注册申请人可以是从事一定生产经营活动的自然人、法人或者其他组织。自然人、法人或者其他组织对其生产、制造、加工、经销的商品或者提供的服务项目，需要取得商标专用权的，应当向商标局申请商品或服务项目的商标注册。

两个以上的自然人、法人或者其他组织可以共同向商标局申请注册同一商标，共同享有和行使该商标专用权。外国人或外国企业在中国申请商标注册的，应当按其所属国和我国签订的协议或者共同参加的国际条约办理，或者按照对等原则办理。

**（五）商标注册的程序**

商标注册一般包括申请、审查、公告、核准注册等步骤。

1. 申请

具有申请商标资格的自然人、法人或者其他组织，应向所在地的市、县工商行政管理局提出注册申请。

商标注册申请人应当按规定的商品分类表填报使用商标的商品类别和商品名称，提出注册申请。商标注册申请人可以通过一份申请就多个类别的商品申请注册同一商标。商标注册申请等有关文件，可以以书面方式或者数据电文方式提出。注册商标需要在同一类的其他商品上使用的，应当另行提出注册申请。注册商标需要改变其标志的，应当重新提出注册申请。注册商标需要变更注册人的名义、地址或者其他注册事项的，应当提出变更申请。

外国人或外国企业在中国申请商标注册的，应当按其所属国和我国签订的协议或者共同参加的国际公约办理，或者按照对等原则办理。按照《保护工业产权巴黎公约》的规定，申请商标注册的优先权为 6 个月。为申请商标注册所申报的事项和所提供的材料应当真实、准确、完整。

2. 审查

商标局应依照法律规定，对申请注册的商标进行审查。审查包括形式审查和实质审查两项内容。形式审查主要是审查该注册商标的申请是否符合法定的条件和程序，从而确定对其申请是否受理。实质审查是对申请注册的商标文图形的含义及其效果进行审查，从而对该项申请作出准予或驳回的决定。

3. 公告

对申请注册的商标，商标局应当自收到商标注册申请文件之日起 9 个月内审查完毕，符合《商标法》有关规定的，予以初步审定公告。公告的目的是向社会征集意见，防止侵犯他人的商标权。对初步审查的商标，自公告之日起 3 个月内，先权利人、利害关系人认为违反《商标法》第十三条第二款和第三款、第十五条、第十六条第一款、第三十条、第三十一条、第三十二条规定的，或者任何人认为违反《商标法》第十条、第十一条、第十二条规定的，可以向商标局提出异议。商标局评审委员会进行复审后，作出终局决定或者裁定，并书面通知当事人。

4. 核准注册

经过初步审定公告的商标，自公告之日起 3 个月内无人提出异议或经裁定异议不能成立的，予以核准注册，发给商标注册证，并在《商标公告》上予以公告。申请人取得商标专用权的时间，自初步审定公告的3个月期满之日起计算。

**（六）驰名商标的认定**

驰名商标一般是指经过长期使用、在市场上享有良好的社会声誉、为公众所熟知、所代表的商品属于优质产品，并且具有较强竞争力的商标。

驰名商标的认定，曾经和中国名牌、免检产品的认定一样引起较大的社会非议，但驰名商标和前两种认定的本质区别在于，驰名商标认定是有法律依据的，我国驰名商标的认定方式采取的是被动认定的方式。“驰名商标的被动认定”是指为相关公众所熟知的商标，持有人认为其权利受到侵害时，应商标当事人的请求，有关部门对商标是否驰名、能否给予扩大范围的保护给予认定。国家工商行政管理总局商标局负责驰名商标的认定与管理工作，禁止任何组织和个人认定或采取其他变相方式认定驰名商标。

《商标法》第十四条规定，认定驰名商标应当考虑下列因素：相关公众对该商标的知晓程度；该商标使用的持续时间；该商标的任何宣传工作的持续时间、程度和地理范围；该商标作为驰名商标受保护的记录；该商标驰名的其他因素。在商标注册审查、工商行政管理部门查处商标违法案件过程中，当事人依照《商标法》第十三条规定主张权利的，商标局根据审查、处理案件的需要，可以对商标驰名情况作出认定。

另外，《商标法》明确规定：生产、经营者不得将“驰名商标”字样用于商品、商品包装或者容器上，或者用于广告宣传、展览以及其他商业活动中。

## 三、商标权人的权利与义务

**（一）商标权的概念**

商标权是指商标注册人依法支配其注册商标禁止他人侵害的权利，包括对注册商标的使用权、处分权、续展权和禁止他人侵害的权利。

**（二）商标权人的权利**

（1）商标使用权。商标权人有权在注册制定的商品和服务项目上使用其注册的商标。商标权人使用其注册商标的权利是完全的、排他的，未经商标权人许可，其他人不能在同一种或类似的商品或者服务上使用与注册商标相同或近似的商标，否则即构成侵权。

（2）使用注册标记权。商标注册人使用注册商标，有权标明“注册商标”字样或者注册标记，在商品上不便标明的，可以商品包装或者说明书以及其他附着物上标明。

（3）商标许可权。商标权人享有许可他人使用其注册商标的权利。商标权人许可他人使用其注册商标，可以是有偿的，也可以是无偿的。但商标权人应监督被许可人使用其注册商标的商品质量或服务质量，被许可人应当保证使用该注册商标的商品质量或服务质量。注册商标使用许可必须签订书面合同，并报商标局予以公告。

（4）商标转让权。商标权人享有将其注册商标所有权转让给他人的权利。转让注册商标，转让人和受让人应当共同向商标局提出申请，商标局核准后予以公告。

（5）排除侵犯权。商标权人享有在其商标权受到侵犯时，请求商标管理机关进行解决，或者直接向人民法院提起诉讼的权利。

（6）出质或投资权。商标权人可以按照自己的意志以出质或投资的方式处置其注册商标。

(7) 禁止权。商标权人依法享有禁止他人未经许可，在相同或者类似的商品或服务上使用与自己的注册商标相同或者近似的商标。

(8) 续展注册权。商标权人在其注册商标有效期届满时，有权申请续展注册，延长其注册商标保护期，使商标权人继续享有商标专用权。

(9) 放弃权。商标权人享有通过主动申请注销注册商标或者在注册商标有效期满时不续展等方式放弃注册商标专用权的权利。

### (三) 商标权人的义务

(1) 正确使用注册商标的义务。使用注册商标是商标权人的权利，也是一种义务。无正当理由连续三年停止使用注册商标的，由商标局责令限期改正或者撤销该注册商标。

(2) 保证商品质量的义务。商标权人应当对其使用注册商标的商品和服务质量负责。使用注册商标的商品粗制滥造，以次充好、欺骗消费者的，由各级工商行政管理部门针对不同的情况，责令期限改正，并可予以通报或者处以罚款。情节严重的，报商标局撤销其注册商标。

(3) 不得擅自改变注册事项的义务。商标权人应当按照注册所核准的商标构成或其他事项使用注册商标，不得自行改变注册商标的文字、图形或者组合；不得私自转让租借注册商标；不得自行改变商标注册人的名称、地址或其他注册事项等。

(4) 依法及时缴纳使用注册商标的各项费用的义务。

## 四、注册商标的续展、转让和使用许可

### (一) 注册商标的期限和续展

注册商标的有效期为 10 年，自核准注册之日起计算。注册商标有效期满，需要继续使用的，应当在期满前 12 个月内申请续展注册；在此期间未能提出申请的，可以给予 6 个月的宽展期。宽展期满仍未提出申请的，由注册机关注销其注册商标。每次续展注册商标的有效期为 10 年。续展注册核准后，予以公告。注册商标续展不受次数限制。

### (二) 注册商标的转让

《商标法》第四十二条规定：转让注册商标的，转让人和受让人应当签订转让协议，并共同向商标局提出申请。受让人应当保证使用该注册商标的商品质量。转让注册商标的，商标注册人对其在同一种商品上注册的近似商标，或者在类似商品上注册的相同或者近似的商标，应当一并转让。对容易导致混淆或者有其他不良影响的转让，商标局不予核准，书面通知申请人并说明理由。转让注册商标经核准后，予以公告。受让人自公告之日起享有商标专用权。

注册商标转让必须遵守下列规定：受让人必须符合商标注册申请人的条件。转让注册商标的，转让人和受让人应当签订转让协议，并共同向商标局提出申请。受让人应当保证使用该注册商标的商品质量。转让注册商标的，商标注册人对其在同一种商品上注册的近似的商标，或者在类似商品上注册的相同或者近似的商标，应当一并转让。对容易导致混淆或者有其他不良影响的转让，商标局不予核准，书面通知申请人并说明理由。转让注册商标经核准后，予以公告。受让人自公告之日起享有商标专用权。集体商标不得转让或许可给非集体成员使用。

### （三）注册商标的使用许可

《商标法》第四十三条规定：商标注册人可以通过签订商标使用许可合同，许可他人使用其注册商标。许可人应当监督被许可人使用其注册商标的商品质量。被许可人应当保证使用该注册商标的商品质量。经许可使用他人注册商标的，必须在使用该注册商标的商品上标明被许可人的名称和商品产地。许可他人使用其注册商标的，许可人应当将其商标使用许可报商标局备案，由商标局公告。商标使用许可未经备案不得对抗善意第三人。

作为商标使用许可合同的标的必须是注册商标。在许可合同的有效期内，许可人应保证商标权的效力，不得擅自注销注册商标，许可人应当监督被许可人使用注册商标的商品质量。被许可人要按照合同的约定支付费用，保证使用许可商标的商品质量，未经许可不得擅自许可他人使用，更不得转让商标专用权。

商标使用许可合同必须以书面的形式签订。并于签订之日起 3 个月内将合同副本送交其所在地工商行政管理机关存查，由许可人报送商标局备案，由商标局予以公告。

### （四）商标权的消灭

商标权因注册商标被注销或被撤销而消灭。

1. 注册商标的注销

有下列情形之一的，商标局可以注销注册商标：（1）注册商标法定期限届满，未续展或续展未获批准的；（2）注册商标所有人自己申请注销的；（3）作为商标权人的企业关闭或破产，无人承受商标权的；（4）作为商标权人的自然人死亡，无人继承其商标权的。

2. 注册商标的撤销

商标注册人具有下列违法行为之一的，由商标局责令限期改正或撤销其注册商标：（1）自行改变注册商标的；（2）自行改变注册商标的注册人名称、地址或者其他注册事项的；（3）自行转让注册商标的；（4）连续 3 年停止使用其注册商标的；（5）使用注册商标，其商品粗制滥造，以次充好，欺骗消费者的；（6）非法销售自己的注册商标标识的。

## 五、商标管理

商标管理是国家商标管理机关依法对注册商标和未注册商标的使用以及商标印制所进行的管理活动。

### （一）注册商标使用管理

对注册商标使用的管理包括：（1）检查监督注册商标的使用。对自行改变注册商标的文字、图形或其结合的，自行改变注册商标的注册人名字、地址或其他注册事项的，自行转让注册商标的，责令限期改正，拒不改正的撤销注册商标。（2）报请撤销停止使用的注册商标。对连续 3 年停止使用注册商标的，由商标局撤销注册商标。（3）监督使用注册商标的商品质量。对商品粗制滥造、以次充好、欺骗消费者的，责令限期改正，并予以通报或者并处罚款，或者由商标局撤销其注册商标。（4）对必须使用注册商标商品的商标管理。国家规定必须使用注册商标的人用药品与烟草制品等商品，其商标未经注册进行销售的，责令限期申请注册，可以并处罚款。

### （二）未注册商标使用管理

未注册商标是允许在法律规定必须注册的商品之外的商品上使用的商标。未注册商标的使用人不具有商标专用权，因而也不受法律保护。使用未注册商标擅自加注册商标标识，冒充注册商标，或者商标的文字、图形及其组合违反商标标识禁用规定的，或者其商品粗制滥造、以次充好、欺骗消费者的，责令限期改正，禁止其商品在市场上销售，予以通报或者并处罚款。使用未注册商标不标明企业名称和地址的商品，不得在市场上销售。

**（三）商标印制管理**

商标印制管理是商标管理机关依法对商标印制行为进行监督和检查，并对非法印制商标的行为予以查处的活动。

根据《商标印制管理办法》的规定，商标印制单位必须是依法登记从事商标印制业务的企业和个体工商户。商标印制委托人委托商标印制单位印制商标的，应当出示营业执照副本或者合法的营业证明或者身份证明。商标印制委托人委托印制注册商标的，应当出示《商标注册证》或者由注册人所在地县级工商行政管理局签章的《商标注册证》复印件，并另行提供一份复印件。

商标印制单位应当对商标印制委托人提供的证明文件和商标图样进行核查，不符合规定的，商标印制单位不得承接印制。

## 六、注册商标专用权的保护

**（一）商标专用权的保护范围**

商标专用权的保护范围主要限定在以下三个方面：

（1）核准注册的商标。商标因注册而得到法律保护，未注册的商标一般情况下是不受法律保护的。因为，未注册商标的使用人不享有该商标的专用权，无权依照《商标法》的规定禁止他人使用，而只有有限地不受他人不正当干扰的使用权。

（2）核定使用的商品或者服务。在核定使用的商品或者服务上使用注册商标是法律保护的基本条件，他人未经许可不得在相同或者类似商品或服务上使用相同或近似的商标。

（3）注册商标的有效期限。注册商标超过有效期限没有续展的，即不再受到法律的保护。

**（二）侵犯注册商标专用权的行为**

根据《商标法》第五十七条的规定，有下列行为之一的，均属侵犯注册商标专用权的行为：

（1）未经商标注册人的许可，在同一种商品上使用与其注册商标相同的商标的；

（2）未经商标注册人的许可，在同一种商品上使用与其注册商标近似的商标，或者在类似商品上使用与其注册商标相同或者近似的商标，容易导致混淆的；

（3）销售侵犯注册商标专用权的商品的；

（4）伪造、擅自制造他人注册商标标识或者销售伪造、擅自制造的注册商标标识的；

（5）未经商标注册人同意，更换其注册商标并将该更换商标的商品又投入市场的；

（6）故意为侵犯他人商标专用权行为提供便利条件，帮助他人实施侵犯商标专用权行为的；

（7）给他人的注册商标专用权造成其他损害的。

### （三）商标权的保护

注册商标专用权受到侵犯引起纠纷的，由当事人协商解决；不愿协商或者协商不成的，商标注册人或者利害关系人可以向人民法院起诉，也可以请求工商行政管理部门处理。

工商行政管理部门处理时，认定侵权行为成立的，责令立即停止侵权行为，没收、销毁侵权商品和主要用于制造侵权商品、伪造注册商标标识的工具，违法经营额五万元以上的，可以处违法经营额五倍以下的罚款，没有违法经营额或者违法经营额不足五万元的，可以处二十五万元以下的罚款。对五年内实施两次以上商标侵权行为或者有其他严重情节的，应当从重处罚。销售不知道是侵犯注册商标专用权的商品，能证明该商品是自己合法取得并说明提供者的，由工商行政管理部门责令停止销售。

对侵犯商标专用权的赔偿数额的争议，当事人可以请求进行处理的工商行政管理部门调解，也可以依照《中华人民共和国民事诉讼法》向人民法院起诉。经工商行政管理部门调解，当事人未达成协议或者调解书生效后不履行的，当事人可以依照《中华人民共和国民事诉讼法》向人民法院起诉。

## 本章小结

工业产权是基于人们创造性的智力成果而产生的权利。工业产权是无形资产的权利，具有无形性、专有性、地域性和时间性的特征。本章介绍了专利权和商标权。专利权是基于发明创造而产生的权利。商标权是权利人对于注册商标享有的独占使用权、许可使用权和转让权。本章还介绍了商标权的取得、内容和保护等法律问题。

## 思考与练习

### 一、简述题

1. 工业产权的特征。
2. 授予发明专利的法定条件。
3. 专利权人的权利和义务。
4. 哪些行为依法不视为侵犯专利权？
5. 商标的概念及分类。
6. 商标注册的原则。
7. 哪些标志依法不得作为商标注册？

### 二、案例分析

1. 中国人张某在英国完成一项产品发明。2012 年 12 月 1 日，张某在我国某美术研讨会上公布了他的这项发明成果。2013 年 6 月 16 日，出席过这次研讨会的某研究所工程师李某将这项成果作为自己的非职务发明，向中国专利局提出专利申请。2013 年 5 月 5 日，张某将这项成果在英国提出专利申请。2014 年 4 月 25 日，张某又将这一成果向中国专利局提出专利申请，同时提出要求优先权的书面声明，并提交了有关文件。

**问：**本案中的专利申请权应当属于谁？

2. 甲纺织品公司在其经销的丝绸衬衣绣上一朵荷花，并用“荷花”作为其商标，2014 年 4 月 28 日该公司向商标局提出注册申请，商标局经审核后于 5 月 7 日予以公告。2014 年 8 月 14 日乙丝绸公司向商标局提出异议，认为公告的甲纺织品公司的“荷花”商标与其在丝绸内衣上使用的“莲花牌”注册商标极为相似，图形都是一朵花，看上去一模一样。商标局经过审查后，裁定异议成立，驳回了甲纺织品公司的申请。甲纺织品公司对裁定不服，准备以乙丝绸公司提出异议时已超过规定的时间为由，向商标评审委员会提出复议的请求。根据以上资料，回答下列问题。

(1) 假设甲纺织品公司与乙丝绸公司是在同一天提出了商标注册申请，请问商标局该如何处理?

(2) 乙丝绸公司提出异议的时间是否超过了规定的时间?

(3) 甲纺织品公司请求复审的申请应该在什么时候提出?

3. 2013 年 3 月帅美西服厂以“大科大”三字作为商标文字予以注册，注册号为 547742 号，用于本厂生产的西服产品。2014 年 5 月腾达服装有限公司（以下简称腾达公司）以“大哥大”三字作为商标文字予以注册，注册号为 586610 号，用于本公司生产的 25 类服装商品。帅美西服厂发现后，即致函腾达公司，说明自己的商标已经注册，认为这两个商标构成了近似商标，要求对方停止使用。而腾达公司则认为自己的商标也已注册，且与对方的商标并不相同，没有侵害帅美西服厂的商标权，因此置之不理。

**问:**

(1) 帅美西服厂是否可以要求撤销腾达公司的注册商标? 如果可以，应该向谁提出?

(2) 帅美西服厂直接向法院起诉，请求法院判决撤销腾达公司的注册商标，法院应不应受理?

(3) 帅美西服厂可否要求腾达公司承担商标侵权的法律责任?

# 第八章

# 消费者法律制度

学习要点

◇ 产品、产品责任法律制度

◇ 消费者、消费者的权利与经营者义务

◇ 侵犯消费者权益的法律责任

## 第一节　产品质量法

### 一、产品与产品质量

#### （一）产品的含义

“产品”一词可以从自然属性和法律属性两个不同的范畴进行定义。从自然属性来讲，产品是指经过人类劳动获得的具有一定使用价值的劳动成果。从法律属性来讲，产品是指经过某种程度或方式加工用于消费和使用的物品。纵观各国的产品质量法律制度，对产品范围的界定不尽相同。美国产品责任法中的产品是指一切经过工业处理过的东西。其规定不论是可移动的还是不可移动的，工业的还是农业的产品，经过加工的还是非经过加工的，任何可销售或可使用的制成品，只要由于使用它或通过它引起伤害，都可视为发生产品质量责任。而1976年欧共体制定的《产品责任指令草案》的产品范围较小，仅指工业生产的可移动产品。随着经济的发展，特别是信息产业和高新技术的突飞猛进，人类可利用的资源越来越多，因此，各国的立法和司法实践也趋向于把产品作广义的解释。我国的法律同样对产品进行较为宽泛的解释，我国1993年通过的《中华人民共和国产品质量法》（以下简称《产品质量法》）规定：本法所称的产品是指经过加工、制作，用于销售的产品。但不包括建设工程产品。2000年修改后的《产品质量法》第二条增加了“但是，建筑工程使用的建筑材料、建筑构配件和设备，属于前款规定的产品范围内，适用本法。”我国的《产品质量法》中的产品，不包括初级农产品和不动产，这也符合国际上的通行做法。

从立法技术上讲，我国法律同时使用了概括法和排除法来界定产品。根据我国《产品质量法》的规定，产品应当具备以下两个条件：

（1）经过加工、制作。未经加工、制作的天然物品不是《产品质量法》规定的产品，如矿产品、农产品。电力、煤气等虽然是无体物，但也是工业产品，也应包括在内。

（2）用于销售。如果只是为了自己使用的加工、制作品也不属于《产品责任法》规定的产品。有学者认为，使用“销售”不如使用“流通”更为准确，因为有些产品是企业为了营销目的无偿赠送或作为福利分发交付消费者。其实，用于销售不等于经过销售，只要产品是以销售为目的生产、制作的，不论它是经过销售渠道到达消费者或用户手上，还是经过其他渠道，都属于《产品质量法》所规定的产品，因此，没有必要用流通代替销售。赠送的产品、试用的产品也属于《产品质量法》规定的产品。比如厂家将自己生产的新产品或某些产品以赠与、试用、买一送一、买大送小等无偿赠送的方式送给用户，这些产品虽然可能未投入流通，但是以销售为目的生产并以营销目的交付消费者的，这类产品存在缺陷造成他人损害，应当允许受害人提起产品责任诉讼。

**（二）产品质量**

产品质量，是指产品在既定的条件下，能够满足消费者的愿望和符合规定用途所具备的特征和特性的总和。它既包括产品的结构性能、纯度、物理性能以及化学成分等内在特性，又包括外观、形状、颜色、气味、包装等外在特征。根据国际标准化组织颁布的相关标准，质量的含义是产品或服务满足规定或潜在需要的特征的总和。该定义中所称的需要往往随时间、空间的变化而变化，与科学技术的不断进步有着密切的关系。需要可以转化为具有具体指标的特征和特性。一般来说，以下三方面是任何产品必不可少的特征：

（1）适用性。由于产品的生产、交换的目的是为了满足人们的需要，就要求每一件合格的产品能够满足人们的这种愿望。所以，产品的适用性是评价产品质量的一项重要指标。

（2）安全性。产品实现其适用性，必然是通过产品的使用这一途径来体现的。这就要求产品在使用环节上安全可靠，不会给使用者和其他人带来人身、财产上的危险。

（3）经济性。在市场经济条件下，产品的使用价值主要通过市场交换来实现，在市场交换中，要求产品价格公道，正确反映供求关系和价值规律，不要造成不应有的资源浪费。

《产品质量法》第二十六条对产品质量作了细化，规定产品质量应当符合下列要求：不存在危及人身、财产安全的不合理的危险，有保障人体健康和人身、财产安全的国家标准、行业标准的，应当符合该标准；具备产品应当具备的使用性能，但是对产品存在使用性能的瑕疵作出说明的除外；符合在产品或者其包装上注明采用的产品标准，符合以产品说明、实物样品等方式表明的质量状况。

## 二、产品质量法的概念和基本原则

*1. 产品质量法的概念*

产品质量法是调整在生产、流通和消费过程中产品质量监督关系和产品质量责任关系的法律规范的总称。《中华人民共和国产品质量法》（以下简称《产品质量法》）于 1993 年 2 月 22 日第七届全国人民代表大会常务委员会第三十次会议通过，自 1993 年 9 月 1 日起施行，并于 2000 年 7 月 8 日由第九届全国人民代表大会常务委员会第十六次会议修正。

2. 产品质量法的基本原则

产品质量法的基本原则是贯穿整个产品质量立法和调整产品质量关系的基本原则。我国《产品质量法》应遵守以下基本原则：

(1) 质量第一、质量至上的原则。质量是企业的生命，它不仅跟经济的发展有关，还与消费者的切身利益息息相关。经营者违反质量义务，不仅要面临民事责任，而且还会面临行政制裁，构成犯罪的还将承担刑事责任。

(2) 统一立法、区别管理的原则。在我国，凡属《产品质量法》调整范围的产品，均被纳入产品质量法体系中，进行系统规范和调整。同时，国家对不同的产品采取不同的方式进行管理。国家对涉及人体健康，人身、财产安全的产品实行必要的强制管理，而其他产品主要通过市场机制和自我约束机制解决。

(3) 事先保证与事后监督检查相结合原则。事先保证主要指国家通过实行生产许可证制度，采取国际上通行的企业质量体系认证和产品质量认证等方法，保证生产的产品符合相应标准的要求。事后监督检查主要指对市场流通领域的产品质量进行监督检查。

(4) 奖励与制裁相结合的原则。我国《产品质量法》对质量管理先进，产品质量达到国际先进水平的单位和个人给予奖励，同时对于违反《产品质量法》的生产者和经营者给予严厉的打击和制裁。

## 三、产品质量的监督管理制度

质量监督管理制度是指由《产品质量法》确认的互相联系、互相依存、自成体系的管理规定，具有严格的秩序性和规律性。管理产品质量职能是国家组织经济的职能之一，为实现这一职能，国家需要通过立法的形式建立和完善有关产品质量法律制度，采用各种不同的法律形式对产品质量形成过程进行监督控制。《产品质量法》总结我国产品质量管理工作的经验，借鉴外国立法，参照国际惯例，确立了以下制度：

### (一) 企业质量体系认证制度

企业质量体系认证是指法定的认证机构对企业的产品质量保证能力和质量管理水平进行综合性检查和评定后，确认和证明该企业质量管理达到国际通用标准的一种制度。该制度通过对产品质量构成的各种因素，如产品设计、工艺准备、制造过程、质量检验、组织机构和人员素质等质量保证能力进行严格评定，使企业形成稳定生产符合标准产品的能力。在我国其认证机构是国务院产品质量监督部门或由其认可的认证机构。企业质量体系认证对企业而言，对内可以加强质量管理，实现质量目标，创优质产品；对外可以提高企业质量信誉，提高顾客对供方的信任，增加订货，减少顾客对供方的检查评定，有利于顾客选择合格的供方。企业通过体系认证获得的体系认证证书不能用在所生产的产品上，但可以用于正当的宣传，在申请产品质量认证时可免除对企业质量体系认证的检查。它是 ISO 向各国推荐的认证制度的一种。

目前国际上通用的“质量管理和质量保证标准”是 ISO9000 系列国际标准，我国对企业实行质量体系认证的依据是 CB/T19000—ISO9000 质量管理和质量保证系列国家标准。企业根据自愿原则可以向国务院产品质量监督部门认可的或者国务院产品质量监督部门授权的部门认可的认证机构申请企业质量体系的认证。经认证合格的，由认证机构颁发企业质量体系认证证书。

**（二）产品质量认证制度**

产品质量认证是依据产品标准和相应技术要求，经认证机构确认并通过颁发认证证书和认证标志来证明某一产品符合相应标准和相应技术要求的活动。《产品质量法》第十四条第二款规定：国家参照国际先进的产品标准和技术要求，推行产品质量认证制度，企业根据自愿原则可以向国务院产品质量监督部门认可的或者国务院产品质量监督部门授权的部门认可的认证机构申请产品质量认证。经认证合格的，由认证机构颁发产品质量认证证书，准许企业在产品或者其包装上使用产品质量认证标志。

企业质量体系认证与产品质量认证有显著区别：前者认证的对象是企业的质量体系，后者认证对象是企业的产品；前者认证的依据是质量管理标准，后者认证的依据是产品标准；从认证结论上看，前者是要证明企业质量体系是否符合质量管理标准，后者是要证明产品是否符合产品标准。

产品质量认证可分为安全认证和合格认证。安全认证是以安全标准为依据进行的认证或只对产品中有关安全的项目进行认证。合格认证是对产品的全部性能、要求，依据标准或相应技术要求进行的认证。我国的产品质量认证工作由专门的认证委员会承担，每类开展质量认证的产品都有相应的认证委员会。自 1982 年我国加入国际电工委员会以来，至今已先后成立了电子器件、电工产品、水泥等 10 多个认证委员会，已经对一大批企业颁发了有关的认证证书。

在了解质量体系认证与产品质量认证的区别与作用后，企业选择以哪种方式进行认证就很容易了。大致可分为以下几个需要考虑的因素：企业的产品品种有多少，产品是否执行国家规定的强制性标准，用户的性质属于哪一类，用户对质量认证形式的具体要求等。因此，对于生产的产品是单一品种，或执行强制性标准的产品，或成批大量生产的产品，或产品的用户较分散，或需方指定要求供方获得产品质量认证证书的企业，都应该考虑进行产品质量认证。对于多品种、小批量，或没有权威性产品标准可作为产品认证的依据，或需方指定要求供方获得质量体系认证证书的企业，应该考虑进行质量体系认证。

质量体系认证有覆盖面广的优点，但对外影响不如产品质量认证。产品质量认证可以将标志直接标识在产品的包装上，具有影响面大的优点。但它的局限性也很大，只能在某一特定的产品上使用。两者各有利弊。企业在选择用哪种方式认证时，要根据自身的情况和客户的要求，慎重选择，不要盲目认为质量体系认证范围广、水平高、信誉好，而产品质量认证水平低；更不能盲目听信某些违法认证机构的误导。

**（三）产品质量检验制度**

产品质量检验是指检验机构根据一定标准对产品品质进行检测，并判断合格与否的活动，而对这一活动的方法、程序、要求和法律性质用法律加以确定就形成了产品质量检验制度。我国《产品质量法》第十二条规定：产品质量应当检验合格，不得以不合格产品冒充合格产品。

企业产品质量检验是产品质量的自我检验，具有自主性和合法性的特点。所谓自主性，是指这种检验是企业为保障产品质量合格，适合并满足用户和消费者的要求，依法主动进行的，在不违反法律强制性规定的前提下，企业可选择适合自己的检验标准和检验程序。所谓合法性，是指企业的质量检验必须依法进行，遵循国家的有关规定。产品出厂时，可由企业自行设置的检验机构检验合格，也可经过企业委托有关产品质量检验机构进行。按照我国法律规定，产品质量检验机构必须具备相应的检验条件和能力，并须经过省级以上的人民政府产品质量监督部门或者其授权的部门考核合格后，方可承担产品质量检验工作。

**(四) 产品质量监督检查制度**

《产品质量法》第十五条规定，国家对产品质量实行以抽查为主要方式的监督检查制度。制定监督抽查制度的目的在于加强对生产、流通领域的产品质量实施监督，以督促企业提高产品质量，从而保护国家和广大消费者的利益，维护社会经济秩序。

监督检查的重点有三类产品：第一类是可能危及人体健康和人身、财产安全的产品，如药物、食品等；第二类是重要工农业原材料和影响国计民生的重要工业产品，如钢铁、石油制品等；第三类是消费者、有关组织反映有质量问题的产品。

对依法进行的产品质量监督检查，生产者、销售者不得拒绝。若抽查的产品质量不合格，由实施监督抽查的产品质量监督部门责令其生产者、销售者限期改正。逾期不改正的，由省级以上人民政府产品质量监督部门予以公告，公告后经复查仍不合格的，责令停业，限期整顿；整顿期满后经复查产品质量仍不合格的企业，将被吊销营业执照。

## 四、产品责任法律制度

产品质量义务是指法律规定的生产者、销售者为保证产品质量必须作出的一定行为或不得作出的一定行为，分为积极义务与消极义务两种。产品质量义务不同于产品质量责任。当生产者、销售者不履行产品质量义务，将产生不履行产品质量义务的法律后果，即承担产品质量责任。因此产品质量义务是产品质量责任的前提。

**(一) 产品质量责任与产品责任**

产品质量责任是指产品生产者、销售者以及其他相关的第三人对产品责任所应当承担的义务以及违反此种义务时应当承担的法律责任。产品质量责任制度既包括因产品缺陷而给消费者、使用者造成人身、财产损失时，由生产者和销售者根据法律规定应承担的责任，还包括违反标准化法、计量法以及规范产品质量的其他法规应当承担的责任。产品质量责任不同于产品责任。

产品责任即产品侵权民事责任，是指产品的生产者、销售者因其产品给消费者、使用者造成人身、财产损害而应承担的一种补偿责任。

两者的区别在于：(1) 判定责任的依据不同。判定产品责任的依据是产品存在缺陷，而判定产品质量责任的依据包括默示担保、明示担保和产品缺陷，较产品责任更为广泛。(2) 承担责任的条件不同。承担产品责任的充分必要条件是产品存在缺陷，并且造成了他人人身伤害、财产损失，两者缺一不可。只有因产品缺陷发生了损害后果，方可追究缺陷产品的生产者和销售者的民事侵权赔偿责任；而承担产品质量责任的条件是只要产品质量不符合默示担保条件或者明示担保条件之一的，无论是否造成损害后果，都应当承担相应的责任。(3) 责任性质不同。产品责任是一种特殊的民事责任，仅指产品侵权损害赔偿责任，而产品质量责任是一种综合责任，包括民事责任、行政责任和刑事责任。

**（二）我国产品质量责任制度**

我国产品质量责任制度主要规定生产者和销售者对产品质量所应当承担的义务，产品质量义务是国家对生产者和销售者作出一定质量行为，或者不作出一定质量行为的要求，属于法定义务当中的一种。在质量义务主体行为的范围限度内，义务人不履行自己的义务将承担相应的法律后果。

1. 生产者的产品质量责任

生产者应当保证产品质量，对所生产的产品负责，这是生产者自身的社会地位和性质所决定的。《产品质量法》中有许多条款对生产者的产品质量义务作了明确的规定。

（1）明示担保责任。明示担保是指产品的生产者对产品的性能和质量所做的一种声明或陈述。《产品质量法》第二十六条第二款第三项要求生产者生产的产品质量应当符合在产品或者其包装上注明采用的产品标准，符合以产品说明、实物样品等方式表明的质量状况，如果产品质量不符合明示担保，应当依法承担责任。

（2）默示担保责任。默示担保主要是适销性默示担保，是指生产者用于销售的产品应当符合该产品生产和销售的一般目的。《产品质量法》规定产品质量应当符合下列要求：不存在危及人身、财产安全的不合理危险，有保障人体健康和人身、财产安全的国家标准、行业标准的，应当符合该标准。具备产品应当具备的使用性能，但是，对产品存在使用性能的瑕疵作出说明的除外。

（3）标识责任。产品标识是表明产品的名称、产地、质量状况等信息的表述和指示，产品标识是生产者提供的，属于明示担保的范围。产品标识必须真实，并符合下列要求：1）有产品质量检验合格证明。2）有中文标明的产品名称、生产厂厂名和厂址。3）根据产品特点和使用要求，需要标明产品规格、等级、所含主要成分的名称和含量的，用中文相应予以标明；需要事先让消费者知晓的，应当在外包装上标明，或者预先向消费者提供有关资料。4）限期使用的产品应当在显著位置清晰地标明生产日期和安全使用期或者失效日期。5）使用不当，容易造成产品本身损坏或者可能危及人身、财产安全的产品，应当有警示标志或者中文警示说明。裸装的食品和其他根据产品的特点难以附加标识的裸装产品，可以不附加产品标识。

（4）禁止性行为。根据《产品质量法》的规定，生产者不得生产国家明令淘汰的产品；不得伪造产地；不得伪造或者冒用他人的厂名、厂址；不得伪造或者冒用认证标志等质量标志；产品不得掺杂、掺假；不得以假充真、以次充好；不得以不合格产品冒充合格产品。不合格产品包括处理品与劣质品，处理品是指产品使用性能有瑕疵，或者未达到明示采用的产品标准、产品说明、实物样品等方式表明的质量状况，但不存在危及人体健康和人身、财产安全的危险，仍有使用价值的产品。劣质品是指产品质量不符合法律、法规的规定要求，并且存在危及人体健康和人身、财产安全的危险，或者失去原有使用性能的产品。生产者违反上述禁止性规定，将被追究民事、行政乃至刑事责任。

2. 销售者的产品质量责任

法律规定销售者需承担一定的产品质量义务，其作用是促使销售者增强对产品质量的责任感，加强企业内部质量管理，增加对保证产品质量的技术投入，加速产品流通，保障消费者购买产品的质量，最终保护用户、消费者的合法权益。保障销售产品的质量是销售者履行义务的核心，销售者负有以下四个方面的义务：

(1) 进货检查验收义务。销售者应当建立并执行进货检查验收制度，验明产品的出厂检验合格证明，检查中文标明的产品名称、厂名、厂址和其他标识，以防止假冒伪劣产品进入流通领域。严格执行进货检查验收义务是销售者依法履行法律规定的产品质量义务，也是其依法行使保护自身合法权益的权利。销售者的进货检查验收应当包括产品标识检查、产品观感检查和必要的产品内在质量检验。

(2) 销售产品质量保障义务。销售者应当采取措施保障销售产品的质量，销售者应当根据产品的不同特点，采取必要的防雨、防晒、防霉、隔离、分类等措施，加强对某些特殊产品的保管，还应采取控制温度、湿度等措施，保障进货时的产品质量状况。此外，还要建立一整套完备的产品保管、维修等管理制度，配置必要的产品保护设备，培训保管人员等。

(3) 销售者有对产品标识负责的义务。销售者销售的产品的标识应当符合《产品质量法》关于产品标识的规定要求。

(4) 销售者有遵守国家法律法规的义务。

### (三) 违反产品质量的法律责任

产品质量责任指产品的生产者、销售者不履行或不完全履行法定的产品质量义务时，所应承担的法律后果。其可分为民事责任、行政责任和刑事责任三种。认定民事责任的主要目的在于对受害人的补偿，而认定行政责任和刑事责任的目的主要是对侵害人的惩戒。在产品质量事故中受害人最关心的就是获得补偿，挽回经济损失。由此可见，民事责任是产品质量责任的主要责任形式。

#### 1. 产品质量民事责任

产品质量责任的民事责任可分为产品瑕疵担保责任和产品缺陷责任。

(1) 产品瑕疵担保责任。产品瑕疵担保责任是指在产品买卖关系中，产品的生产者或销售者向对方保证和承诺，按照这种承诺，如果产品存在瑕疵，生产者或销售者应当承担由此引起的法律后果。瑕疵是合同法上的概念，是指产品质量不符合法律规定或当事人约定的质量标准。而缺陷是产品质量法上的概念，是指产品对消费者人身和财产安全会造成危险。有瑕疵的产品不一定会对人身、财产造成危害，因而不一定属于产品质量法上的缺陷产品。瑕疵担保责任是一种法定责任，属于无过错责任的一种。根据《产品质量法》第四十条的规定，售出的产品有以下情形之一的，销售者应当负责修理、更换、退货、赔偿损失的责任：不具备产品应当具备的使用性能而事先未作说明的；不符合在产品或者其包装上注明采用的产品标准；不符合以产品说明、实物样品等方式表明的质量状况的。销售者履行责任后，属于生产者的责任或者供货者的责任的，销售者有权向生产者、供货者追偿。但是，生产者之间、销售者之间、生产者与销售者之间签订的买卖合同、承揽合同有不同约定的，合同当事人按照合同约定执行。

(2) 产品缺陷责任。产品缺陷责任即产品责任，是因产品存在缺陷而给消费者或者他人造成人身、财产损害所产生的法律责任。生产者是产品责任的主要承担者，但是，因销售者的过错使产品存在缺陷，造成人身、财产损害的，或者销售者不能指明缺陷产品的生产者也不能指明缺陷产品的供货者，则销售者应当承担赔偿责任。损害赔偿的项目包括下列方面：1）人身伤害。因产品存在缺陷造成受害人人身伤害的，侵害人应当赔偿医疗费、治疗期间的护理费、因误工减少的收入等费用；造成残疾的，还应当支付残疾者生活自助费等费用；造成受害人死亡的，并应支付丧葬费、死亡赔偿金以及死者生前抚养的人所必需的生活费等费用。2）财产损失。因产品存在缺陷造成受害人财产损失的，侵害人应当恢复原状或者折价赔偿，受害人因此遭受其他重大损失的，侵害人应当赔偿损失。

产品的销售者承担着物的瑕疵担保责任，出卖人就其所交付的标的物应保证其符合法定或者约定的品质。确定物的瑕疵标准，合同有约定的，依照合同约定；无约定或者约定不明的，应按国家标准或行业标准；没有国家标准或行业标准的，依照通常标准或符合合同目的的特定标准。出卖人负担瑕疵责任的方式，可以无偿更换、修理等方式补正履行，或减少价金。在标的物瑕疵使合同目的不能实现时，买受人可以解除合同。

产品瑕疵担保责任和产品缺陷责任有着明显区别，产品瑕疵担保责任是一种合同责任，而产品缺陷责任属于侵权责任。两者区别主要是：第一，产生责任的前提条件不同。产品瑕疵担保责任表现为不具备商品应当具备的使用性能而事先未作说明的；不符合在商品或者其包装上注明采用的商品标准；不符合以产品说明、实物样品等方式表明的质量状况的。而产品缺陷责任的产生是基于产品存在缺陷造成人身、财产损害。第二，主张权利的主体不同。有权主张产品瑕疵担保责任的权利主体只能是购买产品的主体，而有权主张产品缺陷责任的权利主体是因产品缺陷遭受人身或财产损害的受害人，包括产品的购买者、使用者和第三人。第三，责任主体不同。对于前者，消费者可以向销售者主张权利，销售者承担保修、包换、包退和赔偿损失的责任后，可以根据不同情况向其他责任主体追偿。而对于产品缺陷责任，生产者和销售者对受害人承担连带责任，即消费者可以选择要求销售者或生产者承担责任。第四，诉讼时效不同。产品瑕疵担保责任适用《民法通则》第一百三十六条的规定，诉讼时效期限为 1 年。而产品缺陷责任诉讼时效期限为 2 年，自当事人知道或者应当知道其权益受到损害时起计算，并且还适用最长诉讼期限 10 年的规定。

2. 产品质量的行政责任

产品质量行政责任是生产者或销售者有一般违法行为所应当承担的行政责任，主要是行政处罚。有以下情形之一的，需采取行政处罚措施包括：（1）对生产、销售不符合保障人体健康和人身、财产安全的国家标准、行业标准的产品的。（2）在产品中掺杂、掺假，以假充真，以次充好，或者以不合格产品冒充合格产品的。（3）生产或销售国家明令淘汰的产品。（4）销售失效、变质产品的。行政处罚方式有责令停止生产、销售，没收违法所得并罚款。对伪造产品产地、伪造或者冒用他人厂名、厂址的、伪造或冒用认证标志、产品标识不符合规定等行为，还要加以责令公开改正等措施。另外，对严重违反《产品质量法》的生产者和销售者，还可以吊销营业执照（这是较为严厉的处罚方式）。值得注意的是，现行《产品质量法》对处罚的标准作了较大的改进，将处以违法所得的若干倍数的罚款改为并处以违法生产、销售产品（包括已售出和未售出的产品）货值金额等值的若干倍数的罚款，加重了对违法行为的查处，这有利于行政机构执法的明确性。

3. 产品质量的刑事责任

《产品质量法》对生产者、销售者违反该法，并触犯刑律的严重行为还规定了应当承担的刑事责任，分别是：生产、销售不符合保障人体健康和人身、财产安全的国家标准、行业标准的产品，在产品中掺杂、掺假，以假充真，以次充好，或者以不合格产品冒充合格产品，性质严重构成犯罪的行为；销售失效、变质的产品的销售者构成犯罪的行为；以暴力方法阻碍国家工作人员依法执行公务的行为；以行贿受贿或者其他非法手段推销、采购假冒、伪劣、不合格等产品构成犯罪的行为。

## 第二节　消费者权益保护法

### 一、消费者权益保护法概述

#### （一）消费者和消费者权益

（1）消费者。消费者是指为生活消费需要购买、使用商品或者接受服务的自然人。因此，消费者是从事生活消费的主体。消费者具有以下法律特征：1）消费者从事的消费活动属于生活消费；2）消费者消费的客体既包括商品也包括服务；3）消费者的消费活动表现为购买、使用商品和接受服务；4）消费者主要是个人消费者，但也不排除单位消费者。

（2）消费者权益。消费者权益是指消费者依法享有的权利及该权利受到保护时而给消费者带来的应得利益。消费者权益的核心是消费者的权利，而对于消费者权利的实现直接提供法律保障的，则是消费者权益保护法。当然，没有消费者及消费者权益，消费者权益保护法也就失去了其赖以存在的根基。

#### （二）消费者权益保护法的概念

消费者权益保护法，有广义和狭义之分。广义的消费者权益保护法，是调整在保护消费者权益的过程中发生的经济关系的法律规范的总称。消费者权益保护法有其独特的调整对象，即在保护消费者权益过程中所发生的经济关系，具体包括：（1）国家与经营者之间的关系。国家与经营者之间的关系，实质内容就是为了保护消费者而在国家与经营者之间产生的监督管理与被监督管理的关系。（2）国家与消费者之间的关系。国家与消费者之间的关系，在消费者权益保护法中表现为保护与被保护、指导与被指导的关系。（3）消费者与生产经营者之间的关系。消费者与生产经营者之间的关系，是一种在自愿、平等、公平、诚实信用基础之上的等价有偿的商品交换关系。狭义的消费者权益保护法，是指1993年第八届全国人民代表大会常委会第四次会议通过的《中华人民共和国消费者权益保护法》（以下简称《消费者权益保护法》），该法自1994年1月1日起施行。2013年进行了该法的第一次修订，自2014年3月15日起施行。现行《消费者权益保护法》对明星代言虚假广告等问题作出相应规定，在关系消费者生命健康商品或服务上，广告经营者、发布者设计、制作虚假广告，社会团体或其他组织、个人做虚假广告或其他虚假宣传，造成消费者损害的，都要与该商品和服务的经营者承担连带责任。此外，在惩罚性赔偿方面作出了很大调整。一般性欺诈行为的赔偿数额由过去增加一倍的商品或服务价款，提升为三倍，同时规定经营者明知商品或服务存在缺陷，仍向消费者提供，造成消费者或其他受害人死亡或健康严重损害的，受害人有权要求所受损失两倍以下的惩罚性赔偿。

**(三)《消费者权益保护法》的立法宗旨和适用范围**

(1)《消费者权益保护法》的立法宗旨。我国《消费者权益保护法》的立法宗旨是：通过制定保护消费者权益的专门法律，保护消费者的合法权益，维护社会经济秩序，促进社会主义市场经济的健康发展。

(2)《消费者权益保护法》的适用范围。《消费者权益保护法》的适用范围是：消费者为生活消费需要而购买、使用商品或接受服务，其权益受《消费者权益保护法》的保护；经营者为消费者提供其生产、销售的商品或提供的服务，其行为受《消费者权益保护法》的规范。另外，鉴于我国的具体情况，农民购买、使用直接用于农业生产的各种生产资料的生产性消费活动，亦受《消费者权益保护法》的保护。

**(四)《消费者权益保护法》的特征**

(1) 群益性。每个公民都是消费者，其正当权益都应当平等地受到法律的保护，在我国境内消费的外国人和无国籍人也要得到同样保护。

(2) 综合性。消费者权益涉及多个领域，受到多种法律部门及其分支的保护，《消费者权益保护法》必然要综合反映相关法律规范的要求，如产品质量、计量、广告、价格管理、进出口商品商检、食品卫生、药品管理、标准、商标法等。消费者权益保护的基本法与这些部门、分支法律法规共同调整消费者权益保护关系。

(3) 倾向性。消费者是《消费者权益保护法》的保护对象，总体上讲，消费者与经营者的法律地位平等，当事人的权利义务一致。但实际上，消费者无法与经营者相提并论，也无法凭自身的力量与经营者（尤其是大公司、大企业）相抗衡。比起经营者，消费者处于明显的客观不利地位，是弱者。正因为如此，《消费者权益保护法》中对消费者侧重伸张其权利，而对经营者则侧重强调其义务。

**(五)《消费者权益保护法》的原则**

根据我国《消费者权益保护法》的规定，其原则有：

(1) 自愿、平等、公平、诚实信用的原则。

(2) 对消费者给予特别保护的原则。

(3) 国家援助消费者的原则。这是国家对市场运行进行干预的体现，也是消费者权利实现的切实保障。国家采取措施保障消费者依法行使权利，其目的在于维护消费者的合法权益。因此，国家要根据经济、文化发展的水平，不断完善消费者的权利并促使其实现；帮助、指导和教育消费者提高自我保护意识；加强对经营者的监督管理，督促一切从事商品生产、销售或提供服务的单位和个人依法文明经营，自觉保护消费者利益；在消费者受侵害时，提供必要法律帮助，包括疏通渠道、简化手续、方便消费者投诉等，在消费纠纷处理中依法保障消费者的利益。同时，国家制定有关消费者权益的法律、法规和政策时，应听取消费者的意见和要求。

(4) 补偿性与惩罚性相结合的原则。

(5) 行政监督与社会监督相结合的原则。

## 二、消费者的权利和经营者的义务

### （一）消费者的权利

消费者权利作为一种基本人权，是生存权的重要组成部分。由于消费者权利是人类在生活消费中应享有的权利，因此，法律必须予以保障。

一般认为，世界上最早明确提出消费者权利的是美国总统约翰·肯尼迪。他针对当时美国消费者问题日益严重的情况，于 1962 年 3 月 15 日向国会提出了关于保护消费者利益的特别国情咨文，即《保护消费者利益的总统特别命令》，指出消费者应享有四项权利：一是获得商品的安全保障的权利；二是获得正确的商品信息资料的权利；三是对商品有自由选择的权利；四是有提出消费者意见的权利。

肯尼迪的四权论提出以后，渐渐为各国所广泛认同并在实践中被加以发展，并相继增加了获得合理赔偿的权利、获得有益于健康的环境的权利和受教育的权利，以作为上述四权论的补充。

我国《消费者权益保护法》第二章专门规定了消费者的权利，依据该法的规定，消费者的权利主要包括以下内容：

（1）安全权。安全权，即指消费者在购买、使用商品或接受服务时，享有人身和财产安全不受损害的权利，包括人身安全和财产安全。由于消费者取得商品和服务是用于生活消费，因此，商品和服务必须绝对安全可靠，必须绝对保证商品和服务的质量不会损害消费者的生命与健康。

（2）知情权。知情权又称了解权、知悉真情权，指消费者享有知悉其购买、使用的商品或者接受的服务的真实情况的权利。依据《消费者权益保护法》第八条的规定，消费者有权根据商品或者服务的不同情况，要求经营者提供商品的价格、产地、生产者、用途、性能、规格、等级、主要成分、生产日期、有效期限、检验合格证明、使用方法说明、售后服务，或者服务的内容、规格、费用等有关情况。只有这样，才能保障消费者与经营者签约时做到知己知彼，并表达其真实的意思。

（3）自主选择权。自主选择权是指消费者享有的自主选择商品或者服务的权利，该权利包括以下几方面：1）自主选择提供商品或者服务的经营者的权利；2）自主选择商品品种或者服务方式的权利；3）自主决定购买或者不购买任何一种商品、接受或者不接受任何一项服务的权利；4）在自主选择商品或服务时所享有的进行比较、鉴别和挑选的权利。

（4）公平交易权。消费者享有公平交易权，该权利是指消费者在购买商品或者接受服务时所享有的获得质量保障和价格合理、计量正确等公平交易条件的权利。为了保障消费者的公平交易权的实现，必须依反垄断法和反不正当竞争法等对劣质销售、价格不公、计量失度等不公平交易行为加以禁止。此外，消费者还有权拒绝经营者的强制交易行为，这与《消费者权益保护法》的基本原则的要求也是一致的。

（5）依法求偿权。依法求偿权是指消费者在因购买、使用商品或者接受服务受到人身、财产损害时，依法享有的要求并获得赔偿的权利。依法求偿权是弥补消费者所受损害的必不可少的救济性权利。

（6）依法结社权。依法结社权是指消费者享有的依法成立维护自身合法权益的社会团体的权利。政府对合法的消费者团体不应加以限制，并且在制定有关消费者方面的政策和法律时，还应向消费者团体征求意见，以求更好地保护消费者权利。消费者的依法结社权是十分重要的，它使得消费者能够从分散、弱小走向集中、强大，并通过集体的力量来改变自己的弱者地位，以与实力雄厚的经营者相抗衡。因此，对消费者的依法结社权必须予以保障。

（7）求教获知权。求教获知权或称受教育权、获取知识权，它是从知情权中引申出来的一种消费者权利，是消费者所享有的获得有关消费和消费者权益保护方面的知识的权利。保障这一权利的目的是使消费者更好地掌握所需商品或者服务的知识和使用技能，以使其正确使用商品、提高自我保护意识。应当说，接受教育，获取相关知识，提高自我保护能力，既是消费者的权利也是消费者的义务。

（8）维护尊严权。维护尊严权是指消费者在购买、使用商品和接受服务时所享有的其人格尊严、民族风俗习惯得到尊重的权利。尊重消费者的人格尊严和民族习俗，是社会文明进步的表现，也是尊重和保障人权的重要内容。

（9）监督批评权。依据我国《消费者权益保护法》的规定，消费者享有对商品和服务以及保护消费者权益工作进行监督的权利。此外，消费者有权检举、控告侵害消费者权益的行为和国家机关及其工作人员在保护消费者权益工作中的违法失职行为，有权对保护消费者权益工作提出批评、建议。

（10）个人信息安全权。个人信息安全权是指消费者在购买商品、使用服务过程中，享有个人信息依法得到保护的权利。

**（二）经营者的义务**

对应于消费者的权利，是经营者的义务。经营者的义务是指经营者在与消费者的商品交换关系中应承担的义务。由于经营者是为消费者提供其生产、销售的商品或者提供服务的市场主体，只有经营者依法切实履行其义务，消费者的权利才能得以实现，亦即消费者权利的实现有赖于经营者义务的履行。根据我国《消费者权益保护法》第三章的规定，在保护消费者权益方面，经营者负有下列义务：

（1）依法定或者约定履行义务。指经营者应当按照法律的规定或者合同的约定履行义务。这一义务包括以下四个方面：1）经营者向消费者提供商品或者服务，应当按照《中华人民共和国产品质量法》和其他有关法律、法规的规定履行义务。2）经营者与消费者有约定的，应当按照约定履行义务，但双方的约定不得违背法律、法规的规定。3）经营者提供的商品或者服务不符合质量要求的，消费者可以依照国家规定、当事人约定退货，或者要求经营者履行更换、修理等义务。没有国家规定和当事人约定的，消费者可以自收到商品之日起 7 日内退货；7 日后符合法定解除合同条件的，消费者可以及时退货，不符合法定解除合同条件的，可以要求经营者履行更换、修理等义务。4）经营者向消费者提供商品或者服务，应当恪守社会公德，诚信经营，保障消费者的合法权益；不得设定不公平、不合理的交易条件，不得强制交易。

（2）听取意见和接受监督。听取意见和接受监督这一义务对应于消费者的监督权。对此，《消费者权益保护法》第十七条规定：经营者应当听取消费者对其提供的商品或者服务的意见，接受消费者的监督。

（3）保证商品和服务安全。经营者保证商品和服务安全这一义务，对应于消费者的安全权。为此法律要求经营者：1）经营者应当保证其提供的商品或者服务符合保障人身、财产安全的要求。对可能危及人身、财产安全的商品和服务，应当向消费者作出真实的说明和明确的警示，并说明和标明正确使用商品或者接受服务的方法以及防止危害发生的方法。2）经营者发现其提供的商品或者服务存在严重缺陷，有危及人身、财产安全危险的，应当立即向有关行政部门报告和告知消费者，并采取停止销售、警示、召回、无害化处理、销毁、停止生产或者服务等措施。采取召回措施的，经营者应当承担消费者因商品被召回支出的必要费用。3）宾馆、商场、餐馆、银行、机场、车站、港口、影剧院等经营场所的经营者，应当对消费者尽到安全保障义务。

(4) 提供真实信息。经营者提供真实信息的义务，对应于消费者的知情权。有关经营者应该提供真实信息的义务，具体包括以下方面的规定：1）经营者向消费者提供有关商品或者服务的质量、性能、用途、有效期限等信息，应当真实、全面，不得作虚假或者引人误解的宣传。2）经营者对消费者就其提供的商品或者服务的质量和使用方法等问题提出的询问，应当作出真实、明确的答复。3）经营者提供商品或者服务应当明码标价。4）经营者应当标明真实名称和标记。5）租赁他人柜台或者场地的经营者，应当标明其真实名称和标记。6）采用网络、电视、电话、邮购等方式提供商品或者服务的经营者，以及提供证券、保险、银行等金融服务的经营者，应当向消费者提供经营地址、联系方式、商品或者服务的数量和质量、价款或者费用、履行期限和方式、安全注意事项和风险警示、售后服务、民事责任等信息。

(5) 出具凭证和单据。出具凭证和单据，是指经营者在提供商品或者服务时，应当出具相应的购货凭证或服务单据。此项义务对应于消费者的求偿权。对此，《消费者权益保护法》第二十二条规定：经营者提供商品或者服务，应当按照国家有关规定或者商业惯例向消费者出具发票等购货凭证或者服务单据；消费者索要发票等购货凭证或者服务单据的，经营者必须出具。

(6) 保证质量。经营者应当保证其提供的商品和服务的质量符合要求，此项义务对应于消费者的公平交易权。对此，《消费者权益保护法》第二十三条规定：1）经营者应当保证在正常使用商品或者接受服务的情况下其提供的商品或者服务应当具有的质量、性能、用途和有效期限；但消费者在购买该商品或者接受该服务前已经知道其存在瑕疵，且存在该瑕疵不违反法律强制性规定的除外。2）经营者以广告、产品说明、实物样品或者其他方式表明商品或者服务的质量状况的，应当保证其提供的商品或者服务的实际质量与表明的质量状况相符。3）经营者提供的机动车、计算机、电视机、电冰箱、空调器、洗衣机等耐用商品或者装饰装修等服务，消费者自接受商品或者服务之日起6个月内发现瑕疵，发生争议的，由经营者承担有关瑕疵的举证责任。

(7) 不得从事不公平、不合理的交易。经营者不得从事不公平、不合理的交易这一义务，是保证消费者公平交易权实现的又一方面。经营者不得从事不公平、不合理的交易的具体内容为：1）经营者在经营活动中使用格式条款的，应当以显著方式提请消费者注意商品或者服务的数量和质量、价款或者费用、履行期限和方式、安全注意事项和风险警示、售后服务、民事责任等与消费者有重大利害关系的内容，并按照消费者的要求予以说明；2）经营者不得以格式条款、通知、声明、店堂告示等方式，作出排除或者限制消费者权利、减轻或者免除经营者责任、加重消费者责任等对消费者不公平、不合理的规定，不得利用格式条款并借助技术手段强制交易；3）格式条款、通知、声明、店堂告示等含有前款所列内容的，其内容无效。

（8）不得侵犯消费者的人身权。为保证消费者受尊重权的实现，经营者负有不得侵犯消费者的人身权的义务。具体规定为：经营者不得对消费者进行侮辱、诽谤，不得搜查消费者的身体及其携带的物品，不得侵犯消费者的人身自由。

（9）消费者个人信息保密义务。《消费者权益保护法》第二十九条规定：1）经营者收集、使用消费者个人信息，应当遵循合法、正当、必要的原则，明示收集、使用信息的目的、方式和范围，并经消费者同意。经营者收集、使用消费者个人信息，应当公开其收集、使用规则，不得违反法律、法规的规定和双方的约定收集、使用信息。2）经营者及其工作人员对收集的消费者个人信息必须严格保密，不得泄露、出售或者非法向他人提供。经营者应当采取技术措施和其他必要措施，确保信息安全，防止消费者个人信息泄露、丢失。在发生或者可能发生信息泄露、丢失的情况时，应当立即采取补救措施。3）经营者未经消费者同意或者请求，或者消费者明确表示拒绝的，不得向其发送商业性信息。

（10）退货义务。《消费者权益保护法》第二十五条规定：1）经营者采用网络、电视、电话、邮购等方式销售商品，消费者有权自收到商品之日起 7 日内退货，且无须说明理由，但下列商品除外：a. 消费者定做的；b. 鲜活易腐的；c. 在线下载或者消费者拆封的音像制品、计算机软件等数字化商品；d. 交付的报纸、期刊。除上述所列商品外，其他根据商品性质并经消费者在购买时确认不宜退货的商品，不适用无理由退货。2）消费者退货的商品应当完好。经营者应当自收到退回商品之日起 7 日内返还消费者支付的商品价款。退回商品的运费由消费者承担；经营者和消费者另有约定的，按照约定。

## 三、国家对消费者合法权益的保护

国家对消费者合法权益的保护是《消费者权益保护法》中的一项基本原则。在消费者权益保护方面，不仅经营者负有直接义务，而且国家也负有相应义务。在消费者政策和消费者立法方面，国家应当保护消费者的合法权益不受侵害，并应采取具体措施，保障消费者依法行使权利，维护其合法利益。根据我国《消费者权益保护法》第四章的规定，国家对消费者合法权益的保护主要体现在以下几个方面：

### （一）在立法方面的保护

国家制定有关消费者权益的法律、法规、规章和强制性标准，应当听取消费者和消费者协会等组织的意见。

### （二）在行政方面的保护

政府的行政管理工作与消费者权益的保护水平直接相关，各级人民政府应当加强领导，组织、协调督促有关行政部门做好保护消费者合法权益的工作。各级人民政府应当加强监督，预防危害消费者人身、财产安全行为的发生，及时制止危害消费者人身、财产安全的行为。各有关行政部门在消费者权益保护方面应依法履行其义务，有关行政部门在各自的职责范围内，应当定期或者不定期对经营者提供的商品和服务进行抽查检验，并及时向社会公布抽查检验结果。有关行政部门发现并认定经营者提供的商品或者服务存在缺陷，有危及人身、财产安全危险的，应当立即责令经营者采取停止销售、警示、召回、无害化处理、销毁、停止生产或者服务等措施。

1. 工商行政管理机关及其职责

各级人民政府工商行政管理部门是对消费者权益提供保护的主要部门。工商行政管理部门保护消费者权益体现在履行其各项基本职能方面：（1）通过企业登记管理维护消费者的合法权益。（2）通过市场监督管理维护消费者的合法权益。（3）通过商标管理维护消费者的合法权益。（4）通过广告管理维护消费者的合法权益。（5）通过个体私营经济管理维护消费者的合法权益。（6）通过经济监督维护消费者的合法权益。

2. 技术监督行政机关及其职责

技术监督行政机关是仅次于工商行政管理机关的保护消费者权益的机构，在保护消费者合法权益方面负有重要职责，主要表现为：（1）制定有关保护消费者人身、财产安全的标准，为维护消费者的人身、财产安全提供良好的条件；（2）对各种违反技术监督法律、法规的行为进行监督检查，并对确认违法的行为进行行政处罚，从而维护消费者的合法权益。

3. 卫生监督管理机关的职责

（1）对食品进行监督管理，保证食品卫生；（2）对药品进行监督管理，保证药品的疗效、安全；（3）对化妆品进行监督管理，保证化妆品的卫生、安全。

4. 进出口商品检验机关的职责

进出口商品检验机关保护消费者权益的职责，主要表现为根据国家授权，依法对进出口商品实施检验，防止伪劣商品流入市场，保证进出口商品的质量，从而维护消费者的合法权益。

5. 行业主管部门的职责

行业主管部门保护消费者权益的职责，主要体现在其负有对经营者加强管理，防止发生损害消费者合法权益的行为，对出现的问题积极进行查处，以及加强有关消费者权益的服务等职能上。

**（三）在惩处违法犯罪行为方面的保护**

对违法犯罪行为有惩处权力的有关国家机关，应当依据法律、法规的规定，惩处经营者在提供商品和服务中侵害消费者合法权益的违法犯罪行为，以切实保护消费者的合法权益。

为了及时、有效地惩处侵害消费者合法权益的违法犯罪行为，人民法院应当采取措施，方便消费者提起诉讼。对于符合我国《民事诉讼法》起诉条件的消费者权益争议，人民法院必须受理，并应及时审理，以使消费者权益争议尽快得到解决。

## 四、社会对消费者权益的保护

保护消费者的合法权益是全社会的共同责任，国家鼓励、支持一切组织和个人对损害消费者合法权益的行为进行社会监督。在保护消费者合法权益方面，各种消费者组织起着至关重要的作用。目前，消费者组织主要是消费者协会及其他消费者组织。

根据《消费者权益保护法》第三十七条的规定，消费者协会履行下列公益性职责：（1）向消费者提供消费信息和咨询服务，提高消费者维护自身合法权益的能力，引导文明、健康、节约资源和保护环境的消费方式；（2）参与制定有关消费者权益的法律、法规、规章和强制性标准；(3) 参与有关行政部门对商品和服务的监督、检查；(4) 就有关消费者合法权益的问题，向有关部门反映、查询，提出建议；(5) 受理消费者的投诉，并对投诉事项进行调查、调解；(6) 投诉事项涉及商品和服务质量问题的，可以委托具备资格的鉴定人鉴定，鉴定人应当告知鉴定意见；(7) 就损害消费者合法权益的行为，支持受损害的消费者提起诉讼或者依照《消费者权益保护法》提起诉讼；(8) 对损害消费者合法权益的行为，通过大众传播媒介予以揭露、批评。

## 五、消费者权益争议及其解决

### (一) 消费者权益争议的概念及种类

消费者权益争议，可简称为消费争议，是指在消费领域中消费者与经营者之间因其权利义务关系而产生的争议。

从争议的内容看，消费争议主要有以下几类：(1) 经营者不履行法定或约定义务而损害消费者权益而产生的争议；(2) 经营者和消费者对经营者提供的商品或服务存在不同看法而产生的争议；(3) 其他争议。

### (二) 解决消费争议的途径

消费争议在本质上属于民事争议，因此，《消费者权益保护法》明确规定了解决消费争议的以下几种途径：(1) 与经营者协商和解；(2) 请求消费者协会或者依法成立的其他调解组织调解；(3) 向有关行政部门投诉；(4) 根据与经营者达成的仲裁协议提请仲裁机构仲裁；(5) 向人民法院提起诉讼。

### (三) 损害赔偿责任

消费者合法权益受到损害时，有权要求经营者承担赔偿责任。具体包括以下内容：

(1) 消费者在购买、使用商品时，其合法权益受到损害时，可以向销售者要求赔偿。销售者赔偿后，属于生产者的责任或者属于向销售者提供商品的其他销售者的责任的，销售者有权向生产者或者其他销售者追偿。

(2) 消费者或者其他受害人因商品缺陷造成人身、财产损害时，可以向销售者要求赔偿，也可以向生产者要求赔偿。属于生产者责任的，销售者赔偿后，有权向生产者追偿。属于销售者责任的，生产者赔偿后，有权向销售者追偿。

(3) 消费者在接受服务时，若其合法权益受到损害，消费者可以向服务者要求赔偿。

(4) 消费者在购买、使用商品或者接受服务时，其合法权益受到损害，因原企业分立、合并的，消费者可以向变更后承受其权利义务的企业要求赔偿。

(5) 使用他人营业执照的违法经营者，若其提供的商品或服务损害了消费者的合法权益，则消费者可以直接向其要求赔偿，也可以向营业执照的持有人要求赔偿。

(6) 消费者在展销会、租赁柜台购买商品或者接受服务时，其合法权益受到损害的，可以向销售者或服务者要求赔偿。展销会结束或者租赁柜台期满后，也可向展销会的举办者、柜台的出租者要求赔偿。展销会的举办者、柜台的出租者赔偿后，有权向销售者或者服务者追偿。

(7) 消费者因经营者利用虚假广告或者其他虚假宣传方式提供商品或者服务，其合法权益受到损害的，可以向经营者要求赔偿。广告经营者、发布者发布虚假广告的，消费者可以请求行政主管部门予以惩处。广告经营者、发布者不能提供经营者的真实名称、地址和有效联系方式的，应当承担赔偿责任。广告经营者、发布者设计、制作、发布关系消费者生命健康商品或者服务的虚假广告，造成消费者损害的，应当与提供该商品或者服务的经营者承担连带责任。社会团体或者其他组织、个人在关系消费者生命健康商品或者服务的虚假广告或者其他虚假宣传中向消费者推荐商品或者服务，造成消费者损害的，应当与提供该商品或者服务的经营者承担连带责任。

(8) 消费者通过网络交易平台购买商品或者接受服务，其合法权益受到损害的，可以向销售者或者服务者要求赔偿。网络交易平台提供者不能提供销售者或者服务者的真实名称、地址和有效联系方式的，消费者也可以向网络交易平台提供者要求赔偿；网络交易平台提供者作出更有利于消费者的承诺的，应当履行承诺。网络交易平台提供者赔偿后，有权向销售者或者服务者追偿。网络交易平台提供者明知或者应知销售者或者服务者利用其平台侵害消费者合法权益，未采取必要措施的，依法与该销售者或者服务者承担连带责任。

消费者向有关行政部门投诉的，该部门应当自收到投诉之日起 7 个工作日内，予以处理并告知消费者。

对侵害众多消费者合法权益的行为，中国消费者协会以及在省、自治区、直辖市设立的消费者协会，可以向人民法院提起诉讼。

## 六、侵犯消费者权益的法律责任

### (一) 经营者侵犯消费者权益的民事责任

《消费者权益保护法》根据不同情况具体规定了经营者侵犯消费者权益的民事责任。

1. 其他法律、法规规定承担的民事责任

按照《中华人民共和国产品质量法》等规定承担民事责任经营者提供商品或者服务有下列情形之一的，除《消费者权益保护法》另有规定外，应当按照《中华人民共和国产品质量法》和其他有关法律法规的规定，承担民事责任：(1) 商品或者服务存在缺陷的。(2) 不具备商品应当具备的使用性能而出售时未作说明的。(3) 不符合在商品或者其包装上注明采用的商品标准的。(4) 不符合商品说明、实物样品等方式表明的质量状况的。(5) 生产国家明令淘汰的商品或者销售失效、变质的商品的。(6) 销售的商品数量不足的。(7) 服务的内容和费用违反约定的。(8) 对消费者提供的修理、重作、更换、退货、补足商品数量、退还货款和服务费用或者赔偿损失的要求，故意拖延或者无理拒绝的。(9) 法律、法规规定的其他损害消费者权益的情形。此外，经营者对消费者未尽到安全保障义务，造成消费者损害的，应当承担侵权责任。

2. 致人伤害的民事责任

经营者提供商品或者服务，造成消费者或者其他人人身伤害的，应当支付医疗费用；造成残疾的，还应当支付残疾者生活自助用具费、生活补助费、残疾赔偿金以及其扶养的人所必需的生活费等费用。

3. 致人死亡的民事责任

经营者提供商品或者服务，造成消费者或者其他受害人死亡的，应当支付丧葬费、死亡赔偿金以及死者生前抚养的人所必需的生活费等费用。

4. 侵犯消费者人身权的民事责任

经营者侵害消费者的人格尊严、侵犯消费者人身自由或者侵害消费者个人信息依法得到保护的权利的，应当停止侵害、恢复名誉、消除影响、赔礼道歉，并赔偿损失。经营者有侮辱诽谤、搜查身体、侵犯人身自由等侵害消费者或者其他受害人人身权益的行为，造成严重精神损害的，受害人可以要求精神损害赔偿。

5. 造成财产损害的民事责任

经营者提供商品或者服务，造成消费者财产损害的，应当依照法律规定或者当事人约定承担修理、重作、更换、退货、补足商品数量、退还货款和服务费用或者赔偿损失等民事责任。

6. 违反约定的民事责任

经营者违反约定主要有下列三种情形：（1）对国家规定或者经营者与消费者约定包修、包换、包退的商品，经营者应当负责修理、更换或者退货。在保修期内两次修理仍不能正常使用的，经营者应当负责更换或者退货。对包修、包换、包退的大件商品，消费者要求经营者修理、更换、退货的，经营者应当承担运输等合理费用。（2）在邮购商品中经营者未按照约定提供商品的，应当按照消费者的要求履行约定或者退回货款；并应当承担消费者必须支付的合理费用。（3）经营者预收货款但未按照约定提供商品或者服务的，应当按照消费者的要求履行约定或者退回预付款；并应当承担预付款的利息、消费者必须支付的合理费用。

7. 欺诈行为的民事责任

经营者提供商品或者服务有欺诈行为的，应当按照消费者的要求增加赔偿其受到的损失，增加赔偿的金额为消费者购买商品的价款或者接受服务的费用的三倍。增加赔偿的金额不足五百元的，为五百元。法律另有规定的，依照其规定。经营者明知商品或者服务存在缺陷，仍然向消费者提供，造成消费者或者其他受害人死亡或者健康严重损害的，受害人有权要求经营者依照《消费者权益保护法》第四十九条、第五十一条等法律规定赔偿损失，并有权要求所受损失二倍以下的惩罚性赔偿。

**（二）经营者侵犯消费者权益的行政责任**

经营者有下列情形之一，除承担相应的民事责任外，其他有关法律、法规对处罚机关和处罚方式有规定的，依照法律、法规的规定执行；法律、法规未作规定的，由工商行政管理部门或者其他有关行政部门责令改正，可以根据情节单处或者并处警告、没收违法所得、处以违法所得一倍以上十倍以下的罚款，没有违法所得的，处以五十万元以下的罚款；情节严重的，责令停业整顿、吊销营业执照：（1）提供的商品或者服务不符合保障人身、财产安全要求的；（2）在商品中掺杂、掺假，以假充真，以次充好，或者以不合格商品冒充合格商品的；（3）生产国家明令淘汰的商品或者销售失效、变质的商品的；（4）伪造商品的产地，伪造或者冒用他人的厂名、厂址，篡改生产日期，伪造或者冒用认证标志等质量标志的；（5）销售的商品应当检验、检疫而未检验、检疫或者伪造检验、检疫结果的；（6）对商品或者服务作虚假或者引人误解的宣传的；（7）拒绝或者拖延有关行政部门责令对缺陷商品或者服务采取停止销售、警示、召回、无害化处理、销毁、停止生产或者服务等措施的；(8) 对消费者提出的修理、重作、更换、退货、补足商品数量、退还货款和服务费用或者赔偿损失的要求，故意拖延或者无理拒绝的；(9) 侵害消费者人格尊严、侵犯消费者人身自由或者侵害消费者个人信息依法得到保护的权利的；(10) 法律、法规规定的对损害消费者权益应当予以处罚的其他情形。

经营者有上述规定情形的，除依照法律、法规规定予以处罚外，处罚机关应当记入信用档案，向社会公布。

**(三) 经营者侵犯消费者权益的刑事责任**

经营者违反《消费者权益保护法》规定提供商品或者服务，侵害消费者合法权益，构成犯罪的，依法追究刑事责任。依据我国《消费者权益保护法》的有关规定，追究刑事责任的情况主要包括以下几种：(1) 经营者提供商品或者服务，造成消费者或者其他受害人人身伤害，构成犯罪的，依法追究刑事责任。经营者提供商品或者服务，造成消费者或者其他受害人死亡的，依法追究刑事责任。(2) 以暴力、威胁等方法阻碍有关行政部门工作人员依法执行职务，依法追究刑事责任；拒绝、阻碍有关行政部门工作人员依法执行职务，未使用暴力、威胁方法的，由公安机关依照《中华人民共和国治安管理处罚法》的规定处罚。(3) 国家机关工作人员有玩忽职守或者包庇经营者侵害消费者合法权益的行为的，由其所在单位或者上级机关予以行政处分；情节严重，构成犯罪的，依法追究刑事责任。

## 本章小结

本章主要阐述了产品质量法律制度和消费者权益保护法律制度。产品质量法律制度主要阐述了产品与产品质量的概念和理论，阐明了产品质量的监管制度和我国产品质量责任制度。消费者权益保护法律制度主要阐述了狭义消费者权益保护法的概念和特征，消费者法定权利和生产者、经营者的法定义务，消费者权益保护制度，争议的解决以及法律责任等。

## 思考与练习

**一、选择题**

1. 国家对产品质量实行以（　　）为主要方式的监督检查制度。

A. 抽查　　B. 出厂检查　　C. 全面检查　　D. 重点或反复抽查

2. 依照《产品质量法》的规定，生产者的首要义务是（　　）。

A. 生产安全产品　　B. 保证产品质量

C. 不生产淘汰产品　　D. 保证标识符合规定

3. 因产品存在缺陷造成损害的受害人，从知道或应当知道其权益受到损害时起（　　）后，未行使赔偿请求权，便失去了申诉权。

A. 1 年　　B. 2 年　　C. 20 年　　D. 4 年

4. 可能危及人身健康和人身、财产安全的工业产品，在未制定国家标准、行业标准情况下，必须符合（　　）。

A. 同等情况下其他类似行业的标准　　B. 部颁标准

C. 地方标准　　　　　　　　　　D. 保障人体健康，人身、财产安全的要求

5. 对国家规定或者经营者与消费者约定包修、包换、包退的商品，经营者应当负责修理更换或退货。在保修期内（　　）修理仍不能正常使用的，经营者应当负责更换或退换。

A. 一次　　　　B. 三次　　　　C. 四次　　　　D. 两次

6. 为了保障消费者的公平交易权，经营者（　　）作出对消费者不公平、不合理的规定。

A. 不得以通知方式　　　　　　　B. 可以以格式合同方式

C. 不得以声明方式　　　　　　　D. 可以以店堂告示方式

7. （　　）等行为不违反《消费者权益保护法》。

A. 某快餐厅实行先交费后用餐的制度

B. 某消费者协会向消费者推荐优质西服，不收任何费用

C. 某商场拒绝开具发票

D. 某玉器厂在某百货商场租赁一柜台，但未标明厂名厂址

## 二、案例分析

1. 王某承包了市清真饭店，进行装修后，打出清真饭店的牌子开始营业。一天，回民李某在该饭店用餐时，发现王某并未以清真的方式和要求进行经营，违反了回民饮食禁忌，李某感到很气愤。

**问：**李某是否有权起诉？其什么权利受到了侵犯？

2. 李某今年年初买了一台彩电，其父亲不同意，要他退货。李某嫌麻烦，便将彩电卖给了邻居王某。一个星期后，电视机爆炸，正巧李某在场，李某和王某都被炸伤。王某要求李某赔偿，理由是李某卖给自己的电视机有问题；李某要求王某赔偿，因为电视机的所有权已经转移给王某。双方各持己见，争论不休。

**问：**

（1）此案的受害人应向谁索赔？

（2）受害人索赔的法律根据是什么？

## 第九章

# 经济竞争法律制度

**学习要点**

◇ 经济竞争法的特点、功能

◇ 不正当竞争行为的表现形式

◇ 违反不正当竞争法的法律责任

◇ 垄断行为的表现形式

◇《反垄断法》规定的法律责任

## 第一节 经济竞争法律制度概述

在市场经济条件下，竞争以及旨在促进和保护竞争的法律——竞争法，在社会经济生活中的作用极为重要。只有竞争才能使作为消费者的人们从经济发展中受到实惠。现代竞争法的产生以及快速发展，很好地体现了人类对竞争的推崇和对竞争法价值的认同。竞争法作为市场经济国家维护竞争自由与公平的基本法，被誉为“经济宪法”、“市场经济的大宪章”。市场经济越发达的国家，其竞争法也越发达，竞争法对市场经济发展的重要性也越突出。目前世界上已有一百多个国家确立了本国的竞争法律制度，而在经济全球化这一新的背景下，为了促进国际贸易的发展，国际竞争立法的呼声也越来越高。竞争法无论作为一种年轻的法律制度，还是作为一门新兴的法学学科，都呈现出旺盛的生命力和广阔的发展前景。

2007 年 8 月 30 日《反垄断法》的颁布，对我国社会主义市场经济的法制建设具有里程碑的意义，它标志着以《反垄断法》和《反不正当竞争法》为核心的竞争法律体系在我国已基本形成，以促进和保护市场经济基本运行机制——竞争为主旨的经济竞争法律制度在我国得以系统确立。

### 一、经济竞争法的特点

#### （一）适用对象的多样性

经济竞争是一种市场行为，是经营者之间所发生的以实现利益最大化为目的而进行的行为，竞争关系是作为平等的市场主体的经营者之间基于竞争而形成的权利义务关系，因此，竞争法的适用对象，主要是经营者。但同时，竞争法也适用于部分管理机关，因为，经营者之间的竞争行为，是一种自发的行为，需要通过“有形的手”来加以制约，以避免无序的竞争所带来的社会资源的浪费。规定竞争管理机关的权利义务，是竞争法的一项重要内容。

**（二）调整方法的复杂性**

调整方法是特殊法律部门特殊原则的集中体现。民事法律关系中，民事主体的法律地位是平等的，不允许任何一方享有凌驾于他方之上的特权。因此，民法的调整方法只能是自愿和平等。行政法是规制行政管理活动的法律规范，其调整方法是当事人的命令与服从。竞争法调整的对象包括竞争关系和竞争管理关系两个方面，而这两种关系中，前者属于平等主体之间的关系，后者属于不平等主体之间的关系，如果用简单的一种方法来调整这两种完全不同的关系，显然是不可能的。竞争法既用自愿平等的方法调整着横向的关系，又用命令和服从的方法调整着纵向和竞争管理关系，即竞争性调整是被动性适应和主动性竞争的混合。

**（三）法律内容的交叉性**

经济竞争法有其特定的调整对象，它决定了经济竞争法的内容有它自身的特点和相对的独立性。然而，经济竞争关系作为一种经济关系，其涉及面相当广泛，与其他经济关系有着十分密切的联系，这就导致了竞争法在内容上相对独立的同时，又形成了与其他法律的相互交叉与相互渗透。例如，不正当竞争行为典型表现形式之一的假冒他人注册商标行为，既为竞争法所禁止，也为商标法所禁止。又如，竞争法所禁止的虚假广告宣传，同时也是广告法的重要内容。从世界各国的竞争立法的内容上看，一般都会出现与民法、商标法、专利法、广告法、价格法、产品质量法、公司法等相关法律的交叉性。

**（四）法律责任的综合性**

建立有效的竞争机制，为竞争主体创造一个公平竞争的环境，是竞争得以发挥其积极作用的前提条件，而通过制定相应的法律，追究违法竞争行为人的法律责任，是保护合法的竞争行为，维护正常的竞争秩序的有效保证。因此，法律责任是竞争法的最重要的组成部分。违反竞争法应承担的法律责任是一种综合性的责任，包括民事责任、行政责任和刑事责任。民事责任是行为人对因其违法竞争行为造成特定的竞争对手损失时，对特定竞争对手所承担的责任。由于责任双方当事人的法律地位平等，这种责任所体现的主要是补偿性。行政责任是国家竞争管理机关对违反竞争法的行为人依法采取的制裁措施，是行为人对国家所承担的责任，责任的特点主要表现为惩罚性。刑事责任是国家审判机关对于严重违反竞争法律制度构成犯罪的行为人给予的刑事制裁措施，是行为人所应承担的一种最为严厉的法律责任。

## 二、经济竞争法的功能

**（一）鼓励与保护公平竞争**

鼓励与保护公平竞争是竞争法的宗旨和基本任务，它主要通过以下途径来实现这一作用：(1) 创制、完善公平竞争的社会条件。市场经济的发展具有不平衡性，不同国家不同地区以及不同时期的市场经济，由于社会环境、历史文化等的不同而各有特点。这些特点可能有利于市场竞争的开展，也可能不利于市场竞争的开展。因此，立法者总是试图通过竞争立法，扬长避短，不断创新，完善市场竞争条件，以此促进和保护公平竞争。(2) 确立公平竞争的原则和制度。竞争法建立包括主体地位平等、自愿竞争、公平竞争奖励等原则和制度，为具体竞争行为提供模式，以规范、引导竞争者公平竞争，在制度方面为公平竞争提供保障。(3) 保护竞争者的竞争权。一方面由竞争法明确规定竞争者的正当竞争权，界定竞争权的内容和范围，即予以授权；另一方面，具体规定当竞争者的公平竞争权受到侵犯时的救济措施与制度。

**(二) 制裁反竞争行为**

经济竞争法在正面鼓励和保护竞争的同时，还从反面对包括非法垄断、限制竞争行为、不正当竞争行为在内的各种反竞争行为予以制裁和打击，净化公平竞争的外部环境，以充分实现其促进竞争的价值与功能。竞争法明确规定各种反竞争行为的性质、特征、表现形式及法律责任，综合运用民事责任、行政责任、刑事责任三种方法对各种反竞争行为予以严厉打击。同时，还建立了反竞争行为的检查监督制度，从检查监督的体制到检查监督的主体，从检查监督的权限分工到检查监督的方法、程序都有系统的法律规定，以保障对反竞争行为的全方位控制。

**(三) 保护经营者的合法权益**

反竞争行为的客观存在，直接增加了正当经营者的竞争风险和成本。尤其是一些具体的不正当竞争行为如侵犯商业秘密、商业诽谤、假冒注册商标等，往往是不正当行为人直接针对竞争对手实施的侵权行为。因此，竞争法制裁、打击各种反竞争行为，保护经营者的合法利益。

**(四) 保护消费者的合法利益**

许多反竞争行为，在损害其他经营者合法利益的同时，还对消费者的利益造成严重危害。如通过假冒方式盗用他人商业信誉的不正当竞争行为，会引起消费者的误认、误购；通过经营者的联合固定价格的行为，会使消费者承担不合理的高价；通过搭售或附加来排挤竞争对手的不正当行为，严重侵害了消费者的自由选择权等。因此，竞争法通过对竞争的调控，为消费者提供最大可能、最优质量、最廉价格的消费实惠，以实现对消费者利益的保护。

**(五) 保护国家和社会公共利益**

反竞争行为在损害经营者、消费者个体利益的同时，还严重破坏市场竞争秩序，弱化竞争功能，抑制生产活力和生产效率，损害国家和社会的整体利益。更严重的是，当垄断和限制竞争行为的破坏达到一定程度时，会导致一国市场结构的严重失衡，甚至会动摇一国的经济基础。竞争法正是通过对竞争的有效保护，维护公平的竞争秩序，构建合理的市场结构，促进技术进步和国民经济的稳定增长，以实现对国家和社会整体利益的保护。

# 第二节 反不正当竞争法律制度

## 一、反不正当竞争法概述

《中华人民共和国反不正当竞争法》（以下简称《反不正当竞争法》），于 1993 年 9 月 2 日经第八届全国人民代表大会常务委员会第三次会议审议通过，并自 1993 年 12 月 1 日起施行。这是我国法律建设的重大成果，对于建立和维护社会主义市场经济体制，保障社会主义市场经济的健康发展，具有重要的意义。

我国经济体制改革的目标是建立社会主义市场经济体制，而竞争机制是市场经济最基本的运行机制。竞争过程中，既有正当的竞争行为也会出现不正当的竞争行为，各种不正当的竞争行为往往造成对社会公平秩序的严重破坏，影响市场经济的健康发展。《反不正当竞争法》，就是规范市场竞争行为，确立市场竞争规则的一项重要经济立法。

### （一）竞争的含义

竞争是商品经营者为实现商品价值，满足经济利益，相互之间展开的竞相争胜、优胜劣汰的活动。竞争是商品经济的产物，具有追求利益性、主体多元性、市场选择性等特征。

### （二）竞争的基本原则

《反不正当竞争法》第二条规定：经营者在市场交易中，应当遵循自愿、平等、公平、诚实信用的原则，遵守公认的商业道德。

### （三）不正当竞争

按照我国《反不正当竞争法》的规定，不正当竞争是指经营者违反《反不正当竞争法》的规定，损害其他经营者的合法权益，扰乱社会经济秩序的行为。不正当竞争具有以下特征：

（1）竞争主体在主观上不遵守法律和商业惯例，以获得违法所得为目的；

（2）竞争手段具有违法性，即竞争者通过实施法律禁止从事的行为来获取非法利益；

（3）竞争后果侵犯了竞争对手和消费者的合法利益，扰乱了社会经济秩序。

## 二、不正当竞争行为

我国在 1993 年制定《反不正当竞争法》时采取了综合立法的方式，将当时妨碍市场公平竞争的主要行为均纳入了立法，列举了十一种具体的不正当竞争行为，其中包括五类可以纳入《反垄断法》中进行调整的行为。2007 年 8 月 30 日，第十届全国人大常委会第二十九次会议通过的《中华人民共和国反垄断法》，明确规定了三类垄断行为，基本涵盖了《反不正当竞争法》规定的五类不正当竞争行为。因此，下面仅介绍其他六类不正当竞争行为。

### （一）虚假标识行为

虚假标识行为，指经营者对商品外观进行不真实的标识，以此误导消费者的下列行为：

（1）假冒他人注册商标；

（2）擅自使用知名商品特有的名称、包装、装潢，使用与其近似的名称、包装、装潢，造成和他人的知名商品相混淆的；

（3）擅自使用他人的企业名称或者姓名，引人误认的；

（4）在商品上伪造、冒用认证标志、名优标志等质量标志，伪造产地，对商品质量作引人误解的虚假表示的行为。

**（二）虚假宣传行为**

虚假宣传行为，指经营者利用广告或其他方法对商品质量、成分、性能、用途、生产者、有效期限、产地等做引人误解的虚假宣传的行为。

**（三）商业贿赂行为**

商业贿赂是指经营者采用财物或者在账外暗中给予对方单位、个人回扣等手段进行贿赂，以销售或购买商品的行为。商业贿赂的主体是从事市场交易的经营者，既可以是买方也可以是卖方；商业贿赂的对象是经营者的交易方或者对生意成交具有决定作用或重大影响的人；贿赂行为以秘密方式进行。我国当前商业贿赂的主要表现形式是"回扣"。"回扣"是指经营者在市场交易活动中暗中约定的，由交易一方当事人从收取的货款或酬金中账外暗中给予对方单位或个人的一定数额的金钱、有价证券或者财物。此外，商业贿赂还可能采取提供旅游、考察等多种手段。2006 年 2 月，中共中央办公厅、国务院办公厅印发了《关于开展治理商业贿赂专项工作的意见》，将工程建设、土地出让、产权交易、医药购销和政府采购等领域的商业贿赂行为列为治理重点。

**（四）不正当有奖销售行为**

有奖销售，是经营者销售商品或者提供服务时，附带性地向购买者提供物品、金钱或者其他经济利益的行为，包括奖励所有购买者的附赠式有奖销售和奖励部分购买者的抽奖式有奖销售。根据《反不正当竞争法》及国家工商行政管理局发布的《关于禁止有奖销售活动中的不正当竞争行为的若干规定》和《国家工商行政管理局关于抽奖式有奖销售认定及国家工商行政管理局对〈反不正当竞争法〉具体应用解释权问题的答复》的规定，凡以抽签、摇号等带有偶然性的方法决定购买者是否中奖的，均属于抽奖方式。根据该规定，抽签、摇号是典型的抽奖式有奖销售方式，但抽奖式有奖销售并不限于这些方式。

在有奖销售中，凡以偶然性的方式决定参与人是否中奖的，均属于抽奖式有奖销售，而偶然性的方式是指具有不确定性的方式，即是否中奖只是一种可能性，既可能中奖，也可能不中奖，是否中奖不能由参与人完全控制。在证券经营者实施的以投资收益率或者利润率等高低确定部分投资者是否中奖的各种奖赛、比赛等活动中，各个投资者获取的投资收益率或者利润率等以及由此决定的能否中奖，取决于多种主客观因素，均不能完全以投资者的主观愿望、努力和能力为转移，投资者能否中奖具有偶然性和不确定性，因此，此类奖赛活动属于抽奖式有奖销售。

不正当有奖销售行为包括三类，即欺骗性有奖销售、借机推销质次价高商品的有奖销售、最高奖金额超过 5 000 元的抽奖式有奖销售。其中，欺骗性有奖销售行为主要表现为：（1）谎称有奖销售或者对设奖的种类，中奖概率，最高奖金额，总金额，奖品种类、数量、质量、提供方法作虚假不实的表示。（2）采用不正当的手段故意让内定人员中奖。（3）故意将设有中奖标志的商品、奖券不投放市场或者不与商品、奖券同时投放市场；故意将带有不同奖金金额或者奖品标志的商品、奖券按不同时间投放市场等。

### （五）侵犯商业秘密行为

商业秘密是指不为公众所知悉、能为权利人带来经济利益，具有实用性并经权利人采取保密措施的技术信息和经营信息。商业秘密具有非公开性、价值性和保密性。商业秘密的价值以其保密性为保障，权利人可以通过订立保密协议、建立保密制度及采取其他合理的保密措施保护其商业秘密的价值，维护自身经济利益和竞争优势。

在经济活动中，经营者侵犯商业秘密的行为主要表现为：（1）以盗窃、利诱、胁迫或者其他不正当手段获取权利人的商业秘密；（2）披露、使用或者允许他人使用以前项手段获取的权利人的商业秘密；（3）权利人的职工或者与权利人有业务关系的单位和个人违反合同约定或者违反权利人有关保守商业秘密的要求，披露、使用或者允许他人使用其所掌握的权利人的商业秘密的行为等。

另外，第三者明知或者应知前述行为违法，仍旧获取、使用或者披露这些行为涉及的他人商业秘密的，也视为侵犯商业秘密的行为。

### （六）商业诽谤行为

商业诽谤是指经营者捏造、散布虚伪事实，损害竞争对手的商业信誉、商品声誉的行为。商业信誉和商品声誉简称为“商誉”，是经营者在其生产经营活动中形成的，反映社会对其生产、产品的经营管理、销售、服务等方面的综合评价，是企业的无形资产。

## 三、反不正当竞争法的监管机制

社会主义市场是由商品市场和各种要素市场（如技术市场、劳动力市场、资金市场和信息市场）组成的有机统一的市场体系。工商行政管理机关作为主管市场监管和行政执法的机关，在法律规定的范围内对各类市场进行监督管理。《反不正当竞争法》是维护统一开放、竞争有序的市场体系的基本法律，适用于包括证券市场在内的各类市场中的不正当竞争行为。

《反不正当竞争法》第三条第二款规定，县级以上人民政府工商行政管理部门对不正当竞争行为进行监督检查；法律、行政法规规定由其他部门监督检查的，依照其规定。据此，除法律、行政法规对某些不正当竞争行为的处罚机关另有规定的外，其他不正当竞争行为均由工商行政管理机关依法予以监督检查，经营者不得以其所在市场的特殊性而拒绝工商行政管理机关对其不正当竞争行为的监督检查。

### （一）行政监督

行政监督是指依法授权的行政主管机关对不正当竞争行为的监督。我国县级以上工商行政管理部门是专门负责市场监督管理的职能部门，法律授予其市场管理权，对不正当竞争行为进行监督检查。

工商行政管理机关在查处不正当竞争行为时，享有以下主要职权：

（1）调查询问权。监督检查部门有权按照规定程序询问被检查的经营者、利害关系人、证明人，并要求提供证明材料或者与不正当竞争行为有关的其他材料。

（2）查询、复制权。监督检查部门有权查询、复制与不正当竞争行为有关的协议、账册、单据、文件、记录、业务函电和其他资料。

（3）检查处置权。监督检查机关在检查与假冒标识的不正当竞争行为有关的财物时，有权责令被检查的经营者说明该商品的来源、数量，暂停销售，听候检查，不得转移、隐匿、销毁该财物。

（4）处罚权。监督检查机关对查证属实，定性为不正当竞争的经营者，有权根据具体情况做出罚款、没收违法所得、责令停止违法行为、消除影响等处罚决定。

**（二）社会监督**

社会监督，即非国家机关的社会组织和个人进行的监督。社会监督的主体包括经营者、消费者、新闻媒体及行业协会等社会团体，它们可以采取建议、公开批评、举报、舆论监督等方式行使监督权。国家鼓励、支持和保护一切组织和个人对不正当竞争行为进行社会监督。

**（三）经营者的法律责任**

（1）经济责任。经营者违反《反不正当竞争法》的规定，给其他经营者造成损害的，应承担赔偿损失的责任。赔偿额以被侵害人的损失额为基础；被侵害人的损失难以计算的，赔偿额为侵权人在侵权期间所获得的利润。侵权人还应承担被侵害者因调查该侵害其合法权益的不正当竞争行为所支付的合理费用。

（2）行政责任。经营者违反《反不正当竞争法》的规定进行不正当竞争的，应承担相应的行政责任。县级以上工商行政管理机关和依法享有监督检查权的部门可依法对其进行以下处罚：1）停止侵权和没收非法所得。2）根据情节，处以违法所得 1 倍以上 3 倍以下的罚款或者 1 万～20 万元的罚款。具体规定如下：假冒他人注册商标，擅自使用他人的企业名称或者姓名，伪造或者冒用认证标志、名优标志等质量标志，伪造产地、对商品质量作引人误解的虚假表示的，依照《商标法》、《产品质量法》的规定处罚；对擅自使用知名商品特有的名称、包装、装潢，使用与其近似的名称、包装、装潢，造成和他人的知名商品相混淆的，处以违法所得 1 倍以上 3 倍以下罚款；对采取贿赂手段销售商品、采取虚假广告或其他方法作引人误解的宣传的，或者实施侵犯他人商业秘密行为，实施串通投标进行不正当竞争行为的，可处以 1 万元以上 20 万元以下罚款；对进行违法有奖销售行为的，可处以 1 万元以上 10 万元以下的罚款。3）对于违法行为情节严重者，可依法吊销营业执照。

（3）刑事责任。不正当竞争行为的经营者给其他经营者、消费者的合法权益及社会公共利益造成经济损害，情节严重、并构成犯罪的，由司法机关依法追究刑事责任。

## 第三节　反垄断法律制度

《中华人民共和国反垄断法》（以下简称《反垄断法》）由第十届全国人民代表大会常务委员会第二十九次会议于 2007 年 8 月 30 日通过，自 2008 年 8 月 1 日起施行。《反垄断法》是制止垄断行为、保护市场竞争和维护市场秩序的基本法律，也是完善市场结构、保障经济安全和确保市场配置资源基础性作用的重要法律。《反垄断法》对于维护经营者和消费者合法权益，促进技术创新和技术进步，提高企业竞争力，保证国民经济的健康、持续、协调发展，具有极为重要的作用。

## 一、反垄断法概述

### （一）垄断的含义

垄断有广义和狭义之分。广义上，垄断是利用特殊方式控制他人思想和行为的各种表现，可以反映在政治、经济、文化等各个方面。这里采用狭义理解，即垄断专指经济垄断，是发生在商品生产和交换过程中的垄断，通常表现为垄断行为或者垄断状态。垄断行为是商品经营者控制其他经营者或者消费者相关行为的表现，比如通过“价格联盟”限制经营者提高或者降低商品价格，通过暴利政策谋取高额利润。垄断状态是商品经营者对某种商品或者服务拥有市场支配地位的状态，比如独家经营某种商品，或者政府特许若干家企业经营某种服务，或者经营者对某种商品的市场占有率达到相当份额的情况。不论是垄断行为还是垄断状态，客观上都会限制相关经营者自由、有效地投资、经营的权利，也会影响到消费者福利的满足或者提高。因此，垄断对自由竞争、有效竞争构成某种障碍。

### （二）垄断的特征

垄断具有下列特征：（1）垄断的本质特征是控制；（2）垄断阻碍公平、有效竞争的展开；（3）反垄断的对象是政府在特定时期禁止或者限制的一部分垄断。在经济生活中，经营者达成的某些协议，虽然具有限制竞争的后果，但整体上有利于技术进步、经济发展和公共利益的，反垄断法不应予以禁止。各国反垄断法都对可给予反垄断豁免的限制竞争协议做了规定。我国《垄断法》根据我国实际情况，也对应给予反垄断豁免、不予禁止的限制竞争协议做了列举规定。

## 二、垄断行为

《反垄断法》规定了三种限制、排除竞争效果的垄断行为：经营者达成垄断协议；经营者滥用市场支配地位；具有或者可能具有排除、限制竞争效果的经营者集中。

上述三种行为是否对竞争效果产生实际的控制力，是否影响有效的竞争机制，以及是否采取必要的法律制裁，需要国家反垄断执法机构依法进行调查并做出判断。

此外，《反垄断法》还专门规定了滥用行政权力限制、排除竞争的行为。由于该行为一般表现为政府机构滥用职权，而不是商品经营者的市场行为，反垄断执法机构原则上不能对其直接进行查处，而是由上级机关责令其改正并依法处分相关责任人员。在此意义上，立法对行政机关滥用行政权力的行为实行“软约束”。

### （一）垄断协议

垄断协议是经营者的联合行为。《反垄断法》规定，垄断协议是指排除、限制竞争的协议、决定或者其他协同行为。按照市场交易的一般原则，经营者相互间可以按照公平、自愿的原则订立合同，开展联合，扩大经营规模，提高市场竞争能力。但是，如果该联合行为具有排除、限制竞争的意图，就会成为反垄断立法制裁的对象。根据协议产生的特点，垄断协议可以分为横向垄断协议和纵向垄断协议。

1. 横向垄断协议

横向垄断协议是指具有竞争关系的经营者之间达成的协议。这些经营者通常生产、经营相同或者类似的产品、服务，为了避免竞争中的两败俱伤，可能会联合起来形成同盟。《反垄断法》禁止的横向垄断协议包括以下形式：(1) 固定或者变更商品价格。这种“价格联盟”在现实生活中比较常见，比如某地网吧统一确定上网价格、某地餐馆统一提高牛肉面价格、某地婚姻介绍所统一确定中介费用等。(2) 限制商品的生产数量或者销售数量。(3) 分割销售市场或者原材料采购市场。(4) 限制购买新技术、新设备或者限制开发新技术、新产品。(5) 联合抵制交易。(6) 国务院反垄断执法机构认定的其他垄断协议。

《反不正当竞争法》中所禁止的串通招标投标行为通常属于横向垄断协议，即投标者之间串通投标，抬高或者压低标价，或者投标者和招标者相互勾结排挤竞争对手。

2011 年 2 月 1 日起施行的，由中华人民共和国国家发展和改革委员会制定的《反价格垄断规定》规定，禁止具有竞争关系的经营者达成下列价格垄断协议：(1) 固定或者变更商品和服务（以下统称商品）的价格水平；(2) 固定或者变更价格变动幅度；(3) 固定或者变更对价格有影响的手续费、折扣或者其他费用；(4) 使用约定的价格作为与第三方交易的基础；(5) 约定采用据以计算价格的标准公式；(6) 约定未经参加协议的其他经营者同意不得变更价格；(7) 通过其他方式变相固定或者变更价格；(8) 国务院价格主管部门认定的其他价格垄断协议。

2. 纵向垄断协议

纵向垄断协议是指具有产品供应、服务关系的上下游企业之间达成的协议。这种协议可能会造成上游企业对下游企业的控制，不利于下游企业的有效竞争。《反垄断法》禁止商品经营者与交易相对人达成下列纵向垄断协议：(1) 固定向第三人转售商品的价格；(2) 限定向第三人转售商品的最低价格；(3) 国务院反垄断执法机构认定的其他垄断协议，比如搭售协议、强制下游企业购买最低数量产品的协议。

3. 适用除外的情形

经营者达成的垄断协议符合国家鼓励或者许可的产业政策的，可以适用豁免制度，反垄断执法机构不对其采取调查和处理措施，比如订立垄断协议是为了增强中小企业的竞争力，或者是为了节约能源、保护环境等。

4. 行业协会的禁止行为

行业协会作为非政府组织机构，是由同行业内的全部或者部分企业按照自愿原则组成的自律性组织。行业协会的基本功能是为本行业企业提供信息沟通平台，为本行业发展提供规划和咨询服务，协调行业内企业之间的关系。同时，行业协会也是联结企业与政府的“桥梁”，政府可以通过行业协会促进其立法政策的实施。

为防止行业协会片面强调行业利益，损害社会整体利益和消费者利益，《反垄断法》禁止行业协会组织本行业的经营者从事立法禁止的垄断协议。《反价格垄断规定》规定禁止行业协会从事下列行为：(1) 制定排除、限制价格竞争的规则、决定、通知等；(2) 组织经营者达成本规定所禁止的价格垄断协议；(3) 组织经营者达成或者实施价格垄断协议的其他行为。

### （二）滥用市场支配地位

滥用市场支配地位，是指拥有市场支配地位的经营者采用不正当的方式排除、限制竞争的行为。该行为通常只有竞争实力雄厚的经营者或者政府特许的商品经营者才有可能实施，前者如美国微软公司在销售其 Windows 操作系统时“捆绑”销售浏览器，后者如电信部门强迫消费者购买其指定的电话。

1. 市场支配地位的认定

《反垄断法》规定了认定经营者具有市场支配地位的基本因素，比如经营者的市场份额、控制销售市场的能力、经营者的技术条件等。

有下列情形之一的，可以推定经营者具有市场支配地位：（1）一个经营者在相关市场的市场份额达到 1/2 的；（2）两个经营者在相关市场的市场份额合计达到 2/3 的；（3）三个经营者在相关市场的市场份额合计达到 3/4 的。

但是，前述第（2）、（3）项规定的情形中，有的经营者市场份额不足 1/10 的，不应当推定该经营者具有市场支配地位。被推定具有市场支配地位的经营者，有证据证明不具有市场支配地位的，不应当认定其具有市场支配地位。

2. 滥用市场支配地位的表现

《反垄断法》规定了下列禁止滥用市场支配地位的行为：（1）以不公平的高价销售商品或者以不公平的低价购买商品，即不当高价（或暴利）、不当低价；（2）没有正当理由，以低于成本的价格销售商品，即不当低价销售；（3）没有正当理由，拒绝与交易相对人进行交易，即不当拒绝交易；（4）没有正当理由，限定交易相对人只能与其进行交易或者只能与其指定的经营者进行交易，即不当限制交易；（5）没有正当理由搭售商品，或者在交易时附加其他不合理的交易条件，即不当搭售或者附加不合理条件；（6）没有正当理由，对条件相同的交易相对人在交易价格等交易条件上实行差别待遇，即不当差别待遇；（7）国务院反垄断执法机构认定的其他滥用市场支配地位的行为。

从以上规定可以看出，拥有市场支配地位的经营者的相关交易行为是否构成违法，需要执法机构通过调查核实，确认相关行为是否正当之后，才能作出决定。

《反不正当竞争法》规定的滥用市场支配地位包括：（1）公用企业或者其他依法具有独占地位的经营者，限定他人购买其指定的经营者的商品，以排挤其他经营者的公平竞争。这里的“公用企业”，是指提供关系国计民生的公共产品或者服务的企业，比如供水、供电、供气、邮政、烟草、盐业、殡葬等企业。在我国，公用事业通常由国有企业承担。（2）经营者为排挤竞争对手，以低于成本的价格销售商品。但是，有下列正当理由的，不属于垄断行为：销售鲜活商品；处理有效期限即将到期的商品或者其他积压的商品；季节性降价；因清偿债务、转产、歇业降价销售商品。（3）经营者销售商品时，违背购买者的意愿搭售商品或者附加其他不合理的条件。

### （三）经营者集中

1. 经营者集中的概念和形式

经营者集中是指商品经营者通过产权结构调整或者企业组织形式变化等方式提高企业竞争力的活动。与经营者集中相近似的一个概念是企业并购。《反垄断法》规定了三种经营者集中形式：（1）经营者合并；（2）经营者通过取得股权或者资产的方式取得对其他经营者的控制权；（3）经营者通过合同等方式取得对其他经营者的控制权或者能够对其他经营者施加决定性影响。

2. 经营者集中的申请和审查

经营者集中可以使企业形成规模经济，可以扩大企业的市场占有份额。不过，当经营者集中可能会影响竞争机制有效发挥作用时，客观上需要政府予以适当的管理。所以，经营者集中行为并不全是立法上禁止的垄断行为。

（1）经营者集中的申请。经营者集中达到国务院规定的申报标准的，应当事先向国务院反垄断执法机构申报，未申报的不得实施集中。经营者集中有下列情形之一的，可以不向国务院反垄断执法机构申报：参与集中的一个经营者拥有其他每个经营者50%以上有表决权的股份或者资产的；参与集中的每个经营者50%以上有表决权的股份或者资产被同一个未参与集中的经营者拥有的。其免于申报情形主要是考虑母公司控制子公司时，子公司已经不具有独立的市场支配地位的情况。

经营者向国务院反垄断执法机构申报时，应当提交法定的文件、资料。

（2）反垄断执法机构的审查和决定。1）初步审查。国务院反垄断执法机构应当自收到经营者提交的符合法律规定的文件、资料之日起30日内，对申报的经营者集中进行初步审查，作出是否实施进一步审查的决定，并书面通知经营者。国务院反垄断执法机构作出决定前，经营者不得实施集中。国务院反垄断执法机构作出不实施进一步审查的决定或者逾期未作出决定的，经营者可以实施集中。2）再次审查。国务院反垄断执法机构决定实施进一步审查的，应当自决定之日起90日内审查完毕，作出是否禁止经营者集中的决定，并书面通知经营者。作出禁止经营者集中的决定，应当说明理由。审查期间，经营者不得实施集中。经营者集中具有或者可能具有排除、限制竞争效果的，国务院反垄断执法机构应当作出禁止经营者集中的决定。但是，经营者能够证明该集中对竞争产生的有利影响明显大于不利影响，或者符合社会公共利益的，国务院反垄断执法机构可以作出对经营者集中不予禁止的决定。3）附限制性条件的经营者集中。对不予禁止的经营者集中，国务院反垄断执法机构可以决定附加减少集中对竞争产生不利影响的限制性条件。

对外资并购境内企业或者以其他方式参与经营者集中，涉及国家安全的，除按规定进行经营者集中审查外，还应当按照国家有关规定进行国家安全审查。

**（四）滥用行政权力排除、限制竞争**

滥用行政权力排除、限制竞争，是指国家行政机关或者法律、法规授权的具有管理公共事务职能的组织，利用其拥有的社会经济管理权，对经营者、消费者的市场交易行为进行限制或者控制，从而影响有效竞争秩序、影响政府公信力的行为。

（1）限定交易。即滥用行政权力，限定或者变相限定单位或者个人经营、购买、使用其指定的经营者提供的商品。

（2）阻碍商品跨地区流通。即滥用行政权力，实施下列妨碍商品在地区之间自由流通的行为：1）对外地商品设定歧视性收费项目，实行歧视性收费标准，或者规定歧视性价格；2）对外地商品规定与本地同类商品不同的技术要求、检验标准，或者对外地商品采取重复检验、重复认证等歧视性技术措施，限制外地商品进入本地市场；3）采取专门针对外地商品的行政许可，限制外地商品进入本地市场；4）设置关卡或者采取其他手段，阻碍外地商品进入或者本地商品运出；5）妨碍商品在地区之间自由流通的其他行为。

（3）阻碍跨地区招投标。即滥用行政权力，以设定歧视性资质要求、评审标准或者不依法发布信息等方式，排斥或者限制外地经营者参加本地的招标投标活动。

（4）阻碍跨地区投资。即滥用行政权力，采取与本地经营者不平等待遇等方式，排斥或者限制外地经营者在本地投资或者设立分支机构。

（5）强制经营者从事垄断行为。即滥用行政权力，强制经营者从事《反垄断法》规定的垄断行为。

（6）制定含有排除、限制竞争内容的规定。即滥用行政权力，制定含有排除、限制竞争内容的规定。

上述六种行为中，第六种仅针对于行政机关，其他五种针对行政机关以及法律、法规授权的具有管理公共事务职能的组织。

## 三、反垄断的实施机制

### （一）反垄断执法机构

反垄断执法机构是依法行使反垄断调查和审查权力，并对违法垄断行为进行制裁的行政机构。目前，国务院执行反垄断执法事务的机关有国家发改委、商务部和国家工商总局。国家发改委内设的价格监督部门负责查处价格垄断行为，商务部内设的条法司负责国内外贸易和国际经济合作中的反垄断调查，国家工商总局内设的公平交易局负责市场交易中的垄断行为。除此之外，一些监管部门在行业管理中也有一定的反垄断执法权，比如银监会、电监会等。因此，我国客观上形成了多元机构执法的局面。为了减少执法冲突，提高反垄断效率，《反垄断法》对反垄断机构的设置作出了切合实际的规定：一是设立反垄断委员会，二是确立两级反垄断执法机构。

反垄断委员会由国务院设立，负责组织、协调、指导反垄断工作，制定、发布反垄断指南，协调反垄断行政执法工作。国务院规定的承担反垄断执法职责的机构依法负责反垄断执法工作，根据工作需要，可以授权省、自治区、直辖市人民政府相应的机构，依照法律规定负责有关反垄断执法工作。

### （二）反垄断调查

反垄断调查是由一系列环节有机组成的执法过程。

1. 反垄断调查的启动

反垄断调查可由反垄断执法机构依职权启动或者依举报启动。反垄断执法机构需依法对涉嫌垄断行为进行调查。对涉嫌垄断行为，任何单位和个人有权向反垄断执法机构举报。反垄断执法机构应当为举报人保密。

2. 反垄断调查措施

反垄断执法机构调查涉嫌垄断行为时，可以采取下列措施：（1）进入被调查的经营者的营业场所或者其他有关场所进行检查；（2）询问被调查的经营者、利害关系人或者其他有关单位或者个人，要求其说明有关情况；（3）查阅、复制被调查的经营者、利害关系人或者其他有关单位或者个人的有关单证、协议、会计账簿、业务函电、电子数据等文件、资料；（4）查封、扣押相关证据；（5）查询经营者的银行账户。采取上述措施时，应当向反垄断执法机构主要负责人书面报告，并经批准。

3. 反垄断调查的中止

对反垄断执法机构调查的涉嫌垄断行为，被调查的经营者承诺在反垄断执法机构认可的期限内采取具体措施消除该行为后果的，反垄断执法机构可以决定中止调查。中止调查的决定应当载明被调查的经营者承诺的具体内容。反垄断执法机构决定中止调查的，应当对经营者履行承诺的情况进行监督。经营者履行承诺的，反垄断执法机构可以决定终止调查。

4. 反垄断调查的决定

反垄断执法机构对涉嫌垄断行为调查核实后，认为构成垄断行为的，应当依法做出处理决定，并可以向社会公布。

**(三)《反垄断法》规定的法律责任**

(1) 违法垄断协议的法律责任。经营者违反规定达成并实施垄断协议的，由反垄断执法机构责令停止违法行为，没收违法所得，并处上一年度销售额1%以上10%以下的罚款；尚未实施所达成的垄断协议的，可以处50万元以下的罚款。行业协会组织本行业的经营者达成垄断协议的，反垄断执法机构可以处50万元以下的罚款；情节严重的，社会团体登记管理机关可以依法撤销登记。

经营者主动向反垄断执法机构报告达成垄断协议的有关情况并提供重要证据的，反垄断执法机构可以酌情减轻或者免除对该经营者的处罚。

(2) 违法滥用市场支配地位的法律责任。经营者违法滥用市场支配地位的，由反垄断执法机构责令停止违法行为，没收违法所得，并处上一年度销售额1%以上10%以下的罚款。

(3) 违法实施经营者集中的法律责任。经营者违法实施集中的，由国务院反垄断执法机构责令停止实施集中、限期处分股份或者资产、限期转让营业以及采取其他必要措施恢复到集中前的状态，可以处50万元以下的罚款。

(4) 滥用行政权力排除、限制竞争的法律责任。行政机关和法律、法规授权的具有管理公共事务职能的组织滥用行政权力，实施排除、限制竞争行为的，由上级机关责令改正；对直接负责的主管人员和其他直接责任人员依法给予处分。反垄断执法机构可以向有关上级机关提出依法处理的建议。法律、行政法规对行政机关和法律、法规授权的具有管理公共事务职能的组织滥用行政权力实施排除、限制竞争行为的处理另有规定的，依照其规定。

## 本章小结

经济竞争法是市场经济国家的基本法律制度，在市场经济国家的法律体系中占有十分重要的地位。它是国家为了维护竞争在经济运行中的基础性作用，对市场主体偏离竞争机制的行为进行规制的法律规范的总称。它一般包括反不正当竞争法和反垄断法。

不正当竞争行为是指经营者违反平等自愿、公平诚信原则和公认的商业道德，损害其他经营者或消费者的利益，扰乱市场竞争秩序的行为。我国《反不正当竞争法》中列举的大部分行为属于不正当竞争行为，包含少数垄断行为。

反垄断法是指国家规制市场主体或其他机构以控制市场、排除竞争为目的而实施的反竞争或限制竞争行为的法律规范的总称。《反垄断法》的基本内容除了禁止垄断协议、禁止滥用市场支配地位、控制经营者集中以外，还对行政垄断进行了规定。

## 思考与练习

### 一、简述题

1. 简述经济竞争法的特点。
2. 不正当竞争行为的概念和表现形式。
3. 商业贿赂的法律特征。
4. 侵犯商业秘密行为的几种表现形式。
5. 如何依据《反垄断法》对企业合并进行控制？
6. 比较横向、纵向限制竞争的异同。

### 二、案例分析

S省S酒厂生产一种商标为S的低度白酒，在进行市场销售的过程中，S酒厂发现在低度酒市场中，N省M地区的白酒销量最好，于是S酒厂决定在S酒的包装上标注“产于N省M地区”字样。在销售的过程中，有人提出S酒厂的做法是不正当竞争行为，S酒厂则认为该酒厂只是改变了商品产地，该做法没有损害任何其他厂的利益，因此不是不正当竞争行为。

**问：**S酒厂的做法是否构成不正当竞争行为，为什么？

第十章

# 票据法律制度

学习要点

◇ 票据、票据行为、票据权利

◇ 汇票、本票、支票的法律规定

## 第一节　票据法概述

### 一、票据及票据法

#### （一）票据的概念

广义的票据包括各种有价证券和凭证，如股票、国库券、企业债券、发票、提单、仓单等；狭义的票据则是指票据法上的票据。《中华人民共和国票据法》第二条规定："本法所称票据，是指汇票、本票和支票。"我国票据法上的票据就是指出票人依法签发的，约定自己或委托付款人在见票时或指定的日期向收款人或持票人无条件支付一定金额并可转让的有价证券。

#### （二）票据法的概念

票据法是指规定票据的种类、形式、内容以及各当事人之间权利义务关系的法律规范的总称。广义的票据法是指各种法律中有关票据规定的总称，包括以"票据法"名称颁布的法律以及其他法律中有关票据的规定。狭义的票据法则仅是指 1995 年 5 月 10 日由第八届全国人大常委会第十三次会议通过、2004 年第十届全国人大常委会第十一次会议修订的《中华人民共和国票据法》（以下简称《票据法》）。中国人民银行于 1997 年又发布了《票据管理实施办法》、《支付结算办法》。本章主要讲述狭义的票据法。

### 二、票据行为

#### （一）票据行为的概念

票据行为是指票据关系的当事人之间以发生、变更或终止票据关系为目的而进行的法律行为。票据关系当事人包括：（1）出票人（亦称发票人）。这是指依法定方式作成票据并在票据上签名盖章，将票据交付给收款人的人。(2) 收款人（亦称抬头人）。这是指票据到期并经提示后收取票款的人。收款人有时又是持票人。(3) 付款人。这是指根据出票人的命令支付票款的人。(4) 持票人，即指持有票据的人。占有票据的收款人、被背书人或抬头票据的持有人都是票据的持票人。(5) 承兑人，即是汇票的主债务人。这是指接受汇票之出票人的付款委托，同意承担支付票款义务的人。(6) 背书人。这是指在转让票据时，在票据背面签字或盖章，并将该票据交付给受让人的票据收款人或持有人。(7) 被背书人。这是指被记名受让票据或接受票据转让的人。(8) 保证人，即是为票据债务提供担保的人。(9) 其他当事人。

**(二) 票据行为成立的有效条件**

根据《民法通则》和《票据法》的有关规定，票据行为的成立，必须符合以下基本条件：

1. 行为人必须具有从事票据行为的能力

从事票据行为的能力亦称票据能力。票据能力可概括为权利能力和行为能力。所谓权利能力是指行为人可以享有票据上的权利和承担票据上的义务的资格。所谓行为能力则是指行为人可以通过自己的票据行为取得票据上的权利和承担票据上的义务的资格。

2. 行为人的意思表示必须真实或无缺陷

《票据法》第十二条第一款规定，以欺诈、偷盗或者胁迫等手段取得票据的，或者明知有前列情形，出于恶意取得票据的，不得享有票据权利。这表明，尽管票据的形式符合法定条件，但从事票据行为的意思表示不真实或存在缺陷，票据持有人亦不得享有票据上的权利，该行为无效。同时根据《民法通则》第五十八条之规定，行为人之间恶意串通损害国家、集体或者第三者利益的，其行为无效。这亦适用于票据行为。

3. 票据行为的内容必须符合法律、法规的规定

《票据法》第三条规定，票据活动应当遵守法律、行政法规，不得损害社会公共利益。凡违背法律的规定而进行的行为，将不取得票据行为的法律效力。

4. 票据行为必须符合法定形式

(1) 签章。《票据法》第七条第一款规定，票据上的签章，为签名、盖章或者签名加盖章。票据上的签章是票据行为表现形式中绝对应记载的事项，如无该项内容，票据行为即为无效。票据上的签章因票据行为的性质不同，签章人也不相同。票据签发时，由出票人签章；票据转让时，由背书人签章；票据承兑时，由承兑人签章；票据保证时，由保证人签章；票据代理时，由代理人签章；持票人行使票据权利时，由持票人签章等。《票据法》第七条第二款规定，法人和其他使用票据的单位在票据上的签章，为该法人或者该单位的盖章加其法定代表人或者其授权的代理人的签章。《票据法》第七条第三款规定，在票据上的签名，应当为该当事人的本名。《票据管理实施办法》第十六条规定，票据法所称“本名”是指符合法律、行政法规以及国家有关规定的身份证件上的姓名。根据《票据法司法解释》第四十六条和《支付结算办法》第二十四条之规定，出票人在票据上的签章不符合规定的，票据无效；承兑人、保证人在票据上的签章不符合规定的，或者无民事行为能力人、限制民事行为能力人在票据上签章的，其签章无效，但不影响其他符合规定签章的效力；背书人在票据上的签章不符合规定的，其签章无效，但不影响其前手符合规定

签章的效力。

（2）票据记载事项。票据记载事项一般分为绝对记载事项、相对记载事项、非法定记载事项等。各类票据共同必须绝对记载的内容包括：1）票据种类的记载。即汇票、本票、支票的记载。2）票据金额的记载。《票据法》第八条规定：票据金额以中文大写和数码同时记载，两者必须一致，两者不一致的，票据无效。3）票据收款人的记载。4）年月日的记载。这一般是指出票年月日的记载。

《票据法》第九条第二款规定："票据金额、日期、收款人名称不得更改，更改的票据无效。"因此，有关人员在进行票据行为时，必须严格审查这三项内容是否有过更改。如果确属记载错误或需要重新记载，只能由出票人重新签发票据。

### （三）票据行为的代理

1. 票据代理的条件

《票据法》第五条第一款规定：票据当事人可以委托其代理人在票据上签章，并应当在票据上表明其代理关系。票据行为的代理必须具备以下条件：（1）票据当事人必须有委托代理的意思表示。（2）代理人必须按被代理人的委托在票据上签章。（3）代理人应在票据上注明"代理"字样或类似的文句。

2. 无权代理

《票据法》第五条第二款规定，没有代理权而以代理人名义在票据上签章的，应当由签章人承担票据责任。签章人承担这一责任，必须存在三个条件：（1）必须是无权代理人在票据上以自己的名义签章；（2）必须是行为人没有代理权；（3）必须是该行为能产生票据上的效力。

3. 越权代理

在票据行为代理中，越权代理表现为增加了被代理人的票据义务。根据《票据法》第五条第二款的规定，代理人超越代理权限的，应当就其超越权限的部分承担票据责任。

## 三、票据权利与抗辩

### （一）票据权利

票据权利是指持票人向票据债务人请求支付票据金额的权利。票据权利包括付款请求权和追索权。

1. 付款请求权

付款请求权，也称为第一次请求权，是指持票人对票据主债务人或者其他付款人请求按票据上记载的金额付款的权利。该请求权是票据上的主要权利，又称为主票据权利，持票人必须首先向主债务人行使第一次请求权，而不能越过它直接行使追索权。持票人不先行使付款请求权而先行使追索权遭拒绝提起诉讼的，人民法院一般不予受理。

2. 追索权

追索权，是指付款请求权未能实现时，持票人所享有的向付款人以外的票据债务人要求清偿票据金额及有关费用的权利，故该权利又称偿还请求权。持票人只能在首先向付款人行使付款请求权而得不到付款时，才可以行使追索权。因此也称为第二次请求权。被追索人已为清偿的，责任解除，可以对其前手再行使追索权，成为再追索权。

当事人取得票据权利主要有以下几种方式：(1) 从出票人处取得，即由出票人作成票据，并将其交付于收款人的取得方式；(2) 从持有票据的人处通过背书或交付等方式受让票据而取得票据权利；(3) 依税收、继承、赠与、公司合并强制执行等取得票据。

《票据法》第十条第二款规定，票据的取得，必须给付对价，即应当给付票据双方当事人认可的相对应的代价。凡是无对价或无相当对价取得票据的，如果属于善意取得，仍然享有票据权利，但票据持有人必须承受其前手的权利瑕疵。如果前手的权利因违法或有瑕疵而受影响或丧失，该持票人的权利也因此而受影响或丧失。《票据法》第十一条第一款规定，因税收、继承、赠与可以依法无偿取得票据的，不受给付对价的限制。但是，所享有的票据权利不得优于其前手的权利。《票据法》第十二条第二款规定："持票人因重大过失取得不符合本法规定的票据的，也不得享有票据权利。"

票据权利的消灭是指因发生一定的法律事实而使票据权利不复存在。《票据法》第十七条规定，票据权利因在一定期限内不行使而消灭的情形有四种：

(1) 持票人对票据的出票人和承兑人的权利，自票据到期日起两年。见票即付的汇票、本票，自出票日起两年。这是有关付款请求权的时效规定。依此规定，持票人对票据的出票人和承兑人、本票的发票人享有的付款请求权，自票据到期日起两年内不行使；见票即付的汇票、本票的付款请求权，自出票日起两年内不行使，其权利归于消灭。

(2) 持票人对支票出票人的权利，自出票日起 6 个月内不行使，其权利归于消灭。

(3) 持票人对前手的追索权，在被拒绝承兑或者被拒绝付款之日起 6 个月不行使追索权的，该项权利归于消灭。

(4) 持票人对前手的再追索权，自清偿日或者被提起诉讼之日起 3 个月内，应向其前手行使再追索权，否则即丧失该权利。

根据《票据法司法解释》第十三条和第十八条的规定，前述四种情形中，(1) 和 (2) 所指的权利，包括付款请求权和追索权；(3) 和 (4) 所指的追索权，不包括对票据出票人的追索权。

上述时效的规定都适用民法上有关时效中断和中止的有关规定。但是，根据《票据法司法解释》第二十条的规定，上述票据权利时效发生中断的，只对发生时效中断事由的当事人有效。

票据权利的行使是指票据权利人向票据债务人提示票据，请求实现票据权利的行为，如请求承兑、提示票据请求定期付款、行使追索权等。票据权利的保全是指票据权利人防止票据权利丧失的行为，如为防止付款请求权与追索权因时效而丧失，采取中断时效的行为；为防止追索权丧失而请求作成拒绝证明的行为等。

票据权利人为了防止票据权利的丧失，在人民法院审理、执行票据纠纷案件时，可以请求人民法院依法对票据采取保全措施或者执行措施。根据《票据法司法解释》第八条的规定，经当事人申请并提供担保，对具有下列情形之一的票据，可以依法采取保全措施和执行措施：(1) 不履行约定义务，与票据债务人有直接债权债务关系的票据当事人所持有的票据；(2) 持票人恶意取得的票据；(3) 应付对价而未付对价的持票人持有的票据；(4) 记载有"不得转让"字样而用于贴现的票据；(5) 记载有"不得转让"字样而用于质押的票据；(6) 法律或者司法解释规定有其他情形的票据。

《票据法》第十六条规定，持票人对票据债务人行使票据权利，或者保全票据权利，应当在票据当事人的营业场所和营业时间内进行，票据当事人无营业场所的，应当在其住所进行。

《票据法》第十五条规定，票据丧失，失票人可以及时通知票据的付款人挂失止付，但是，未记载付款人或者无法确定付款人及其代理付款人的票据除外。收到挂失止付通知的付款人，应当暂停支付。失票人应当在通知挂失止付后 3 日内，也可以在票据丧失后，依法向人民法院申请公示催告，或者向人民法院提起诉讼。

**（二）票据抗辩**

票据抗辩是指票据的债务人依照《票据法》的规定，对票据债权人拒绝履行义务的行为。它既是票据债务人的一种权利，也是债务人保护自己的一种手段。

根据《票据法》的规定，票据抗辩包括对物的抗辩和对人的抗辩两大类。

1. 对物的抗辩

对物的抗辩是基于票据本身的内容发生的事由所提出的抗辩。是票据债务人对任何持票人都可以提出的抗辩。这种抗辩主要包括以下情形：（1）票据行为不成立为由的抗辩。如票据应记载的内容有欠缺；票据债务人无行为能力；无权代理或超越代理权进行票据行为；票据上有禁止记载的事项（如付款附有条件，记载到期不合法）；背书不连续；持票人的票据权利有瑕疵（如因欺诈、偷盗、胁迫、恶意、重大过失取得票据）等。（2）依票据记载不能提出请求而为的抗辩。如票据未到期、付款地不符等。（3）票据载明的权利已消灭或已失效而为的抗辩。如票据债权因付款、抵销、提存、免除、除权判决、时效届满而消灭等。（4）票据权利的保全手续欠缺而为的抗辩。如应作成拒绝证书而未作等。（5）票据上有伪造、变造情形而为的抗辩。

2. 对人的抗辩

对人的抗辩是指票据债务人对特定票据权利人的抗辩。《票据法》第十三条第二款规定，票据债务人可以对不履行约定义务的与自己有直接债权债务关系的持票人，进行抗辩。但这条规定不适用于不履行约定义务的持票人已将票据转让给善意第三人的情形，即在此情形下，票据债务人不能对抗善意第三人。

《票据法》第十三条第一款规定，票据债务人不得以自己与出票人或者与持票人的前手之间的抗辩事由，对抗持票人。但是，持票人明知存在抗辩事由而取得票据的除外。

《票据法司法解释》第二十三条规定，代理付款人在人民法院公示催告公告发布以前按照规定程序善意付款后，承兑人或者付款人以已经公示催告为由拒付代理付款人已经垫付的款项的，人民法院不予支持。

**（三）票据的伪造和变造**

1. 票据的伪造

票据的伪造是指假冒他人名义或虚构人的名义而进行的票据行为。《票据法》第十四条第二款规定，票据上有伪造签章的，不影响票据上其他真实签章的效力。即在票据上真正签章的人，仍应对被伪造的票据的债权人承担票据责任，票据债权人按票据法的规定提示承兑、提示付款或行使追索权时，在票据上真正签章人不能以伪造为由进行抗辩。

2. 票据的变造

票据的变造是指无权更改票据内容的人，对票据上签章以外的记载事项加以变更的行为。构成票据的变造，须符合以下条件：(1) 变造的票据是合法成立的有效票据；(2) 变造的内容是票据上所记载的除签章以外的事项；(3) 变造人无权变更票据的内容。《票据法》第十四条第三款规定，票据的变造应依照签章是在变造之前或之后来承担责任。如果当事人签章在变造之前，应按原记载的内容负责；如果当事人签章在变造之后，则应按变造后的记载内容负责；如果无法辨别是在票据被变造之前或之后签章的，视同在变造之前签章。

票据的变造是一种违法行为，变造人的变造行为给他人造成经济损失的，应对此承担赔偿责任，构成犯罪的，应承担刑事责任。

# 第二节　汇票

## 一、汇票概述

汇票是出票人签发的、委托付款人在见票时或者在指定日期无条件支付确定的金额给收款人或者持票人的票据。汇票依法分为银行汇票和商业汇票，银行汇票是指银行签发的汇票，商业汇票则是银行之外的企事业单位、机关、团体等签发的汇票。

银行汇票的基本当事人有出票人、付款人和收款人。付款人与签发银行的关系是委托关系。银行汇票的提示付款期限自出票日起 1 个月。

商业汇票是指收款人或付款人（或承兑申请人）签发，由承兑人承兑，并于到期日向收款人或被背书人支付款项的票据。商业汇票按承兑人的不同，分为商业承兑汇票和银行承兑汇票。商业汇票的收款人、付款人或承兑申请人一般指供货和购货单位。在商业承兑汇票中，汇票上的当事人是出票人、承兑人、付款人、收款人。在银行承兑汇票中，汇票上的当事人是：出票人是承兑申请人；付款人和承兑人是承兑银行，即承兑申请人的开户银行；收款人是与出票人签订购销合同的收款人，即卖方。根据有关规定，商业汇票的付款期限，最长不得超过 6 个月；商业汇票的提示付款期限，自汇票到期日起 10 日。

## 二、汇票的出票

### （一）出票的概念

出票亦称发票。《票据法》第二十条规定：出票是指出票人签发票据并将其交付给收款人的票据行为。根据《票据法》第二十一条的规定，汇票的出票人在行使出票行为时，必须与付款人具有真实的委托付款关系，并且具有支付汇票金额的可靠资金来源；汇票的出票人不得签发无对价的汇票用以骗取银行或者其他票据当事人的资金。与此同时，出票人在出票时，必须确保在汇票不承兑或不付款时，必须具有足够的清偿能力。

### （二）汇票的格式

汇票的格式就是作成汇票后表现于汇票之上的内容。该内容可分为绝对应记载事项、相对应记载事项和非法定记载事项。

1. 汇票的绝对应记载事项

根据《票据法》第二十二条的规定，汇票的绝对应记载事项包括七个方面的内容，如果汇票上未记载该七个方面事项之一的，汇票无效。(1) 表明“汇票”的字样。(2) 无条件支付的委托。这表明出票人委托付款人支付汇票金额不得附带任何条件，否则汇票无效。(3) 确定的金额。(4) 付款人名称。(5) 收款人名称。(6) 出票日期。(7) 出票人签章。汇票上未记载前述事项之一的，汇票无效。

2. 汇票的相对应记载事项

相对应记载事项未在汇票上记载，不影响汇票本身的效力。《票据法》第二十三条规定：汇票上记载付款日期、付款地、出票地等事项的，应当清楚、明确。汇票上未记载付款日期的，为见票即付。汇票上未记载付款地的，付款人的营业场所、住所或者经常居住地为付款地。汇票上未记载出票地的，出票人的营业场所、住所或者经常居住地为出票地。

3. 汇票的非法定记载事项

根据《票据法》第二十四条的规定，汇票上可以记载《票据法》规定事项以外的其他出票事项，但是该记载事项不具有汇票上的效为。

**(三) 出票的效力**

《票据法》第二十六条规定：“出票人签发汇票后，即承担保证该汇票承兑和付款的责任。出票人在汇票得不到承兑或者付款时，应当向持票人清偿本法第七十条、第七十一条规定的金额和费用。”

## 三、背书

**(一) 汇票的背书与转让**

汇票的背书是指持票人在票据的背面或者粘单上记载有关事项并签章将汇票权利让与他人的一种票据行为。根据背书的目的不同，背书分为转让背书和非转让背书。以转让为目的的背书，是转让背书。根据《票据法》第二十七条的规定，持票人可以将汇票权利转让给他人或者将一定的汇票权利授予他人行使。出票人在汇票上记载“不得转让”字样，汇票不得转让。持票人转让票据权利时，应当背书并交付汇票。非转让背书，是指持票人以转让票据权利以外的其他目的而进行的背书。

**(二) 背书记载事项**

《票据法》第二十九条规定，背书由背书人签章并记载背书日期。背书未记载日期的，视为在汇票到期日前背书。《票据法》第三十条规定，汇票以背书转让或者以背书将一定的汇票权利授予他人行使时，必须记载被背书人名称。根据《票据法司法解释》第四十九条规定，背书人未记载被背书人名称即将票据交付他人的，持票人在票据被背书人栏内记载自己的名称与背书人记载具有同等法律效力。

《票据法》第三十四条规定，背书人在汇票上记载“不得转让”字样，其后手再背书转让的，原背书人对后手的被背书人不承担保证责任。

《票据法》第二十八条规定，票据凭证不能满足背书人记载事项的需要，可以加附粘单，黏附于票据凭证上。粘单上的第一记载人，应当在汇票和粘单的粘接处签章。

《票据法》第三十三条规定，背书不得记载的内容有两项：一是附有条件的背书；二是部分背书。部分背书是指背书人在背书时，将汇票金额的一部分或者将汇票金额分别转让给两人以上的背书。由于背书人将背书金额的一部分或将背书金额分别转让给两人以上，该背书金额的另一部分权利人或数个权利人对同一背书金额无从行使票据权利。因此，《票据法》第三十三条第二款便规定部分背书无效。

**（三）背书连续**

《票据法》第三十一条规定：以背书转让的汇票，背书应当连续。持票人以背书的连续，证明其汇票权利；非经背书转让，而以其他合法方式取得汇票的，依法举证，证明其汇票权利。

**（四）委托收款背书**

这是指持票人以行使票据上的权利为目的，而授予被背书人以代理权的背书。《票据法》第三十五条第一款规定，背书记载“委托收款”字样的，被背书人有权代背书人行使被委托的汇票权利。但是，被背书人不得再以背书转让汇票权利。这就是说，被背书人因委托收款背书而取得代理权后，可以代为行使付款请求权和追索权，在具体行使这些权利的过程中，还可以请求作成拒绝证明、发出拒绝事由通知、行使利益偿还请求权等，但不能行使转让票据等处分权利，否则，原背书人对后手的被背书人不承担票据责任，但不影响出票人、承兑人以及原背书人之前手的票据责任。

委托收款背书与其他背书一样，持票人依据法律规定的记载事项作成背书并交付，才能生效。按《票据法》的规定，背书人可以记载“委托收款”字样，但如果记载“因收款”、“托收”、“代理”等字样的，也应该认为有效。

**（五）质押背书**

这是指持票人以票据权利设定质权为目的而在票据上做成的背书。背书人是原持票人，也是出质人，被背书人则是质权人。质押背书成立后，即背书人作成背书并交付，背书人仍然是票据权利人，被背书人并不因此而取得票据权利。但是，被背书人取得质权人地位后，在背书人不履行其债务的情况下，可以行使票据权利，并从票据金额中按担保债权的数额优先得到偿还。

《票据法》第三十五条第二款规定，质押时应当以背书记载“质押”字样。但如果在票据上记载质押文句表明了质押意思的，如“为担保”、“为设质”等，也应视为其有效。如果记载“质押”文句的，其后手再背书转让或者质押的，原背书人对后手的被背书人不承担票据责任，但不影响出票人、承兑人以及原背书人之前手的票据责任。该条第二款还规定，被背书人依法实现其质权时，可以行使汇票权利。这里所指的汇票权利包括付款请求权和追索权以及为实现该等权利而进行的一切行为。

根据《票据法司法解释》的规定，以汇票设定质押时，出质人在汇票上只记载了“质押”字样而未在票据上签章的，或者出质人未在汇票、粘单上记载“质押”字样而另行签订质押合同、质押条款的，不构成票据质押。此外，贷款人恶意或者有重大过失从事票据质押贷款的，人民法院应当认定质押行为无效。

### （六）法定禁止背书

《票据法》第三十六条规定，汇票被拒绝承兑、被拒绝付款或者超过付款提示期限的，不得背书转让；背书转让的，背书人应当承担汇票责任。因此，法定禁止背书的情形有三种：(1) 被拒绝承兑的汇票；(2) 被拒绝付款的汇票；(3) 超过付款提示期限的汇票。

## 四、承兑

承兑是指汇票付款人承诺在汇票到期日支付汇票金额的票据行为。

### （一）提示承兑

提示承兑是指持票人向付款人出示汇票，并要求付款人承诺付款的行为。持票人应按以下要求向付款人提示承兑：

(1) 定日付款和出票后定期付款汇票，持票人应当在汇票到期日前向付款人提示承兑。

(2) 见票后定期付款的汇票，持票人应当自出票日起 1 个月内向付款人提示承兑。

(3) 见票即付的汇票无需提示承兑。

汇票未按照规定期限提示承兑的，持票人丧失对其前手的追索权。

### （二）承兑成立

(1) 承兑时间。付款人对向其提示承兑的汇票，应当自收到提示承兑的汇票之日起 3 日内承兑或者拒绝承兑。如果付款人在 3 日内不作承兑与否表示的，则应视为拒绝承兑，持票人可以请求其作出拒绝承兑证明，向其前手行使追索权。

(2) 接受承兑。付款人收到持票人提示承兑的汇票时，应当向持票人签发收到汇票的回单。回单上应当记明汇票提示承兑日期并签章。

(3) 承兑的格式。付款人承兑汇票的，应当在汇票正面记载“承兑”字样和承兑日期并签章；见票后定期付款的汇票，应当在承兑时记载付款日期。汇票上未记载承兑日期的，以付款人应当自收到提示承兑的汇票之日起 3 日内为承兑日期。

(4) 退回已承兑的汇票。付款人依承兑格式填写完毕应记载事项后，并不意味着承兑生效，只有在其将已承兑的汇票退回持票人才产生承兑的效力。

### （三）无条件承兑

付款人承兑汇票，不得附有条件；承兑附有条件的，视为拒绝承兑。持票人可以请求作成拒绝证明，向其前手行使追索权。

### （四）承兑的效力

付款人承兑后，即应当承担到期付款的责任。

## 五、保证

保证是票据债务人以外的第三人，以担保特定债务人履行票据债务为目的，而在票据上所为的一种附属票据行为。汇票的债务可以由保证人承担保证责任。

### （一）保证的当事人

保证的当事人为保证人与被保证人。保证人由汇票债务人以外的他人担当。被保证人是指票据关系中已有的债务人，包括出票人、背书人、承兑人。票据债务人一旦由他人为其提供保证，其在保证关系中就被称为被保证人。

**（二）保证的记载事项**

根据《票据法》第四十六条的规定，在办理保证手续时，保证人必须在汇票或粘单上记载下列事项：（1）表明“保证”的字样；（2）保证人名称和住所；（3）被保证人的名称；（4）保证日期；（5）保证人签章。

**（三）保证人的责任**

根据《票据法》的规定，保证人承担如下责任：（1）保证人对合法取得汇票的持票人所享有的汇票权利，承担保证责任。但是，被保证人的债务因汇票记载事项欠缺而无效的除外。（2）保证不得附有条件；保证附有条件的，不影响对汇票的保证责任。（3）被保证的汇票，保证人应当与被保证人对持票人承担连带责任。汇票到期后得不到付款的，持票人有权向保证人请求付款，保证人应当足额付款。（4）保证人为两人以上的，保证人之间承担连带责任。

**（四）保证人清偿债务后的权利**

《票据法》第五十二条规定，保证人清偿汇票债务后，可以行使持票人对被保证人及其前手的追索权。

## 六、付款

**（一）付款的概念**

付款是指付款人依据票据文义支付票据金额，以消灭票据关系的行为。付款是付款人的行为，这与出票人、背书人等偿还义务的行为不同。出票人是支付票据金额的行为，并以消灭票据关系为目的；背书人并不以票据金额为依据而支付，不能引起票据关系的消灭。

**（二）付款的程序**

付款的程序包括付款提示与支付票款两个阶段。

1. 付款提示

付款提示是指持票人向付款人或承兑人出示票据，请求付款的行为。持票人只有在法定期限内提示付款，才产生法律效力。

根据《票据法》第五十三条的规定，持票人提示付款的法定期限如下：（1）见票即付的汇票，自出票日起1个月内向付款人提示付款；（2）定日付款、出票后定期付款或者见票后定期付款的汇票，自到期日起10日内向承兑人提示付款。如果持票人未在上述法定期限内提示付款，则丧失对其前手的追索权。但是，持票人丧失的追索权仅限于其前手，而对于承兑人并不发生失权的效果。因为承兑人是汇票的主债务人，所负责任为绝对责任，即使持票人未在法定期内提示付款，承兑人仍应负责。如果承兑人或者付款人对逾期提示付款的持票人付款，与按照规定的期限付款具有同等法律效力。

《票据法》第五十三条第三款规定：“持票人未按照前款规定期限提示付款的，在作出说明后，承兑人或者付款人仍应当继续对持票人承担付款责任。”这是一种例外性规定。

在实践中，持票人可能会因不可抗力的原因等而不能在法定提示付款期间提示付款，如果持票人由此而丧失对其前手的追索权，有些不尽合理，因此，法律便要求持票人作出说明，承兑人或付款人仍应继续对持票人承担付款责任。关于付款提示的方法，一般是由持票人亲自到付款人处，或者通过邮局寄交付款人处。但根据《票据法》第五十三条第四款的规定，通过委托收款银行或者通过票据交换系统向付款人提示付款的，亦视同持票人提示付款。

付款提示的当事人包括提示人和受提示人。提示人一般是持票人，但也可以是持票人的代理人和质权人；受提示人通常是付款人。在汇票中受提示人包括已进行承兑的承兑人及未承兑的付款人。在我国实践中，银行汇票属见票即付汇票，银行为受提示人；因银行之间建立联行结算制度建立了代理关系的，银行汇票的代理付款银行也可为受提示人。银行承兑汇票的受提示人是承兑银行；因银行之间建立联行结算代理关系的，该代理付款银行也是受提示人。

2. 支付票款

支付票款是指持票人向付款人或承兑人提示付款后，付款人无条件地在当日按票据金额足额支付给持票人的行为。《票据法》第五十四条规定："持票人依照前条规定提示付款的，付款人必须在当日足额付款。"依此规定，付款人必须在当日向提示人付款，且该支付的款项为票据金额的全部，而非部分。如果付款人或承兑人不能当日足额付款，依照《票据法》第一百零五条的规定，应承担迟延付款的责任。

在支付票款的过程中，持票人必须向付款人履行一定的手续，根据《票据法》第五十五条的规定，持票人获得付款的，应当在汇票上签收，并将汇票交给付款人。根据《票据管理实施办法》第二十五条的规定，此处所指的"签收"是指持票人在票据的正面签章，表明持票人已经获得付款。

在实践中，持票人和付款人的收款或付款行为往往是通过委托银行代理进行的。该受托收款或付款的银行不是汇票的当事人，只是代理人，因此，他们只能依照委托按汇票上记载的内容进行资金结算。因此，《票据法》第五十六条规定：持票人委托的收款银行的责任，限于按照汇票上记载事项将汇票金额转入持票人账户。付款人委托的付款银行的责任，限于按照汇票上记载事项从付款人账户支付汇票金额。换言之，如果委托付款银行多付或少付，委托收款银行多收或少收，都应自行承担责任。

付款人或者代理付款人在付款时应当尽审查义务。根据《票据法》第五十七条的规定，付款人及其代理付款人付款时，应当审查汇票背书的连续，并审查提示付款人的合法身份证明或者有效证件。但该等审查义务仅限于汇票格式是否合法，即汇票形式上的审查，而不负责实质上的审查，如果付款人及其代理付款人以恶意或者有重大过失付款的，应当自行承担责任。此外，如果付款人对定日付款、出票后定期付款或者见票后定期付款的汇票在到期日前付款，根据《票据法》第五十八条的规定，应由付款人自行承担所产生的责任。付款人的这一责任包括，在持票人不是票据权利人时，对于真正的票据权利人并不能免除其票据责任，而对由此造成损失的，付款人只能向非正当持票人请求赔偿。

如果汇票金额为外币的，依照《票据法》第五十九条的规定，应按照付款日的市场汇价，以人民币支付。汇票当事人对汇票支付的货币种类另有约定的，从其约定。

### （三）付款的效力

根据《票据法》第六十条的规定，付款人依法足额付款后，全体汇票债务人的责任解除。付款人依照票据文义支付票据金额之后，票据关系随之消灭，汇票上的全体债务人的责任便予以解除。但是，如果付款人付款存在瑕疵，即未尽审查义务而对不符法定形式的票据付款，或其存在恶意或重大过失而付款的，则不发生上述法律效力，付款人的义务不能免除，其他债务人也不能免除责任。

## 七、追索权

### （一）追索权的概念

追索权是指持票人在票据到期不获付款或期前不获承兑或有其他法定原因，并在行使或保全票据权利的行为后，可以向其前手请求偿还票据金额、利息及其他法定款项的一种票据权利。追索权是在票据权利人的付款请求权得不到满足之后，法律赋予持票人对票据债务人进行追偿的权利。它是用来弥补付款请求权对保护持票人票据权利的实现所带来的局限的一种制度。因此，追索权与付款请求权在权利行使对象上有一定的区别：后者的行使对象是票据上的付款人；前者的行使对象可以是票据上的主债务人，但主要是票据上的次债务人，如票据上的出票人、背书人、保证人等。

### （二）追索权发生的原因

1. 追索权发生的实质条件

根据《票据法》的规定，追索权发生的实质条件包括以下内容：（1）汇票到期被拒绝付款；（2）汇票在到期日前被拒绝承兑；（3）在汇票到期日前，承兑人或付款人死亡、逃匿；（4）在汇票到期日前，承兑人或付款人被依法宣告破产或因违法被责令终止业务活动。发生上述情形之一的，持票人可以行使追索权。

2. 追索权发生的形式条件

追索权的发生除了构成前述实质条件之外，还须具有一定的形式条件。这一形式条件即是持票人行使追索权必须履行一定的保全手续而不致使追索权丧失。该保全手续包括：（1）在法定提示期限提示承兑或提示付款；（2）在不获承兑或不获付款时，在法定期限内作成拒绝证明。根据《支付结算办法》第四十一条的规定，拒绝证明应当包括下列事项：被拒绝承兑、付款的票据种类及其主要记载事项；拒绝承兑、付款的事实依据和法律依据；拒绝承兑、付款的时间；拒绝承兑人、拒绝付款人的签章。

根据《票据法》的有关规定，这些拒绝证明主要有：（1）拒绝证书。拒绝证书是由国家授权的机关制作的用以证明持票人已依法行使票据权利而被拒绝，或者无法行使票据权利的一种公证书。拒绝证书分拒绝承兑证书和拒绝付款证书。（2）退票理由书。汇票的持票人委托银行办理票据托收，或者向代理付款银行提示付款时，如果付款人或者代理付款银行拒绝付款，可由其出具退票理由书，说明退票理由。该退票理由书可起到拒绝证书的作用，即证明持票人已行使其权利而未获结果，故持票人有退票理由书就无须再请求作成拒绝证书。（3）持票人因承兑人或者付款人死亡、逃匿或者其他原因，不能取得拒绝证明的，可以依法取得其他有关证明。该等证明包括死亡证明、失踪证明书等。这些证明也具有拒绝证明的作用。(4) 人民法院的有关司法文书。根据《票据法》第六十四条第一款的规定，承兑人或者付款人被人民法院依法宣告破产的，人民法院的有关司法文书具有拒绝证明的效力。这表明持票人在上述情形下无法向承兑人或者付款人提示承兑或者提示付款，故有权向其前手行使追索权。(5) 有关行政主管部门的处罚决定。承兑人或者付款人因违法被责令终止业务活动时，持票人也无法向承兑人或者付款人提示承兑或者付款，因而，该类处罚决定便具有拒绝证明的作用。

持票人出具上述文书之一的，即构成其行使追索权的形式条件。《票据法》第六十五条规定：持票人不能出示拒绝证明、退票理由书或者未按照规定期限提供其他合法证明的，丧失对其前手的追索权。但是，承兑人或者付款人仍应当对持票人承担责任。这表明，持票人未依法提供拒绝证明，将丧失的是对其前手的追索权，其前手却是票据上的偿还债务人，即次债务人，而对于付款人或承兑人来讲，他们是票据上的主债务人，即使持票人未在法定期限内作成拒绝证明，主债务人仍应负绝对付款责任。根据《支付结算办法》第四十四条的规定，持票人应当自收到被拒绝承兑或者被拒绝付款的有关证明之日起3日内，将被拒绝事由书面通知其前手，其前手应当自收到通知之日起3日内书面通知其再前手。持票人也可以同时向各票据债务人发出书面通知。

**(三) 追索权的行使**

持票人按照法定手续保全了追索权之后，就可进入行使追索权的程序。该程序一般包括：由持票人发出追索通知、确定追索对象、请求清偿金额等，以下分别进行分析。

1. 发出追索通知

通知人是指持票人以及收到通知后再为通知的背书人及其保证人。持票人是最初的通知人，但收到持票人发来追索通知的债务人，如果在其前手还存在债务人时，其也必须向其前手发出该追索通知，因此收到追索通知的债务人也可以成为通知人，这些债务人一般包括背书人及其保证人。被通知人是指向持票人承担担保承兑和付款的票据上的次债务人。他们都是被追索的当事人，因此被通知人可泛指持票人的一切前手，包括出票人、背书人、保证人等。

《票据法》第六十六条第一款规定：持票人应当自收到被拒绝承兑或者被拒绝付款的有关证明之日起3日内，将被拒绝事由书面通知其前手；其前手应当自收到通知之日起3日内书面通知其再前手。持票人也可以同时向各汇票债务人发出书面通知。依此规定，无论是持票人，还是收到追索通知的背书人及其保证人，发出追索通知的期限都是3天。在计算时间上，持票人发出追索通知的起算日为其收到拒绝证明之日，收到追索通知的背书人及其保证人发出追索通知的起算日为其收到追索通知之日。

依照《票据法》第六十六条的规定，通知应当以书面形式发出。书面形式包括书信、电报、电传等。在规定期限内将通知按照法定地址或约定的地址邮寄的，视为已发出通知。根据《票据法》第六十七条的规定，书面通知应记明汇票的主要记载事项，并说明该汇票已被退票。其主要记载事项包括出票人、背书人、保证人以及付款人的名称和地址、汇票金额、出票日期、付款日期等。

如果持票人未按规定期限发出追索通知或其前手收到通知未按规定期限再通知其前手，根据《票据法》第六十六条第二款的规定，持票人仍可以行使追索权。因延期通知给其前手或者出票人造成损失的，由没有按照规定期限通知的汇票当事人承担对该损失的赔偿责任，但是所赔偿的金额以汇票金额为限。

2. 确定追索对象

追索对象是指在追索关系中的被追索人，包括出票人、背书人、承兑人和保证人。根据《票据法》第六十八条第二款的规定，持票人可以不按照汇票债务人的先后顺序，对其中任何一人、数人或者全体行使追索权。持票人可以根据自己的意愿，自由选择追索对象，并请求其偿还。根据《支付结算办法》第四十五条第二款的规定，持票人对票据债务人中的一人或者数人已经进行追索的，对其他票据债务人仍可以行使追索权。但是，《票据法》第六十九条规定：持票人为出票人的，对其前手无追索权。持票人为背书人的，对其后手无追索权。

根据《票据法》第六十八条的规定，出票人、背书人、承兑人和保证人等被追索人对持票人承担连带责任。即各票据债务人在持票人向其行使追索权时，必须承担全部清偿的责任，而不得以持票人未向其他票据债务人请求清偿为由拒绝履行清偿责任；同时，也不得只为部分金额的清偿而要求持票人就其余部分金额，再向其他票据债务人请求清偿。

《票据法》第六十八条第三款规定：持票人对汇票债务人中的一人或者数人已经进行追索的，对其他汇票债务人仍可以行使追索权。被追索人清偿债务后，与持票人享有同一权利。即持票人受领被追索人清偿的，如不足清偿，还可向其他票据债务人继续追索，在其完全得到清偿之后，其追索即告完成。正因如此，被追索人清偿债务后，即取得了向其前手及承兑人的票据权利，该权利与持票人享有的权利相同，即既包括再追索权也包括对承兑人的付款请求权。

3. 请求清偿金额

请求清偿金额是指持票人行使追索权，可以请求被追索人支付的金额和费用。根据《票据法》第七十条的规定，该金额和费用包括：(1) 被拒绝付款的汇票金额；(2) 汇票金额自到期日或者提示付款日起至清偿日止，按照中国人民银行规定的同档次流动资金贷款利率计算的利息；(3) 取得有关拒绝证明和发出通知书的费用。因此，作为追索权标的的追索金额，通常要比作为付款请求权标的的票据金额要大。

根据《票据法》第七十一条的规定，被追索人在依前述内容向持票人支付清偿金额以及费用后，可以向其他汇票债务人行使再追索权，请求其他汇票债务人支付下列金额和费用：(1) 已清偿的全部金额；(2) 前项金额自清偿日起至再追索清偿日止，按照中国人民银行规定的同档次流动资金贷款利率计算的利息；(3) 发出通知书的费用。

根据《票据法》第七十条和第七十一条的规定，持票人或行使再追索权的被追索人在接受清偿金额时，应当交出汇票和有关拒绝证明，并出具所收到利息和费用的收据。如果持票人或行使再追索权的被追索人拒绝履行这些义务，被追索人可拒绝清偿有关金额和费用。

根据《票据法》第七十二条的规定，被追索人依被追索的金额清偿债务后，其责任解除。

# 第三节　本票

## 一、本票的概念和种类

### （一）本票的概念

本票是由出票人签发的，承诺自己在见票时无条件支付确定的金额给收款人或者持票人的票据。本票是由出票人约定自己付款的一种自付证券，其基本当事人有两个：出票人和收款人。出票人本身就是付款人。

### （二）本票的种类

本票仅限于银行本票，且为记名式本票和即期本票。

银行本票是由银行签发的，承诺自己在见票时无条件支付确定的金额给收款人或者持票人的票据。单位和个人在同一票据交换区域需要支付各种款项时，均可以使用银行本票。

## 二、本票的出票

本票的出票与汇票一样，包括作成票据和交付票据。本票的出票行为是以自己负担支付本票金额的债务为目的的票据行为。因此，《票据法》第七十四条规定：本票的出票人必须具有支付本票金额的可靠资金来源，并保证支付。因此，本票出票人是票据金额的直接支付人，与汇票的承兑人相同，这与汇票的出票人只承担担保责任是不同的。

本票出票人出票，必须按一定的格式记载相关内容。与汇票一样，本票的记载事项也包括绝对应记载事项和相对应记载事项。

### （一）本票的绝对应记载事项

根据《票据法》第七十五条和《支付结算办法》第一百零一条的规定，本票的绝对应记载事项包括以下内容：（1）表明“本票”的字样；（2）无条件支付的承诺；（3）确定的金额；（4）收款人名称；（5）出票日期；（6）出票人签章。本票上未记载前述规定事项之一的，本票无效。

### （二）本票的相对应记载事项

根据《票据法》第七十六条的规定，本票的相对应记载事项包括付款地和出票地。本票上未记载付款地的，出票人的营业场所为付款地。本票上未记载出票地的，出票人的营业场所为出票地。此外，根据《票据法》第八十条第二款的规定，本票的出票行为，可适用《票据法》第二十四条关于汇票的规定，即本票上可以记载《票据法》规定事项以外的其他出票事项，但是这些事项并不具有本票上的效力。

### （三）见票付款

根据《票据法》的规定，银行本票是见票付款的票据，收款人或持票人在取得银行本票后，随时可以向出票人请求付款。但《票据法》第七十八条规定：本票自出票日起，付款期限最长不得超过两个月。如果持票人超过提示付款期限不付款的，在票据权利时效内应当向出票银行作出说明，并提供本人身份证或单位证明，可持银行本票向出票银行请求付款。

**（四）追索权**

本票的持票人未按照规定期限提示见票的，则丧失对出票人以外的前手的追索权。这里所指的出票人以外的前手是指背书人及其保证人。由于本票的出票人是票据上的主债务人，对持票人负有绝对付款责任，除票据时效届满而使票据权利消灭或者要式欠缺而使票据无效外，并不因持票人未在规定期限内向其行使付款请求权而使其责任得以解除。因此，持票人仍对出票人享有付款请求权和追索权，只是丧失对背书人及其保证人的追索权。

**（五）对汇票有关规定的引用**

《票据法》第八十条规定："本票的背书、保证、付款行为和追索权的行使，除本章规定外，适用本法第二章有关汇票的规定。本票的出票行为，除本章规定外，适用本法第二十四条关于汇票的规定。"

# 第四节　支票

## 一、支票的概念和种类

**（一）支票的概念**

支票是出票人委托银行或者其他金融机构见票时无条件支付一定金额给收款人或者持票人的票据。支票的基本当事人有三个：出票人、付款人和收款人。支票是一种委付证券，与汇票相同，与本票不同。

支票与汇票、本票相比的两个显著特点是：一是以银行或者其他金融机构作为付款人，二是见票即付。

**（二）支票的种类**

根据《支付结算办法》的相关规定，按支票的用途，可将支票分为现金支票、转账支票、普通支票和划线支票。

（1）现金支票。根据《票据法》的规定，支票上印有"现金"字样的支票即为现金支票，现金支票只能用于支取现金。

（2）转账支票。《票据法》第八十三条第三款规定，支票中专门用于转账的，可以另行制作转账支票，转账支票只能用于转账，不得支取现金。

（3）普通支票。支票上未印有"现金"或"转账"字样，其既可以用来支取现金，亦可用来转账。

（4）划线支票。在普通支票左上角画两条平行线的，为划线支票。划线支票只能用于转账，不得支取现金。

## 二、支票的出票

### (一) 出票的概念

出票人签发支票并交付的行为即为出票。但是，出票人签发支票必须具备一定的条件。根据《票据法》第八十二条的规定，开立支票存款账户，申请人必须使用其本名，并提交证明其身份的合法证件。开立支票存款账户和领用支票，应当有可靠的资信，并存入一定的资金。开立支票存款账户，申请人应当预留其本名的签名式样和印鉴。这些规定主要在于保证支付支票票款的安全，保护支票权利义务各方当事人的合法权益。

### (二) 支票的格式

与汇票一样，有效的支票必须按法定要求记载有关事项。这些事项亦可分为绝对应记载事项和相对应记载事项。

1. 绝对应记载事项

根据《票据法》八十四条的规定，支票的绝对应记载事项共有六项内容：(1) 表明"支票"的字样；(2) 无条件支付的委托；(3) 确定的金额；(4) 付款人名称；(5) 出票日期；(6) 出票人签章。支票上未记载上述规定事项之一的，支票无效。

为了发挥支票灵活便利的特点，《票据法》还规定了两项绝对应记载事项可以通过授权补记的方式记载：一是关于支票金额的授权补记。《票据法》第八十五条规定：支票上的金额可以由出票人授权补记，未补记前的支票，不得使用。二是关于收款人名称的授权补记。第八十六条第一款规定：支票上未记载收款人名称的，经出票人授权，可以补记。此外，由于实践中存在出票人兼任收款人的情况，如单位签发支票向其开户银行领取现金，故《票据法》第八十六条第四款规定：出票人可以在支票上记载自己为收款人。这是一种例外性规定。

2. 相对应记载事项

《票据法》第八十六条第二款、第三款规定了相对记载事项，该相对应记载事项包括两项内容：(1) 付款地。根据《票据法》第八十六条第二款的规定，支票上未记载付款地的，付款人的营业场所为付款地。(2) 出票地。根据《票据法》第八十六条第三款的规定，支票上未记载出票地的，出票人的营业场所、住所或者经常居住地为出票地。此外，根据《票据法》第九十三条第二款的规定，支票上可以记载非法定记载事项，但这些事项并不具有支票上的效力。

### (三) 出票的其他法定条件

(1) 支票的出票人所签发的支票金额不得超过其付款时在付款人处实有的存款金额。出票人签发的支票金额超过其付款时在付款人处实有的存款金额为空头支票。签发空头支票是一种违法行为，对其责任人要给予严厉的处罚和制裁，构成犯罪的，要依法追究其刑事责任。

(2) 支票的出票人不得签发与其预留本名的签名式样或者印鉴不符的支票，使用支付密码的，出票人不得签发支付密码错误的支票。否则，该支票无效。

### (四) 出票的效力

依照《票据法》第八十九条第一款的规定，出票人必须按照签发的支票金额承担保证向该持票人付款的责任：一是出票人必须在付款人处存有足够可处分的资金，以保证支票票款的支付；二是当付款人对支票拒绝付款或者超过支票付款提示期限的，出票人应向持票人承担付款责任。

## 三、支票付款

《票据法》第九十条规定：支票限于见票即付，不得另行记载付款日期。另行记载付款日期的，该记载无效。因此，出票人在付款人处的存款足以支付支票金额时，付款人应当在见票当日足额付款。

### （一）提示期间

《票据法》第九十一条第一款规定：支票的持票人应当自出票日起 10 日内提示付款；异地使用的支票，其提示付款的期限由中国人民银行另行规定。

超过提示付款期限的，依照《票据法》第九十一条第二款的规定，付款人可以不予付款，但是付款人不予付款的，出票人仍应当对持票人承担票据责任。持票人超过提示付款期限的，并不丧失对出票人的追索权，出票人仍应当对持票人承担支付票款的责任。

### （二）付款

持票人在提示期间向付款人提示票据，付款人在对支票进行审查之后，如未发现有不符规定之处，即应向持票人付款。《票据法》第八十九条第二款规定：出票人在付款人处的存款足以支付支票金额时，付款人应当在当日足额付款。

### （三）付款责任的解除

《票据法》第九十二条规定：付款人依法支付支票金额的，对出票人不再承担受委托付款的责任，对持票人不再承担付款的责任。但是，付款人以恶意或者有重大过失付款的除外。这里所指的恶意或者有重大过失付款是指付款人在收到持票人提示的支票时，明知持票人不是真正的票据权利人，支票的背书以及其他签章系属伪造，或者付款人不按照正常的操作程序审查票据等情形。在此情况下，付款人不能解除付款责任，由此造成损失的，由付款人承担赔偿责任。

### （四）支票准用汇票的有关规定

《票据法》第九十三条规定：支票的背书、付款行为和追索权的行使，除本章规定外，适用本法第二章有关汇票的规定。支票的出票行为，除本章规定外，适用本法第二十四条、第二十六条关于汇票的规定。据此规定，支票准用汇票的条款有如下情形：(1) 出票。如前所述的出票引用汇票的有关规定外，还适用《票据法》第二十六条的规定。(2) 背书。支票背书准用《票据法》第二十七条至第三十四、第三十五条第一款、第三十六条、第三十七条的规定。(3) 付款。支票的付款行为准用《票据法》第五十三条第三款、第五十五条、第五十六条第一款、第五十七条第一款、第五十九条、第六十条的规定。(4) 追索权。支票的追索权的行使准用《票据法》第六十一条第一款和第二款第三项、第六十二条、第六十三条、第六十六条、第七十二条之规定。

# 第五节　涉外票据的法律规定

## 一、涉外票据的范围

涉外票据是指出票、背书、承兑、保证、付款等行为中，既有发生在中华人民共和国境内又有发生在中华人民共和国境外的票据。涉外票据必须具有涉外因素。《票据法》规定，出票、背书、承兑、保证、付款等行为中，只要有一项发生在境外，就被认定为是涉外票据。

## 二、我国《票据法》与有关国际条约、国际惯例的关系

《票据法》第九十五条第一款规定：中华人民共和国缔结或者参加的国际条约同本法有不同规定的，适用国际条约的规定。但是，中华人民共和国声明保留的条款除外。声明保留的条款仍然适用国内法。

《票据法》第九十五条第二款规定：本法和中华人民共和国缔结或者参加的国际条约没有规定的，可以适用国际惯例。这里的“可以适用”不是“必须适用”，因而也可不适用。究竟是否适用，这需要协商或有关机关的裁判来确定。

## 三、涉外票据的法律适用

### （一）关于民事行为能力的法律适用

《票据法》第九十六条对此规定了两种情况：（1）在一般情况下，票据债务人的民事行为能力，适用其本国法律；（2）票据债务人的民事行为能力，依照其本国法律为无民事行为能力或者为限制民事行为能力而依照行为地法律为完全民事行为能力的，适用行为地法律。

### （二）关于出票时记载事项的法律适用

这里的记载事项包括前述汇票、本票、支票各节中规定的出票时的绝对应记载事项、相对应记载事项和非法定记载事项等。《票据法》第九十七条规定了两种情况：（1）汇票、本票出票时的记载事项，适用出票地法律；（2）支票出票时的记载事项，适用出票地法律，经当事人协议，也可以适用付款地法律。

### （三）关于背书、承兑、保证、付款行为的法律适用

《票据法》第九十八条规定：票据的背书、承兑、付款和保证行为，适用行为地法律。依此规定，上述四种行为可能会在汇票中出现，但对本票和支票而言，由于没有承兑制度，故不存在适用承兑行为地法律适用问题；对支票而言，由于没有保证制度，故也不存在保证行为地的法律适用问题。

### （四）关于追索权行使期限的法律适用

依照《票据法》第九十九条的规定，票据追索权的行使期限，适用出票地法律。

### （五）关于提示期限、拒绝证明的方式及出具期限的法律适用

根据《票据法》第一百条的规定，票据的提示期限、有关拒绝证明的方式、出具拒绝证明的期限适用付款地法律。

### （六）关于票据丧失时保全票据权利程序的法律适用

根据《票据法》第一百零一条的规定，票据丧失时，失票人请求保全票据权利的程序，适用付款地法律。

# 第六节　法律责任

我国《票据法》第六章专门规定了法律责任问题。该章中的法律责任是指票据责任之外的刑事法律责任、行政法律责任和民事法律责任。

## 一、票据欺诈行为的法律责任

《票据法》第一百零二条规定了 7 种票据欺诈行为的刑事法律责任问题。该 7 种票据欺诈行为是：（1）伪造、变造票据；（2）故意使用伪造、变造的票据；（3）签发空头支票或者故意签发与其预留的本名签名式样或者印鉴不符的支票，骗取财物；（4）签发无可靠资金来源的汇票、本票，骗取资金；（5）汇票、本票的出票人在出票时作虚假记载，骗取财物；（6）冒用他人的票据，或者故意使用过期或者作废的票据，骗取财物；（7）付款人同出票人、持票人恶意串通，实施前 6 项所列行为之一的。凡行为人实施上述行为之一，即构成犯罪，应依法承担刑事法律责任。根据《刑法》第一百七十七条和第一百九十四条的规定，对构成前述第一项行为的，处 5 年以下有期徒刑或者拘役，并处或单处 2 万元以上 20 万元以下罚金；情节严重的，处 5 年以上 10 年以下有期徒刑，并处 5 万元以上 50 万元以下罚金；情节特别严重的，处 10 年以上有期徒刑或者无期徒刑，并处 5 万元以上 50 万元以下罚金或者没收财产。对构成前述第（1）至（6）项行为，数额较大的，处 5 年以下有期徒刑或者拘役，并处 2 万元以上 20 万元以下罚金；数额巨大或者有其他严重情节的，处 5 年以上 10 年以下有期徒刑，并处 5 万元以上 50 万元以下罚金；数额特别巨大或者有其他特别严重情节的，处 10 年以上有期徒刑或者无期徒刑，并处 5 万元以上 50 万元以下罚金或者没收财产。付款人同出票人、持票人恶意串通，实施票据欺诈行为的，与出票人、持票人一起作为共犯，承担相应的刑事责任。

行为人实施前述票据欺诈行为之一的，情节轻微，不构成犯罪的，依照国家有关规定给予行政处罚。该等处罚主要有警告、罚款、没收非法所得、停止办理某项业务、停业整顿、吊销营业执照或经营许可证、拘留等。

行为人实施前述票据欺诈行为，给他人造成损失的，还应当承担民事赔偿责任。但被伪造签章者不承担票据责任。

## 二、金融机构工作人员的法律责任

金融机构工作人员在票据业务中玩忽职守，违反《票据法》规定的票据予以承兑、付

款或者保证的，给予处分；造成重大损失，构成犯罪的，依法追究刑事责任。因上述行为给当事人造成损失的，由该金融机构和直接责任人员依法承担连带赔偿责任。这里的“处分”是指由单位给予该人员警告、记过、撤职、开除公职等行政处分；这里的刑事责任，是依照《刑法》第三百九十七条的规定，处3年以下有期徒刑或者拘役；情节特别严重的，处3年以上7年以下有期徒刑。

## 三、付款人故意压票、拖延支付的行政、民事法律责任

依照《票据法》第一百零五第一款的规定，票据的付款人对见票即付或者到期的票据，故意压票、拖延支付的，由金融行政管理部门处以罚款，对直接责任人员给予处分。这里所指的金融行政管理部门是指中国人民银行，该行政处罚主要有罚款、警告、通报批评、停止使用或办理有关票据结算以及对责任人给予行政处罚。依照《票据法》第一百零五条第二款规定，票据的付款人故意压票、拖延支付，给持票人造成损失的，依法承担赔偿责任。

## 本章小结

票据是由出票人签发的，约定自己或委托他人于到期日或见票时无条件支付一定金额给收款人的有价证券。我国《票据法》所指的票据是汇票、本票和支票。该法对票据的出票、背书、承兑、保证、付款、追索权等票据制度进行了规范，同时，还包括相关的法律责任。

## 思考与练习

### 一、简述题

1. 票据概念。
2. 票据行为成立的有效条件。
3. 追索权的概念及行使。

### 二、案例分析

2014年5月13日，A公司业务员到外地出差，途中遗失一张已盖好单位和有关人员印章的付款人为某银行的空白转账支票。第二天，该业务员发现后立即报告了A公司，公司立即通知了开户银行（即付款银行），并在当地和所涉及的外地晚报上刊登了遗失声明，宣布该支票作废。5月16日，B公司持A公司宣布遗失的支票向银行提示付款，银行拒绝。B公司持退回的支票到A公司，称该支票是因出售粮食制品受让的，要求A公司支付票面金额5万元。A公司以该支票已经声明作废为由拒绝支付任何款项。B公司起诉到法院，要求A公司承担责任。

**问：**A公司应该承担责任吗？为什么？

# 第十一章

# 劳动和社会保险法律制度

◇ 劳动法的立法宗旨和适用范围
◇ 工作时间和休息休假、工资与劳动安全卫生
◇ 女职工及未成年工的特殊保护
◇ 劳动合同的种类及条款
◇ 集体合同、劳务派遣、非全日制用工
◇ 社会保险法的概念、适用范围和权利义务
◇ 基本养老保险、基本医疗保险、工伤保险、失业保险和生育保险

## 第一节　劳动法

### 一、劳动法律制度概述

劳动法是调整劳动关系以及与劳动关系密切联系的社会关系的法律规范总称。它有广义和狭义之分。广义的劳动法包括《中华人民共和国劳动法》（以下简称《劳动法》）、《中华人民共和国劳动合同法》（以下简称《劳动合同法》）及各种有关的行政法规和部门规章。狭义的劳动法仅指1994年7月5日第八届全国人民代表大会常务委员会第八次会议通过、1995年1月1日起施行的《劳动法》。劳动法是保护劳动者的合法权益，调整劳动关系，建立和维护适应社会主义市场经济的劳动制度，促进经济发展和社会进步的基本规范，本节介绍狭义的劳动法。

**（一）劳动法律制度的立法宗旨和适用范围**

根据《劳动法》第一条的规定，劳动法的立法宗旨是：保护劳动者的合法权益，调整劳动关系，建立和维护适应社会主义市场经济的劳动制度，促进经济发展和社会进步。

根据《劳动法》第二条的规定，劳动法的适用范围是：在中华人民共和国境内的企业及个体经济组织（以下统称用人单位）和与之形成劳动关系的劳动者，适用《劳动法》。国家机关、事业组织、社会团体和与之建立劳动合同关系的劳动者，依照《劳动法》执行。

### （二）劳动法律制度的作用

劳动法律制度的作用主要是国家采取各种措施，促进劳动就业，发展职业教育，制定劳动标准，调节社会收入，完善社会保险，协调劳动关系，逐步提高劳动者的生活水平。同时，通过促进经济和社会发展，创造就业条件，扩大就业机会。国家鼓励企业、事业组织、社会团体在法律、行政法规规定的范围内兴办产业或者拓展经营，增加就业。国家支持劳动者自愿组织起来就业和从事个体经营实现就业。地方各级人民政府应当采取措施，发展多种类型的职业介绍机构，提供就业服务。

劳动者就业，不因民族、种族、性别、宗教信仰不同而受歧视。妇女享有与男子平等的就业权利，在录用职工时，除国家规定的不适合妇女的工种或者岗位外，不得以性别为由拒绝录用妇女或者提高对妇女的录用标准。残疾人、少数民族人员、退出现役的军人的就业，法律、法规有特别规定的，从其规定。

禁止用人单位招用未满 16 岁的未成年人，文艺、体育和特种工艺单位招用未满 16 周岁的未成年人，必须依照国家有关规定，履行审批手续，并保障其接受义务教育的权利。

## 二、工作时间和休息休假

### （一）工作时间

（1）根据《劳动法》第三十六条的规定，国家实行劳动者每日工作时间不超过 8 小时、平均每周工作时间不超过 44 小时的工时制度。1995 年 3 月 25 日国务院又颁布了《国务院关于职工工作时间的规定》，确定劳动者每日工作时间不超过 8 小时、每周工作不超过 40 小时。

对实行计件工作的劳动者，用人单位应当根据前述的工时制度合理确定其劳动定额和计件报酬标准。此外，在特殊条件下从事劳动或有特殊情况，需要适当缩短工作时间的，或者因特殊情况和紧急任务确需延长工作时间的，都要按照国家规定执行。

（2）用人单位由于生产经营需要，经与工会和劳动者协商后可以延长工作时间，一般每日不得超过 1 小时；因特殊原因需要延长工作时间的，在保障劳动者身体健康的条件下延长工作时间每日不得超过 3 小时，每月不得超过 36 小时。但是有下列情形之一的，延长工作时间不受上述规定的限制：1）发生自然灾害、事故或者因其他原因，威胁劳动者生命健康和财产安全，需要紧急处理的；2）生产设备、交通运输线路、公共设施发生故障，影响生产和公众利益，必须及时抢修的；3）法律、行政法规规定的其他情形。

（3）有下列情形之一的，用人单位应当按照下列标准支付高于劳动者正常工作时间工资的工资报酬：1）安排劳动者延长时间的，支付不低于工资的 150％的工资报酬；2）休息日安排劳动者工作又不能安排补休的，支付不低于工资的 200％的工资报酬；3）法定休假日安排劳动者工作的，支付不低于工资的 300％的工资报酬。

### （二）休息休假

休息休假是劳动者保持身心健康，实现休息权的重要权益。我国休息休假的种类有：

（1）日休息。是指职工在每个工作日内应有的休息和用膳时间，一般不少于半个小时。

(2) 周休息日。《劳动法》第三十八条规定：用人单位应当保证劳动者每周至少休息一日。根据国务院《关于职工工作时间的规定》的规定，国家机关、事业单位实行统一的工作时间，星期六和星期日为周休息日。企业和不能实行规定的统一工作时间的事业单位，可以根据实际情况灵活安排周休息日。

(3) 法定休假。《劳动法》规定，用人单位在下列节日期间应当依法安排劳动者休假：元旦；春节；国际劳动节；国庆节；法律、法规规定的其他休假节日。

根据《国务院关于全国年节及纪念日放假办法》的规定，全体公民放假的节日有：新年，1月1日放假1天；春节，农历除夕、正月初一、初二放假3天；清明节，农历清明当日放假1天；劳动节，5月1日放假1天；端午节，农历端午当日放假1天；中秋节，农历中秋当日放假1天；国庆节，10月1日、2日、3日放假3天。

部分公民放假的节日及纪念日：3月8日妇女节，妇女放假半天；5月4日青年节，14周岁以上的青年放假半天；6月1日儿童节，不满14周岁的少年儿童放假1天；8月1日中国人民解放军建军纪念日，现役军人放假半天。

少数民族习惯的节日，由各少数民族聚居地区的地方人民政府，按照各民族习惯，规定放假日期。教师节、护士节、记者节、植树节等其他节日、纪念日，均不放假。

全体公民放假的假日，如果适逢星期六、星期日，应当在工作日补假。部分公民放假的假日，如果适逢星期六、星期日，则不予补假。

(4) 带薪年休假。国家实行带薪年休假制度。机关、团体、企业、事业单位、民办非企业单位、有雇工的个体工商户等单位的职工连续工作1年以上的，享受带薪年休假（以下简称年休假）。单位应当保证职工享受年休假。职工在年休假期间享受与正常工作期间相同的工资收入。职工累计工作已满1年不满10年的，年休假5天；已满10年不满20年的，年休假10天；已满20年的，年休假15天。国家法定休假日、休息日不予计入年休假的假期。

(5) 探亲假。根据国务院1981年3月14日公布施行的《关于职工探亲待遇的规定》的规定，凡在国家机关、人民团体和全民所有制企业、事业单位工作满1年的固定职工，与配偶不住在一起，又不能在公休假日团聚的，可以享受探望配偶的待遇；与父亲、母亲都不住在一起，又不能在公休假日团聚的，可以享受探望父母的待遇。但是，职工与父亲或与母亲一方能够在公休假日团聚的，不能享受探望父母的待遇。另外，根据实际需要给予路程假。探亲假期包括公休假日和法定节日在内。职工探亲假期：1）职工探望配偶的，每年给予一方探亲假一次，假期为30天。2）未婚职工探望父母，原则上每年给假一次，假期为20天。如果因为工作需要，本单位当年不能给予假期，或者职工自愿两年探亲一次的，可以两年给假一次，假期为45天。3）已婚职工探望父母的，每4年给假一次，假期为20天。

## 三、工资

### （一）关于工资的基本制度

工资分配应当遵循按劳分配原则，实行同工同酬。工资水平需在经济发展的基础上逐步提高。国家对工资总量实行宏观调控。

用人单位根据本单位的生产经营特点和经济效益，依法自主确定本单位的工资分配方式和工资水平。

**（二）最低工资保障制度**

国家实行最低工资保障制度。最低工资的具体标准由省、自治区、直辖市人民政府规定，报国务院备案。用人单位支付劳动者的工资不得低于当地最低工资标准。

确定和调整最低工资标准应当综合参考下列因素：（1）劳动者本人及平均赡养人口的最低生活费用；（2）社会平均工资水平；（3）劳动生产率；（4）就业状况；（5）地区之间经济发展水平的差异。

**（三）工资的支付**

工资应当以货币形式按月支付给劳动者本人，不得克扣或者无故拖欠劳动者的工资。

劳动者在法定休假日和婚丧假期间以及依法参加社会活动期间，用人单位应当依法支付工资。

## 四、劳动安全卫生

用人单位必须建立、健全劳动卫生制度，严格执行国家劳动安全卫生规程和标准，对劳动者进行劳动安全卫生教育，防止劳动过程中发生事故，减少职业危害。

劳动安全卫生设施必须符合国家规定的标准。新建、改建、扩建工程的劳动安全卫生设施必须与主体同时设计、同时施工、同时投入生产和使用。

用人单位必须为劳动者提供符合国家规定的劳动安全卫生条件和必要的劳动防护用品，对从事有职业危害作业的劳动者应当定期进行健康检查。

从事特种作业的劳动者必须经过专门培训并取得特种作业资格。

劳动者在劳动过程中必须严格遵守安全操作规程。劳动者对用人单位管理人员违章指挥、强令冒险作业，有权拒绝执行；对危害生命安全和身体健康的行为，有权提出批评、检举和控告。

国家建立伤亡和职业病统计报告和处理制度。县级以上各级人民政府劳动行政部门、有关部门和用人单位应当依法对劳动者在劳动过程中发生的伤亡事故和劳动者的职业病状况，进行统计、报告和处理。

## 五、女职工和未成年工的特殊保护

**（一）对女职工的特殊保护**

（1）禁止安排女职工从事矿山井下、国家规定的第四级体力劳动强度的劳动和其他禁忌从事的劳动。

（2）不得安排女职工在经期从事高处、低温、冷水作业和国家规定的第三级体力劳动强度的劳动。

（3）不得安排女职工在怀孕期间从事国家规定的第三级体力劳动强度的劳动和孕期禁忌从事的劳动。对怀孕7个月以上的女职工，不得安排其延长工作时间和夜班劳动。

（4）女职工生育享受不少于90天的产假。不得安排女职工在哺乳未满1周岁的婴儿期间从事国家规定的第三级体力劳动强度的劳动和哺乳期禁忌从事的其他劳动，不得安排其延长工作时间和夜班劳动。

**（二）对未成年工的特殊保护**

未成年工是指年满 16 周岁未满 18 周岁的劳动者。用人单位不得安排未成年工从事矿山井下、有毒有害、国家规定的第四级体力劳动强度的劳动和其他禁忌从事的劳动。用人单位应当对未成年工定期进行健康检查。

## 六、职业培训

国家需通过各种途径，采取各种措施，发展职业培训事业，开发劳动者的职业技能，提高劳动者素质，增强劳动者的就业能力和工作能力。

各级人民政府应当把发展职业培训纳入社会经济发展的规划，鼓励和支持有条件的企业、事业组织，社会团体和个人进行各种形式的职业培训。

用人单位应当建立职业培训制度，按照国家规定提取和使用职业培训经费，根据本单位实际，有计划地对劳动者进行职业培训。从事技术工种的劳动者，上岗前必须经过培训。

由国家确定职业分类，对规定的职业制度、职业技能标准，实行职业资格证书制度，由经过政府批准的考核鉴定机构负责对劳动者实施职业技能考核鉴定。

## 七、劳动争议

**（一）劳动争议处理的基本制度**

广义的劳动争议是指用人单位与劳动者之间因劳动关系所发生的一切争议；狭义的劳动争议是指用人单位与劳动者因劳动权利、劳动义务发生分歧引起的纷争，一般包括录用和辞退、劳动报酬、工作时间和休息休假、劳动纪律、劳动条件、劳动保护、社会保险等方面的争议。

（1）劳动争议处理方式。用人单位与劳动者发生劳动争议，当事人可以依法申请调解、仲裁、提起诉讼，也可以协商解决。调解原则适用于仲裁和诉讼程序。

（2）劳动争议处理原则。解决劳动争议，应当根据合法、公正、及时处理的原则，依法维护劳动争议当事人的合法权益。

（3）劳动争议处理程序。劳动争议发生后，当事人可以向本单位劳动争议调解委员会申请调解；调解不成，当事人一方要求仲裁的，可以向劳动争议仲裁委员会申请仲裁。当事人一方也可以直接向劳动争议仲裁委员会申请仲裁。对仲裁裁决不服的，可以向人民法院提出诉讼。

**（二）劳动争议的处理方式**

（1）调解。在用人单位内，可以设立劳动争议调解委员会。劳动争议调解委员会由职工代表、用人单位代表和工会代表组成。劳动争议调解委员会主任由工会代表担任。劳动争议经调解达成协议的，当事人应当履行。

（2）仲裁。劳动争议仲裁委员会由劳动行政部门代表、同级工会代表、用人单位方面的代表组成。劳动争议仲裁委员会主任由劳动行政部门代表担任。提出仲裁要求的一方应当自劳动争议发生之日起 60 日内向劳动争议仲裁委员会提出书面申请。仲裁裁决一般应在收到仲裁申请的 60 日内作出。对仲裁裁决无异议的，当事人必须履行。

（3）诉讼。劳动争议当事人对仲裁裁决不服的，可以自收到仲裁裁决书之日起 15 日内向人民法院提起诉讼。一方当事人在法定期限内不起诉又不履行仲裁裁决的，另一方当事人可以申请强制执行。

（4）集体合同争议的处理。因签订集体合同发生争议，当事人协商解决不成的，当地人民政府劳动行政部门可以组织有关各方协调处理。因履行集体合同发生争议，当事人协商解决不成的，可以向劳动争议仲裁委员会申请仲裁；对仲裁裁决不服的，可以自收到仲裁裁决书之日起 15 日内向人民法院提出诉讼。

## 八、法律责任

### （一）用人单位的法律责任

（1）用人单位制定的劳动规章制度违反法律、法规规定的，由劳动行政部门给予警告，责令改正；对劳动者造成损害的，应当承担赔偿责任。

（2）用人单位违反规定，延长劳动者工作时间的，由劳动行政部门给予警告，责令改正，并可以处以罚款。

（3）用人单位有下列侵害劳动者合法权益情形之一的，由劳动行政部门责令支付劳动者的工资报酬、经济补偿，并可以责令支付赔偿金：1）克扣或者无故拖欠劳动者工资的；2）拒不支付劳动者延长工作时间工资报酬的；3）低于当地最低工资标准支付劳动者工资的；4）解除劳动合同后，未依照规定给予劳动者经济补偿的。

（4）用人单位的劳动安全设施和劳动卫生条件不符合国家规定或者未向劳动者提供必要的劳动防护用品和劳动保护设施的，由劳动行政部门或者有关部门责令改正，可以处以罚款；情节严重的，提请县级以上人民政府决定责令停产整顿；对事故隐患不采取措施，致使发生重大事故，造成劳动者生命和财产损失的，对责任人员比照《刑法》第一百三十五条的规定追究刑事责任。

（5）用人单位强令劳动者违章冒险作业，发生重大伤亡事故，造成严重后果的，对责任人员依法追究刑事责任。

（6）用人单位非法招用未满 16 周岁的未成年人的，由劳动行政部门责令改正，处以罚款；情节严重的，由工商行政管理部门吊销营业执照。

（7）用人单位违反劳动法对女职工和未成年工的保护规定，侵害其合法权益的，由劳动行政部门责令改正，处以罚款；对女职工或者未成年工造成损害的，应当承担赔偿责任。

（8）用人单位有下列行为之一，由公安机关对责任人员处以 15 日以下拘留、罚款或者警告；构成犯罪的，对责任人员依法追究刑事责任：1）以暴力、威胁或者非法限制人身自由的手段强迫劳动的；2）侮辱、体罚、殴打、非法搜查和拘禁劳动者的。

（9）由于用人单位的原因订立的无效合同，对劳动者造成损害的，应当承担赔偿责任。

（10）用人单位违反劳动法规定的条件解除劳动合同或者故意拖延不订立劳动合同的，由劳动行政部门责令改正；对劳动者造成损害的，应当承担赔偿责任。

（11）用人单位招用尚未解除劳动合同的劳动者，对原用人单位造成经济损失的，该用人单位应当依法承担连带赔偿责任。

(12) 用人单位无故不缴纳社会保险费的，由劳动行政部门责令其限期缴纳；逾期不缴的，可以加收滞纳金。

(13) 用人单位无理阻挠劳动行政部门、有关部门及其工作人员行使监督检查权，打击报复举报人员的，由劳动行政部门或者有关部门处以罚款；构成犯罪的，对责任人员依法追究刑事责任。

**(二) 劳动者和其他相关人员的法律责任**

(1) 劳动者违反劳动法规定的条件解除劳动合同或者违反劳动合同中约定的保密事项，对用人单位造成经济损失的，应当依法承担赔偿责任。

(2) 劳动行政部门或者有关部门的工作人员滥用职权、玩忽职守、徇私舞弊，构成犯罪的，依法追究刑事责任；不构成犯罪的，给予行政处分。

(3) 国家工作人员和社会保险基金经办机构的工作人员挪用社会保险基金，构成犯罪的，依法追究刑事责任。

(4) 违反劳动法规定侵害劳动者合法权益，其他法律、行政法规已规定处罚的，依照该法律、行政法规的规定处罚。

## 第二节　劳动合同法

### 一、劳动合同法律制度概述

劳动合同法律制度是调整劳动合同关系的法律规范的总称。《中华人民共和国劳动合同法》(以下简称《劳动合同法》) 于 2007 年 6 月 29 日由第十届全国人民代表大会常务委员会第二十八次会议通过，自 2008 年 1 月 1 日施行。2012 年 12 月对《劳动合同法》进行了第一次修订，现行《劳动合同法》自 2013 年 7 月 1 日起施行。《劳动合同法》共 8 章 98 条，包括总则、劳动合同的订立、劳动合同的履行和变更、劳动合同的解除和终止、特别规定、监督检查、法律责任和附则。2008 年 9 月 3 日，国务院第二十五次常务会议通过了《中华人民共和国劳动合同法实施条例》，并于 2008 年 9 月 18 日公布实施。该实施条例对《劳动合同法》进行了细化规定，有利于劳动合同法的有效实施。

**(一)《劳动合同法》的立法宗旨与适用范围**

根据《劳动合同法》第一条的规定，劳动合同法的立法宗旨为完善劳动合同制度，明确劳动合同双方当事人的权利和义务，保护劳动者的合法权益，构建和发展和谐稳定的劳动关系。

《劳动合同法》的适用范围为：中华人民共和国境内的企业、个体经济组织、民办非企业单位等组织（以下称用人单位）与劳动者建立劳动关系，订立、履行、变更、解除或者终止劳动合同，适用《劳动合同法》。国家机关、事业单位、社会团体和与其建立劳动关系的劳动者，订立、履行、变更、解除或者终止劳动合同，依照《劳动合同法》执行。

依法成立的会计师事务所、律师事务所等合伙组织和基金会，属于《劳动合同法》规定的用人单位。

### （二）劳动行政部门和工会在劳动合同中的作用

用人单位应当依法建立和完善劳动规章制度，保障劳动者享有劳动权利、履行劳动义务。用人单位在制定、修改或者决定有关劳动报酬、工作时间、休息休假、劳动安全卫生、保险福利、职工培训、劳动纪律以及劳动定额管理等直接涉及劳动者切身利益的规章制度或者重大事项时，应当经职工代表大会或者全体职工讨论，提出方案和意见，与工会或者职工代表平等协商确定。工会或者职工认为不适当的，有权向用人单位提出，通过协商予以修改完善。用人单位应当将直接涉及劳动者切身利益的规章制度和重大事项决定公示，或者告知劳动者。

县级以上人民政府劳动行政部门会同工会和企业方面代表，建立健全协调劳动关系三方机制，共同研究解决有关劳动关系的重大问题。工会应当帮助、指导劳动者与用人单位依法订立和履行劳动合同，并与用人单位建立集体协商机制，维护劳动者的合法权益。

## 二、劳动合同的订立

### （一）订立劳动合同的基本原则

根据《劳动合同法》第三条的规定，订立劳动合同，应当遵循合法、公平、平等自愿、协商一致、诚实信用的原则。依法订立的劳动合同具有约束力，用人单位与劳动者应当履行劳动合同约定的义务。

### （二）劳动合同订立中的权利和义务

用人单位自用工之日起即与劳动者建立劳动关系。建立劳动关系，应当订立书面劳动合同。已建立劳动关系未同时订立书面劳动合同的，应当自用工之日起1个月内订立书面劳动合同。用人单位应当建立职工名册备查，职工名册应当包括劳动者姓名、性别、公民身份证号码、户籍地址及现住址、联系方式、用工形式、用工起始时间、劳动合同期限等内容。用人单位与劳动者在用工前订立劳动合同的，劳动关系自用工之日起建立。

用人单位招用劳动者时，应当如实告知劳动者工作内容、工作条件、工作地点、职业危害、安全生产状况、劳动报酬，以及劳动者要求了解的其他情况；用人单位有权了解劳动者与劳动合同直接相关的基本情况，劳动者应当如实说明。

用人单位招用劳动者，不得扣押劳动者的居民身份证和其他证件，不得要求劳动者提供担保或者以其他名义向劳动者收取财物。

### （三）劳动合同的种类

劳动合同分为固定期限劳动合同、无固定期限劳动合同和以完成一定工作任务为期限的劳动合同。

1. 固定期限劳动合同

固定期限劳动合同是指用人单位与劳动者约定合同终止时间的劳动合同。用人单位与劳动者协商一致，可以订立固定期限劳动合同。

2. 无固定期限劳动合同

无固定期限合同是指用人单位与劳动者约定无确定终止时间的劳动合同。

用人单位与劳动者协商一致，可以订立无固定期限劳动合同。有下列情形之一，劳动者提出或者同意续订、订立劳动合同的，除劳动者提出订立固定期限劳动合同外，应当订立无固定期限劳动合同：（1）劳动者在该用人单位连续工作满 10 年的；（2）用人单位初次实行劳动合同制度或者国有企业改制重新订立劳动合同时，劳动者在该用人单位连续工作满 10 年且距法定退休年龄不足 10 年的；（3）连续订立两次固定期限劳动合同，且劳动者没有《劳动合同法》第三十九条和第四十条第一项、第二项规定的情形，续订劳动合同的。

用人单位自用工之日起满 1 年不与劳动者订立书面劳动合同的，视为用人单位与劳动者已订立无固定期限劳动合同。

其中，连续工作满 10 年的起始时间，应当自用人单位用工之日起计算，包括《劳动合同法》施行前的工作年限。劳动者非因本人原因从原用人单位被安排到新用人单位工作的，劳动者在原用人单位的工作年限合并计算为新用人单位的工作年限。原用人单位已经向劳动者支付经济补偿的，新用人单位在依法解除、终止劳动合同计算支付经济补偿的工作年限时，不再计算劳动者在原用人单位的工作年限。

除劳动者与用人单位协商一致的情形外，劳动者依法提出订立无固定期限劳动合同的，用人单位应当与其订立无固定期限劳动合同。对劳动合同的内容，双方应当按照合法、公平、平等自愿、协商一致、诚实信用的原则协商确定；对协商不一致的内容，劳动合同对劳动报酬和劳动条件等标准约定不明确，引发争议的，用人单位与劳动者可以重新协商；协商不成的，适用集体合同规定；没有集体合同或者集体合同未规定劳动报酬的，实行同工同酬；没有集体合同或者集体合同未规定劳动条件等标准的，适用国家有关规定。

地方各级人民政府及县级以上地方人民政府有关部门为安置就业困难人员提供的给予岗位补贴和社会保险补贴的公益性岗位，其劳动合同不适用《劳动合同法》有关无固定期限劳动合同的规定以及支付经济补偿的规定。

3. 以完成一定工作任务为期限的劳动合同

这是指用人单位与劳动者约定以某项工作的完成为合同期限的劳动合同。用人单位与劳动者协商一致，可以订立以完成一定工作任务为期限的劳动合同。

**（四）劳动合同的条款**

1. 劳动合同条款的一般规定

根据《劳动合同法》第十七条的规定，劳动合同应该具备以下条款：（1）用人单位的名称、住所和法定代表人或者主要负责人；（2）劳动者的姓名、住址和居民身份证或者其他有效身份证件号码；（3）劳动合同期限；（4）工作内容和工作地点；（5）工作时间和休息休假；（6）劳动报酬；（7）社会保险；（8）劳动保护、劳动条件和职业危害防护；（9）法律、法规规定应当纳入劳动合同的其他事项。

劳动合同除了上述必备条款外，用人单位与劳动者还可以约定试用期、培训、保守秘密、补充保险和福利待遇等其他事项。

劳动合同对劳动报酬和劳动条件等标准约定不明确，引发争议的，用人单位与劳动者可以重新协商；协商不成的，适用集体合同规定；没有集体合同或者集体合同未规定劳动报酬的，实行同工同酬；没有集体合同或者集体合同未规定劳动条件等标准的，适用国家有关规定。

2. 试用期

劳动合同期限3个月以上不满1年的，试用期不得超过1个月；劳动合同期限1年以上不满3年的，试用期不得超过2个月；3年以上固定期限和无固定期限的劳动合同，试用期不得超过6个月。同一用人单位与同一劳动者只能约定一次试用期。以完成一定工作任务为期限的劳动合同或者劳动合同期限不满3个月的，不得约定试用期。试用期包含在劳动合同期限内。劳动合同仅约定试用期的，试用期不成立，该期限为劳动合同期限。

劳动者在试用期的工资不得低于本单位相同岗位最低档工资或者不得低于劳动合同约定工资的80%，并不得低于用人单位所在地的最低工资标准。

在试用期中，除劳动者有《劳动合同法》第三十九条和第四十条第一项、第二项规定的情形外，用人单位不得解除劳动合同。用人单位在试用期解除劳动合同的，应当向劳动者说明理由。

3. 服务期

用人单位为劳动者提供专项培训费用，对其进行专业技术培训的，可以与该劳动者订立协议，约定服务期。劳动者违反服务期约定的，应当按照约定向用人单位支付违约金。违约金的数额不得超过用人单位提供的培训费用。用人单位要求劳动者支付的违约金不得超过服务期尚未履行部分所应分摊的培训费用。

用人单位与劳动者约定服务期的，劳动者依照《劳动合同法》第三十八条的规定解除劳动合同的，不属于违反服务期的约定，用人单位不得要求劳动者支付违约金。

有下列情形之一，用人单位与劳动者解除约定服务期的劳动合同的，劳动者应当按照劳动合同的约定向用人单位支付违约金：(1) 劳动者严重违反用人单位的规章制度的；(2) 劳动者严重失职，营私舞弊，给用人单位造成重大损害的；(3) 劳动者同时与其他用人单位建立劳动关系，对完成本单位的工作任务造成严重影响，或者经用人单位提出，拒不改正的；(4) 劳动者以欺诈、胁迫的手段或者乘人之危，使用人单位在违背真实意思的情况下订立或者变更劳动合同的；(5) 劳动者被依法追究刑事责任的。

用人单位与劳动者约定服务期的，不影响按照正常的工资调整机制提高劳动者在服务期间的劳动报酬。

### (五) 劳动合同的无效或者部分无效

根据《劳动合同法》第二十六条的规定，下列劳动合同无效或者部分无效：(1) 以欺诈、胁迫的手段或者乘人之危，使对方在违背真实意思的情况下订立或者变更劳动合同的；(2) 用人单位免除自己的法定责任、排除劳动者权利的；(3) 违反法律、行政法规强制性规定的。

对劳动合同的无效或者部分无效有争议的，由劳动争议仲裁机构或者人民法院确认。

劳动合同被确认无效，劳动者已付出劳动的，用人单位应当向劳动者支付劳动报酬。劳动报酬的数额，参照本单位相同或者相近岗位劳动者的劳动报酬确定。

## 三、劳动合同的履行和变更

### (一) 劳动合同的履行

用人单位与劳动者应当按照劳动合同的约定，全面履行各自的义务。

(1) 用人单位应当按照劳动合同约定和国家规定，向劳动者及时足额支付劳动报酬。用人单位拖欠或者未足额支付劳动报酬的，劳动者可以依法向当地人民法院申请支付令，人民法院应当依法发出支付令。

(2) 用人单位应当严格执行劳动定额标准，不得强迫或者变相强迫劳动者加班。用人单位安排加班的，应当按照国家有关规定向劳动者支付加班费。

(3) 劳动者拒绝用人单位管理人员违章指挥、强令冒险作业的，不视为违反劳动合同。劳动者对危害生命安全和身体健康的劳动条件，有权对用人单位提出批评、检举和控告。

(4) 用人单位变更名称、法定代表人、主要负责人或者投资人等事项，不影响劳动合同的履行。

(5) 用人单位发生合并或者分立等情况，原劳动合同继续有效，劳动合同由承继其权利和义务的用人单位继续履行。

**(二) 劳动合同的变更**

《劳动合同法》第三十五条规定：用人单位与劳动者协商一致，可以变更劳动合同约定的内容。变更劳动合同，应当采用书面形式。变更后的劳动合同文本由用人单位和劳动者各执一份。

## 四、劳动合同的解除和终止

**(一) 劳动合同的解除**

根据《劳动合同法》第三十六条的规定，用人单位与劳动者协商一致，可以解除劳动合同。

*1. 劳动者一方解除劳动合同*

根据《劳动合同法》第三十八条的规定，用人单位有下列情形之一的，劳动者可以解除劳动合同：(1) 未按照劳动合同约定提供劳动保护或者劳动条件的；(2) 未及时足额支付劳动报酬的；(3) 未依法为劳动者缴纳社会保险费的；(4) 用人单位的规章制度违反法律、法规的规定，损害劳动者权益的；(5) 用人单位以欺诈、胁迫的手段或者乘人之危，使劳动者在违背真实意思的情况下订立或者变更劳动合同的；(6) 法律、行政法规规定劳动者可以解除劳动合同的其他情形。

在上述情形下，劳动者解除劳动合同，依法应提前 30 日以书面形式通知用人单位；在试用期内则应提前 3 日通知用人单位。

用人单位以暴力、威胁或者非法限制人身自由的手段强迫劳动者劳动的，或者用人单位违章指挥、强令冒险作业危及劳动者人身安全的，劳动者可以立即解除劳动合同，不需事先告知用人单位。

*2. 用人单位一方解除劳动合同*

根据《劳动合同法》第三十九条的规定，劳动者有下列情形之一的，用人单位可以解除劳动合同：(1) 在试用期间被证明不符合录用条件的；(2) 严重违反用人单位的规章制度的；(3) 严重失职，营私舞弊，给用人单位造成重大损害的；(4) 劳动者同时与其他用人单位建立劳动关系，对完成本单位的工作任务造成严重影响，或者经用人单位提出，拒不改正的；（5）因以欺诈、胁迫的手段或者乘人之危，使对方在违背真实意思的情况下订立或者变更劳动合同，致使劳动合同无效的；（6）被依法追究刑事责任的。

根据《劳动合同法》第四十条的规定，有下列情形之一的，用人单位提前 30 日以书面形式通知劳动者本人或者额外支付劳动者 1 个月工资后，可以解除劳动合同：（1）劳动者患病或者非因工负伤，在规定的医疗期满后不能从事原工作，也不能从事由用人单位另行安排的工作的；（2）劳动者不能胜任工作，经过培训或者调整工作岗位，仍不能胜任工作的；（3）劳动合同订立时所依据的客观情况发生重大变化，致使劳动合同无法履行，经用人单位与劳动者协商，未能就变更劳动合同内容达成协议的。

根据《劳动合同法》第四十一条的规定，有下列情形之一，需要裁减人员 20 人以上或者裁减不足 20 人但占企业职工总数 10%以上的，用人单位提前 30 日向工会或者全体职工说明情况，听取工会或者职工的意见后，裁减人员方案经向劳动行政部门报告，可以裁减人员，解除劳动合同：（1）依照企业破产法规定进行重整的；（2）生产经营发生严重困难的；（3）企业转产、重大技术革新或者经营方式调整，经变更劳动合同后，仍需裁减人员的；（4）其他因劳动合同订立时所依据的客观经济情况发生重大变化，致使劳动合同无法履行的。

用人单位裁减人员时，应当优先留用下列人员：（1）与本单位订立较长期限的固定期限劳动合同的；（2）与本单位订立无固定期限劳动合同的；（3）家庭无其他就业人员，有需要扶养的老人或者未成年人的。用人单位裁员后，在 6 个月内重新招用人员的，应当通知被裁减的人员，并在同等条件下优先招用被裁减的人员。

根据《劳动合同法》第四十二条的规定，劳动者有下列情形之一的，用人单位不得依照本法第四十条和第四十一条的规定解除劳动合同：（1）从事接触职业病危害作业的劳动者未进行离岗前职业健康检查，或者疑似职业病病人在诊断或者医学观察期间的；（2）在本单位患职业病或者因工负伤并被确认丧失或者部分丧失劳动能力的；（3）患病或者非因工负伤，在规定的医疗期内的；（4）女职工在孕期、产期、哺乳期的；（5）在本单位连续工作满 15 年，且距法定退休年龄不足 5 年的；（6）法律、行政法规规定的其他情形。

3. 工会对用人单位解除劳动合同的影响

用人单位单方解除劳动合同，应当事先将理由通知工会。用人单位违反法律、行政法规规定或者劳动合同约定的，工会有权要求用人单位纠正。用人单位应当研究工会的意见，并将处理结果书面通知工会。

### （二）劳动合同的终止

（1）有下列情形之一的，劳动合同终止：1）劳动合同期满的；2）劳动者开始依法享受基本养老保险待遇的；3）劳动者死亡，或者被人民法院宣告死亡或者宣告失踪的；4）用人单位被依法宣告破产的；5）用人单位被吊销营业执照、责令关闭、撤销或者用人单位决定提前解散的；6）法律、行政法规规定的其他情形。

（2）劳动合同期满，有《劳动合同法》第四十二条规定情形之一的，劳动合同应当续延至相应的情形消失时终止。但是，丧失或者部分丧失劳动能力劳动者的劳动合同的终止，按照国家有关工伤保险的规定执行。

### （三）劳动合同解除、终止的经济补偿

（1）有下列情形之一的，用人单位应当向劳动者支付经济补偿：1）劳动者因法定原

因提出解除劳动合同的；2）用人单位依法向劳动者提出解除劳动合同并与劳动者协商一致解除劳动合同的；3）用人单位因特定事由出现，提前通知解除劳动合同的；4）用人单位因裁员解除劳动合同的；5）除用人单位维持或者提高劳动合同约定条件续订劳动合同，劳动者不同意续订的情形外，终止固定期限劳动合同的；6）因用人单位被依法宣告破产或者被吊销营业执照、责令关闭、撤销或者用人单位决定提前解散而终止劳动合同的；7）法律、行政法规规定的其他情形。

（2）经济补偿按劳动者在本单位工作的年限，每满一年支付一个月工资的标准向劳动者支付。6个月以上不满一年的，按一年计算；不满6个月的，向劳动者支付半个月工资的经济补偿。劳动者月工资高于用人单位所在直辖市、设区的市级人民政府公布的本地区上年度职工月平均工资3倍的，向其支付经济补偿的标准按职工月平均工资3倍的数额支付，向其支付经济补偿的年限最高不超过12年。

这里所说的月工资是指劳动者在劳动合同解除或者终止前12个月的平均工资。

（3）支付赔偿金。用人单位违反规定解除或者终止劳动合同，劳动者要求继续履行劳动合同的，用人单位应当继续履行；劳动者不要求继续履行劳动合同或者劳动合同已经不能继续履行的，用人单位应当依照经济补偿标准的两倍向劳动者支付赔偿金。

**（四）劳动合同解除、终止的其他规定**

国家采取措施，建立健全劳动者社会保险关系跨地区转移接续制度。用人单位应当在解除或者终止劳动合同时出具解除或者终止劳动合同的证明，并在15日内为劳动者办理档案和社会保险关系转移手续。劳动者应当按照双方约定，办理工作交接。用人单位依照规定应当向劳动者支付经济补偿的，在办结工作交接时支付。

用人单位出具的解除、终止劳动合同的证明，应当写明劳动合同期限、解除或者终止劳动合同的日期、工作岗位、在本单位的工作年限。用人单位对已经解除或者终止的劳动合同的文本，至少保存两年备查。

## 五、特别规定

### （一）集体合同

根据《劳动合同法》第五十一条的规定，企业职工一方与用人单位通过平等协商，可以就劳动报酬、工作时间、休息休假、劳动安全卫生、保险福利等事项订立集体合同。集体合同草案应当提交职工代表大会或者全体职工讨论通过。集体合同由工会代表企业职工一方与用人单位订立；尚未建立工会的用人单位，由上级工会指导劳动者推举的代表与用人单位订立。

企业职工一方与用人单位可以订立劳动安全卫生、女职工权益保护、工资调整机制等专项集体合同。

在县级以下区域内，建筑业、采矿业、餐饮服务业等行业可以由工会与企业方面代表订立行业性集体合同，或者订立区域性集体合同。

集体合同中劳动报酬和劳动条件等标准不得低于当地人民政府规定的最低标准；用人单位与劳动者订立的劳动合同中劳动报酬和劳动条件等标准不得低于集体合同规定的标准。

集体合同订立后，应当报送劳动行政部门；劳动行政部门自收到集体合同文本之日起15日内未提出异议的，集体合同即行生效。依法订立的集体合同对用人单位和劳动者具有约束力。行业性、区域性集体合同对当地本行业、本区域的用人单位和劳动者具有约束力。

用人单位违反集体合同，侵犯职工劳动权益的，工会可以依法要求用人单位承担责任；因履行集体合同发生争议，经协商解决不成的，工会可以依法申请仲裁、提起诉讼。

**（二）劳务派遣**

1. 劳务派遣单位的法律规定

劳务派遣单位是《劳动合同法》规定的用人单位，应当依照《公司法》的有关规定设立，注册资本不得少于200万元，应当履行用人单位对劳动者的义务。劳务派遣单位与被派遣劳动者订立的劳动合同，除应当载明《劳动合同法》第十七条规定的事项外，还应当载明被派遣劳动者的用工单位以及派遣期限、工作岗位等情况。

劳务派遣单位应当与被派遣劳动者订立两年以上的固定期限劳动合同，按月支付劳动报酬；被派遣劳动者在无工作期间，劳务派遣单位应当按照所在地人民政府规定的最低工资标准，向其按月支付报酬。

劳务派遣单位派遣劳动者应当与接受劳务派遣形式用工的单位（以下简称用工单位）订立劳务派遣协议。劳务派遣协议应当约定派遣岗位和人员数量、派遣期限、劳动报酬和社会保险费的数额与支付方式以及违反协议的责任。用工单位应当根据工作岗位的实际需要与劳务派遣单位确定派遣期限，不得将连续用工期限分割订立数个短期劳务派遣协议。

劳务派遣单位应当将劳务派遣协议的内容告知被派遣劳动者。劳务派遣单位不得克扣用工单位按照劳务派遣协议支付给被派遣劳动者的劳动报酬。劳务派遣单位和用工单位不得向被派遣劳动者收取费用。

劳务派遣单位跨地区派遣劳动者的，被派遣劳动者享有的劳动报酬和劳动条件，按照用工单位所在地的标准执行。

用人单位不得设立劳务派遣单位向本单位或者所属单位派遣劳动者。

2. 用工单位的法律规定

用工单位应当履行下列义务：（1）执行国家劳动标准，提供相应的劳动条件和劳动保护；（2）告知被派遣劳动者的工作要求和劳动报酬；（3）支付加班费、绩效奖金，提供与工作岗位相关的福利待遇；（4）对在岗被派遣劳动者进行工作岗位所必需的培训；（5）连续用工的，实行正常的工资调整机制；（6）用工单位不得将被派遣劳动者再派遣到其他用人单位。劳务派遣一般在临时性、辅助性或者替代性的工作岗位上实施。

3. 被派遣劳动者的法律规定

被派遣劳动者享有与用工单位的劳动者同工同酬的权利。用工单位无同类岗位劳动者的，参照用工单位所在地相同或相近岗位劳动者的劳动报酬确定。

被派遣劳动者有权在劳务派遣单位或者用工单位依法参加或者组织工会，维护自身的合法权益。

被派遣劳动者可以依照《劳动合同法》第三十六条、第三十八条的规定与劳务派遣单位解除劳动合同。被派遣劳动者有《劳动合同法》第三十九条和第四十条第一项、第二项规定情形的，用工单位可以将劳动者退回劳务派遣单位，劳务派遣单位依照《劳动合同法》有关规定，可以与劳动者解除劳动合同。

劳务派遣单位违法解除或者终止被派遣劳动者的劳动合同的，依照《劳动合同法》第四十八条的规定，向被派遣劳动者支付经济补偿或者赔偿金。

**（三）非全日制用工**

1. 非全日制用工的含义

非全日制用工，是指以小时计酬为主，劳动者在同一用人单位一般平均每日工作时间不超过 4 小时，每周工作时间累计不超过 24 小时的用工形式。

2. 非全日制用工的特殊规定

（1）非全日制用工双方当事人可以订立口头协议。从事非全日制用工的劳动者可以与一个或者一个以上用人单位订立劳动合同；但是，后订立的劳动合同不得影响先订立的劳动合同的履行。（2）非全日制用工双方当事人不得约定试用期。（3）非全日制用工双方当事人任何一方都可以随时通知对方终止用工。终止用工，用人单位不向劳动者支付经济补偿。（4）非全日制用工小时计酬标准不得低于用人单位所在地人民政府规定的最低小时工资标准。非全日制用工劳动报酬结算支付周期最长不得超过 15 日。

## 六、监督检查

**（一）监督主体**

《劳动合同法》第七十三条规定：国务院劳动行政部门负责全国劳动合同制度实施的监理。县级以上地方人民政府劳动行政部门负责本行政区域内劳动合同制度实施的监督管理。县级以上人民政府建设、卫生、安全生产监督管理等有关主管部门在各自职责范围内，对用人单位执行劳动合同制度的情况进行监督管理。

县级以上各级人民政府劳动行政部门在劳动合同制度实施的监督管理工作中，应当听取工会、企业方面代表以及有关行业主管部门的意见。

**（二）监督检查范围**

根据《劳动合同法》第七十四条的规定，县级以上地方人民政府劳动行政部门依法对下列实施劳动合同制度的情况进行监督检查：（1）用人单位制定直接涉及劳动者切身利益的规制度及其执行的情况；（2）用人单位与劳动者订立和解除劳动合同的情况；（3）劳务派单位和用工单位遵守劳务派遣有关规定的情况；（4）用人单位遵守国家关于劳动者工时间和休息休假规定的情况；（5）用人单位支付劳动合同约定的劳动报酬和执行最低工资标准的情况；（6）用人单位参加各项社会保险和缴纳社会保险费的情况；（7）法律、法规规定的其他劳动监察事项。

**（三）监督检查措施**

《劳动合同法》第七十五条规定，县级以上地方人民政府劳动行政部门实施监督检查时，有权查阅与劳动合同、集体合同有关的材料，有权对劳动场所进行实地检查，用人单位和劳动者都应当如实提供有关情况和材料。劳动行政部门的工作人员进行监督检查时，应当出示证件，依法行使职权，文明执法。

劳动者合法权益受到侵害的，有权要求有关部门依法处理或者依法申请仲裁、提起诉讼。

**(四) 工会的监督检查**

工会可依法维护劳动者的合法权益，对用人单位履行劳动合同、集体合同的情况进行监督。用人单位违反劳动法律、法规和劳动合同、集体合同的，工会有权提出意见或者要求纠正；劳动者申请仲裁、提起诉讼的，工会依法给予支持和帮助。

## 七、法律责任

**(一) 用人单位违反劳动合同的法律责任**

(1) 用人单位直接涉及劳动者切身利益的规章制度违反法律、法规规定的，由劳动行政部门责令改正，给予警告；给劳动者造成损害的，应当承担赔偿责任。

(2) 用人单位提供的劳动合同文本未载明《劳动合同法》规定的劳动合同必备条款或者用人单位未将劳动合同文本交付劳动者的，由劳动行政部门责令改正；给劳动者造成损害的，应当承担赔偿责任。

(3) 用人单位自用工之日起超过一个月不满一年未与劳动者订立书面劳动合同的，应当向劳动者每月支付两倍的工资。用人单位违反《劳动合同法》规定不与劳动者订立无固定期限劳动合同的，应当自订立无固定期限劳动合同之日起向劳动者每月支付两倍的工资。

(4) 用人单位违反规定与劳动者约定试用期的，由劳动行政部门责令改正；违法约定的试用期已经履行的，由用人单位以劳动者试用期满月工资为标准，按已经履行的超过法定试用期的期间向劳动者支付赔偿金。

(5) 用人单位违反规定，扣押劳动者居民身份证等证件的，由劳动行政部门责令限期退还劳动者本人，并依照有关法律规定给予处罚。用人单位违反规定，以担保或者其他名义向劳动者收取财物的，由劳动行政部门责令限期退还劳动者本人，并以每人 500 元以上 2 000 元以下的标准处以罚款；给劳动者造成损害的，应当承担赔偿责任。劳动者依法解除或者终止劳动合同，用人单位扣押劳动者档案或者其他物品的，依照前述规定处罚。

(6) 用人单位有下列情形之一的，由劳动行政部门责令限期支付劳动报酬、加班费或者经济补偿；劳动报酬低于当地最低工资标准的，应当支付其差额部分；逾期不支付的，责令用人单位按应付金额 50%以上 100%以下的标准向劳动者加付赔偿金：1) 未按照劳动合同的约定或者国家规定及时足额支付劳动者劳动报酬的；2) 低于当地最低工资标准支付劳动者工资的；3) 安排加班不支付加班费的；4) 解除或者终止劳动合同，未依照规定向劳动者支付经济补偿的。

(7) 劳动合同因用人单位的过错被确认无效，给对方造成损害的，用人单位应当承担赔偿责任。

(8) 用人单位违反规定解除或者终止劳动合同的，应当依照相应的经济补偿标准的两倍向劳动者支付赔偿金。

(9) 用人单位有下列情形之一的，依法给予行政处罚；构成犯罪的，依法追究刑事责任；给劳动者造成损害的，应当承担赔偿责任：1) 以暴力、威胁或者非法限制人身自由的手段强迫劳动的；2) 违章指挥或者强令冒险作业危及劳动者人身安全的；3) 侮辱、体罚、殴打、非法搜查或者拘禁劳动者的；4) 劳动条件恶劣、环境污染严重，给劳动者身心健康造成严重损害的。

(10) 用人单位违反《劳动合同法》规定未向劳动者出具解除或者终止劳动合同的书面证明，由劳动行政部门责令改正；给劳动者造成损害的，应当承担赔偿责任。

(11) 用人单位招用与其他用人单位尚未解除或者终止劳动合同的劳动者，给其他用人单位造成损失的，应当承担连带赔偿责任。

(12) 劳务派遣单位违反规定的，由劳动行政部门和其他有关主管部门责令改正；情节严重的，以每人 1 000 元以上 5 000 元以下的标准处以罚款，并由工商行政管理部门吊销营业执照；给被派遣劳动者造成损害的，劳务派遣单位与用工单位承担连带赔偿责任。

**(二) 劳动者的法律责任**

(1) 劳动者违反规定解除劳动合同，或者违反劳动合同中约定的保密义务或者竞业限制，给用人单位造成损失的，应当承担赔偿责任。

(2) 劳动合同因劳动者的过错被确认无效，给对方造成损害的，劳动者应当承担赔偿责任。

**(三) 劳动行政部门的法律责任**

劳动行政部门和其他有关主管部门及其工作人员玩忽职守、不履行法定职责，或者违法行使职权，给劳动者或者用人单位造成损害的，应当承担赔偿责任。对直接负责的主管人员和其他直接责任人员，依法给予行政处分；构成犯罪的，依法追究刑事责任。

**(四) 其他主体的法律责任**

(1) 对不具备合法经营资格的用人单位的违法犯罪行为，依法追究法律责任。劳动者已经付出劳动的，该单位或者其出资人应当依照规定向劳动者支付劳动报酬、经济补偿、赔偿金；给劳动者造成损害的，应当承担赔偿责任。

(2) 个人承包经营违反《劳动合同法》规定招用劳动者，给劳动者造成损害的，发包的组织与个人承包经营者承担连带赔偿责任。

# 第三节　社会保险法

## 一、社会保险法律制度概述

社会保险法律制度是调整社会保险关系的法律规范的总称。《中华人民共和国社会保险法》(以下简称《社会保险法》) 于 2010 年 10 月 28 日由第十一届全国人民代表大会常务委员会第十七次会议通过，自 2011 年 7 月 1 日起施行。《社会保险法》共 12 章 98 条，包括总则、基本养老保险、基本医疗保险、工伤保险、失业保险、生育保险、社会保险费征缴、社会保险基金、社会保险经办、社会保险监督、法律责任和附则。

**(一)《社会保险法》的立法宗旨和保险方针**

根据《社会保险法》第一条的规定，《社会保险法》的立法宗旨为：(1) 规范社会保险关系；(2) 维护公民参加社会保险和享受社会保险待遇的合法权益，使公民共享发展成果；(3) 促进社会和谐稳定。

《社会保险法》的保险制度坚持广覆盖、保基本、多层次、可持续的方针，社会保险水平应当与经济社会发展水平相适应。

**（二）《社会保险法》的适用范围与权利义务**

根据《社会保险法》第二条的规定，国家建立基本养老保险、基本医疗保险、工伤保险、失业保险、生育保险等社会保险制度，保障公民在年老、疾病、工伤、失业、生育等情况下依法从国家和社会获得物质帮助的权利。

中华人民共和国境内的用人单位和个人依法缴纳社会保险费，有权查询缴费登记录、个人权益记录，要求社会保险经办机构提供社会保险咨询等相关服务。

个人依法享受社会保险待遇，有权监督本单位为其缴费情况。

**（三）社会保险事业的财政保障**

县级以上人民政府将社会保险事业纳入国民经济和社会发展规划。国家多渠道筹集社会保险资金。县级以上人民政府对社会保险事业给予必要的经费支持。

国家通过税收优惠政策支持社会保险事业。

**（四）社会保险基金监管**

国家对社会保险基金实行严格监管。由国务院和省、自治区、直辖市人民政府建立健全社会保险基金监督管理制度，保障社会保险基金安全、有效运行。

县级以上人民政府需采取措施，鼓励和支持社会各方面参与社会保险的监督。

**（五）社会保险管理**

国务院社会保险行政部门负责全国的社会保险管理工作，国务院其他有关部门在各自的职责范围内负责有关的社会保险工作。

县级以上地方人民政府社会保险行政部门负责本行政区域的社会保险管理工作，县级以上地方人民政府其他有关部门在各自的职责范围内负责有关的社会保险工作。

工会依法维护职工的合法权益，有权参与社会保险重大事项的研究，参加社会保险监督委员会，对与职工社会保险权益有关的事项进行监督。

## 二、基本养老保险

**（一）基本养老保险的适用范围**

根据《社会保险法》第十条的规定，职工应当参加基本养老保险，由用人单位和职工共同缴纳基本养老保险费。同时，《劳动法》第七十条、第七十二条也明确规定，国家发展社会保险，建立社会保险制度，设立社会保险基金，使劳动者在年老、患病、工伤、失业、生育等情况下获得帮助和补偿。社会保险基金按照保险类型确定资金来源，逐步实行社会统筹。用人单位和劳动者必须依法参加社会保险，缴纳社会保险费。因此，参加社会保险和缴纳社会保险费既是劳动者的权利，也是劳动者的义务，更是用人单位的义务。此外，用人单位还应为职工办理基本医疗保险、失业保险等。根据《劳动合同法》关于劳动合同条款的规定，劳动合同必须包括关于社会保险的条款。

无雇工的个体工商户、未在用人单位参加基本养老保险的非全日制从业人员以及其他灵活就业人员可以参加基本养老保险，由个人缴纳基本养老保险费。

公务员和参照公务员法管理的工作人员养老保险的办法由国务院规定。

国家已建立和完善新型农村社会养老保险制度。新型农村社会养老保险实行个人缴费、集体补助和政府补贴相结合的形式。新型农村社会养老保险待遇由基础养老金和个人账户养老金组成。参加新型农村社会养老保险的农村居民，符合国家规定条件的，按月领取新型农村社会养老保险金。

国家已建立和完善城镇居民社会养老保险制度。省、自治区、直辖市人民政府可以将城镇居民社会养老保险和新型农村社会养老保险合并实施。

**（二）基本养老保险基金**

（1）基本养老保险实行社会统筹与个人账户相结合形式。基本养老保险基金由用人单位和个人缴费以及政府补贴等组成。基本养老金根据个人累计缴费年限、当地职工平均工资、个人账户金额、城镇人口平均预期寿命等因素确定。

（2）基本养老保险费由用人单位和职工个人按规定缴纳。用人单位应当按照国家规定的本单位职工工资总额的比例缴纳基本养老保险费，计入基本养老保险统筹基金。职工应当按照国家规定的本人工资的比例缴纳基本养老保险费，记入个人账户。无雇工的个体工商户、未在用人单位参加基本养老保险的非全日制从业人员以及其他灵活就业人员参加基本养老保险的，应当按照国家规定的比例缴纳基本养老保险费，分别记入基本养老保险统筹基金和个人账户。

（3）国有企业、事业单位职工参加基本养老保险前，视同缴费年限期间应当缴纳的基本养老保险费由政府承担。基本养老保险基金出现支付不足时，政府给予补助。

**（三）养老金提取**

（1）个人账户的养老金不得提前支取，记账利率不得低于银行定期存款利率，免征利息税。个人死亡的，个人账户余额可以继承。

（2）参加基本养老保险的个人，达到法定退休年龄时累计15年的，按月领取基本养老金，直至死亡。参加基本养老保险的个人，达到法定退休年龄时不足15年的，可以缴费满15年，按月领取基本养老金；也可与转入新型农村社会养老保险或者城镇居民社会养老保险，按国务院规定享受相应的养老保险待遇。

（3）参加基本养老保险费的个人，因病或者非因工死亡的，其遗属可以领取丧葬补助金和抚恤金；在未达到法定退休年龄时因病或者非因工致残完全丧失劳动能力的，可以领取病残津贴。所需资金从基本养老保险基金中支付。

（4）国家已建立基本养老金正常调整机制。根据职工平均工资增长、物价上涨情况，适时提高基本养老保险待遇水平。

**（四）基本养老保险关系的转移**

个人跨统筹地区就业的，其基本养老保险关系随本人转移，缴费年限累计计算。个人达到法定退休年龄时，基本养老金分段计算、统一支付。具体办法由国务院规定。

## 三、基本医疗保险

**（一）基本医疗保险的种类**

基本医疗保险包括职工基本医疗保险、城镇居民基本医疗保险和新型农村合作医疗。

（1）职工应当参加职工基本医疗保险，由用人单位和职工按照国家规定共同缴纳基本医疗保险费。用人单位应当按照国家规定的本单位职工工资总额的比例缴纳基本医疗保险费。职工应当按照国家规定的本人工资的比例缴纳基本医疗保险费。无雇工的个体工商户、未在用人单位参加职工基本医疗保险的非全日制从业人员以及其他灵活就业人员可以参加职工基本医疗保险，由个人按照国家规定缴纳基本医疗保险费。

(2) 国家已建立和完善城镇居民基本医疗保险制度。城镇居民基本医疗保险实行个人缴费和政府补贴相结合的方式。享受最低生活保障的人、丧失劳动能力的重度残疾人、低收入家庭60周岁以上的老年人和未成年人等所需个人缴费部分，由政府给予补助。

(3) 国家已建立和完善新型农村合作医疗制度。新型农村合作医疗的管理办法，由国务院规定。

**(二) 基本医疗保险的保险范围**

(1) 符合国家规定的基本医疗保险药品目录、诊疗项目、医疗服务设施标准以及急诊、抢救的医疗费用，按照国家规定从基本医疗保险基金中支付。参保人员医疗费用中应当由基本医疗基金支付的部分，由社会保险经办机构与医疗机构、药品经营单位直接结算。社会保险行政部门和卫生行政部门应当建立异地就医结算制度，方便参保人员享受基本医疗保险待遇。

(2) 下列医疗费用不纳入基本医疗保险基金支付范围：1) 应当从工伤保险基金中支付的；2) 应当由第三人负担的；3) 应当由公共卫生负担的；4) 在境外就医的。

医疗费用依法应当由第三人负担的，第三人不支付或者无法确定第三人的，由基本医疗保险基金先行支付。基本医疗保险基金先行支付后，有权向第三人追偿。

**(三) 基本医疗保险的经办及转移**

(1) 社会保险经办机构根据管理服务的需要，可以与医疗机构、药品经营单位签订服务协议，规范医疗服务行为。医疗机构应当为参保人员提供合理、必要的医疗服务。

(2) 个人跨统筹地区就业的，其基本医疗保险关系随本人转移，缴费年限累计计算。

**(四) 基本医疗保险待遇**

(1) 职工及其所在用人单位已经缴纳基本医疗保险费的，职工的医疗费用按照国务院有关规定从基本医疗保险基金中支付。职工达到法定退休年龄时累计缴费达到国家规定年限的，退休后不再缴纳基本医疗保险费，按照国家规定享受基本医疗保险待遇；未达到国家规定年限的，可以缴费至国家规定年限。职工基本医疗保险的待遇标准按照国家规定执行。

(2) 城镇居民基本医疗保险和新型农村合作医疗的待遇标准由省、自治区、直辖市人民政府规定。省、自治区、直辖市人民政府根据实际情况，可以将城镇居民基本医疗保险和新型农村合作医疗统一标准，合并实施。

## 四、工伤保险

工伤保险是指职工因工作原因受到事故伤害或者患职业病而依法享受保险待遇的一种社会保险制度。工伤保险只针对有工作岗位的与用人单位建立了劳动关系的职工而言，没有职业的公民不能享受工伤保险待遇。

**(一) 工伤保险费**

(1) 职工应当参加工伤保险，由用人单位缴纳工伤保险费，职工不缴纳工伤保险费。

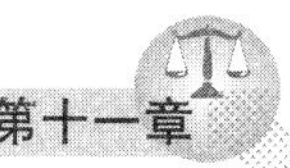

用人单位应当按照本单位职工工资总额，根据社会保险经办机构确定的费率档次缴纳工伤保险费。职工所在用人单位未依法缴纳工伤保险费，发生工伤事故的，由用人单位支付工伤保险待遇。用人单位不支付的，从工伤保险基金中先行支付。从工伤保险基金中先行支付的工伤保险待遇应当由用人单位偿还。用人单位不偿还的，社会保险经办机构可以依照《社会保险法》第 63 条的规定追偿。

（2）国家已根据不同行业的工伤风险程度确定了行业的差别费率，并根据工伤保险基金、工伤发生率等情况在每个行业内确定了费率档次。行业差别费率和行业内费率档次由国务院社会保险行政部门制定，报国务院批准后公布施行。社会保险经办机构根据用人单位使用工伤保险基金、工伤发生率和所属行业费率档次等情况，确定用人单位缴费费率。

**（二）工伤的认定及工伤待遇**

（1）职工因工作原因受到事故伤害或者患职业病，且经工伤认定的，享受工伤保险待遇；经劳动能力鉴定丧失劳动能力的，享受伤残待遇。工伤的职工符合领取基本养老金条件的，停发伤残津贴，享受基本养老保险待遇。基本养老保险待遇低于伤残津贴的，从工伤保险基金中补足差额。工伤认定和劳动能力鉴定应当简捷、方便。认定和鉴定的标准、程序，按照国务院有关规定执行。

（2）职工虽然在工作中受伤，但有下列情形之一的，不被认定为工伤：1）故意犯罪；2）醉酒或者吸毒；3）自残或者自杀；4）法律、行政法规规定的其他情形。

**（三）工伤费用的支付**

（1）因工伤发生的下列费用，从工伤保险基金中支付：1）治疗工伤的医疗费用和康复费用；2）住院伙食补助费；3）到统筹地区以外就医的交通食宿费；4）安装配置伤残辅助器具所需费用；5）生活不能自理的，经劳动能力鉴定委员会确认的生活护理费；6）一次性伤残补助金和一至四级伤残职工按月领取的伤残津贴；7）终止或者解除劳动合同时，应当享受的一次性医疗补助金；8）因工死亡的，其遗属按照国家规定领取的丧葬补助金、供养亲属抚恤金和因工死亡补助金；9）劳动能力鉴定费。

（2）由于第三人的原因造成工伤，第三人不支付工伤医疗费用或者无法确定第三人的，由工伤保险基金先行支付。工伤保险基金先行支付后，有权向第三人追偿。

（3）因工伤发生的下列费用，由用人单位支付：1）治疗工伤期间的工资福利；2）五级、六级伤残职工按月领取的伤残津贴；3）终止或者解除劳动合同时，应当享受的一次性伤残就业补助金。

**（四）工伤保险待遇的停止**

工伤职工有下列情形之一的，停止享受工伤保险待遇：（1）丧失享受待遇条件的；（2）拒不接受劳动能力鉴定的；（3）拒绝治疗的。

## 五、失业保险

**（一）失业保险的办理及失业保险费的缴纳**

用人单位应当及时为失业人员出具终止或者解除劳动关系的证明，并将失业人员的名单自终止或者解除劳动关系之日起 15 日内告知社会保险经办机构。

失业人员应当持本单位为其出具的终止或者解除劳动关系的证明，及时到指定的公共就业服务机构办理失业登记。

失业人员凭失业登记证明和个人身份证明到社会保险经办机构办理领取失业保险金的手续。失业保险金领取期限自办理失业登记之日起计算。

职工应当参加失业保险，由用人单位和职工共同缴纳失业保险费。用人单位按照本单位工资总额的2%缴纳失业保险费。职工按照本人工资的1%缴纳失业保险费。省、自治区、直辖市人民政府根据本行政区域失业人员数量和失业保险金数额，报经国务院批准，可以适当调整本行政区域内失业保险费的费率。

**（二）失业保险金的领取**

（1）失业人员符合下列条件的，从失业保险基金中领取失业保险金：1）失业前用人单位和本人已经缴纳失业保险费满1年的；2）非因本人意愿中断就业的；3）已经进行失业登记，并有求职要求的。

（2）失业人员失业前用人单位和本人累计缴费满1年不足5年的，领取失业保险金的期限最长为12个月；累计缴费满5年不足10年的，领取失业保险金的期限最长为18个月；累计缴费10年以上的，领取失业保险金的期限最长为24个月。重新就业后，再次失业的，缴费时间重新计算，领取失业保险金的期限与前次失业应当领取而尚未领取的失业保险金的期限合并计算，最长不超过24个月。

（3）失业保险金的标准由省、自治区、直辖市人民政府根据个人失业前12个月的月平均缴费工资和赡养系数确定，但不得低于城镇居民最低生活保障标准。

**（三）失业保险与其他社会保险的关系**

（1）失业人员在领取失业保险金期间，参加职工基本医疗保险，享受基本医疗保险待遇。失业人员应当缴纳的基本医疗保险费从失业保险基金中支付，个人不缴纳基本医疗保险费。

（2）失业人员在领取失业保险金期间死亡的，参照当地对在职职工死亡的规定，向其遗属发给一次性丧葬补助金和抚恤金。所需资金从失业保险基金中支付。个人死亡同时符合领取基本养老保险丧葬补助金、工伤保险丧葬补助金和失业保险丧葬补助金条件的，其遗属只能选择领取其中的一项。

**（四）失业保险金的领取程序**

用人单位应当及时为失业人员出具终止或者解除劳动关系的证明，并将失业人员的名单自终止或者解除劳动关系之日起15日内告知社会经办机构。

失业人员应当持本单位为其出具的终止或者解除劳动关系的证明，及时到指定的公共就业服务机构办理失业登记。

失业人员凭失业登记证和个人身份证明，到社会保险经办机构办理领取失业保险金的手续。失业保险金领取期限自办理失业登记之日起计算。

**（五）停止领取失业保险金及失业保险关系的转移**

（1）失业人员在领取失业保险金期间有下列情形之一的，停止领取失业保险金，并同时停止享受其他失业保险待遇：1）重新就业的；2）应征服兵役的；3）移居境外的；4）享受基本养老保险待遇的；5）无正当理由，拒不接受当地人民政府指定的部门或者机构介绍的适当工作或者提供的培训的。

（2）职工跨统筹地区就业的，失业保险关系随本人转移，缴费年限累计计算。

## 六、生育保险

### （一）生育保险及生育保险费的缴纳

职工应当参加生育保险，由用人单位按照国家规定缴纳生育保险费，职工不缴纳生育保险费。用人单位已经缴纳生育保险费的，其职工享受生育保险待遇；职工未就业配偶按照国家规定可享受生育医疗费用待遇，所需资金从生育保险基金中支付。

省、自治区、直辖市人民政府根据实际情况，可以将生育保险与职工基本医疗保险合并实施。

### （二）生育保险待遇

生育保险待遇包括生育医疗费用和生育津贴。

（1）生育医疗费用包括下列各项：1）生育的医疗费用；2）计划生育的医疗费用；3）法律、法规规定的其他项目费用。

（2）职工有下列情形之一的，可以享受生育津贴：1）女职工生育享受产假；2）享受计划生育手术休假；3）法律、法规规定的其他情形。生育津贴按照职工所在用人单位上年度职工月平均工资计发。

## 七、社会保险费征缴

### （一）社会保险登记

（1）国家机关，社会团体，企业、事业单位，民办非企业单位，个体经济组织等用人单位应当在成立之日起30日内凭营业执照、登记证书或者单位印章，向当地社会保险经办机构申请办理社会保险登记。社会保险经办机构应当自收到申请之日起15日内予以审核，发给社会保险登记证件。工商行政管理部门、民政部门和机构编制管理机关应当及时向社会保险经办机构通报用人单位的成立、终止情况，公安机关应当及时向社会保险经办机构通报个人的出生、死亡以及户口登记、迁移、注销等情况，实现社会保险有关信息的共享。

（2）用人单位应当自用工之日起30日内为其职工向社会保险经办机构申请办理社会保险登记。未办理社会保险登记的，由社会保险经办机构核定其应缴纳的社会保险费。自愿参加社会保险的无雇工的个体工商户、未在用人单位参加社会保险的非全日制从业人员以及其他灵活就业人员，应当向社会保险经办机构申请办理社会保险登记。

国家已建立全国统一的个人社会保障号码。个人社会保障号码为公民身份号码。

### （二）社会保险费的征缴

（1）社会保险费征收机构应当依法按时足额征收社会保险费，并将缴费情况定期告知用人单位和个人。县级以上人民政府应当加强社会保险费的征收工作。社会保险费实行统一征收，实施步骤和具体办法由国务院规定。

（2）用人单位应当自行申报、按时足额缴纳，非因不可抗力等法定事由不得缓缴、减免。职工应当缴纳的社会保险费由用人单位代扣代缴，用人单位应当按月将缴纳社会保险费的明细情况告知本人。无雇工的个体工商户、未在用人单位参加社会保险的非全日制从业人员以及其他灵活就业人员，可以直接向社会保险费征收机构缴纳社会保险费。

(3) 用人单位未按规定申报应当缴纳的社会保险费数额的，按照该单位上月缴费额的110%确定应当缴纳数额。缴费单位补办申报手续后，由社会保险费征收机构按规定结算。用人单位未按时足额缴纳社会保险费的，由社会保险费征收机构责令其限期缴纳或者补足。用人单位逾期仍未缴纳或者补足社会保险费的，社会保险费征收机构可以向银行和其他金融机构查询其存款账户；并可以申请县级以上有关行政部门作出划拨社会保险费的决定，书面通知其开户银行或者其他金融机构划拨社会保险费。用人单位账户余额少于应当缴纳的社会保险费的，社会保险费征收机构可以要求给用人单位提供担保，签订延期缴费协议。用人单位未足额缴纳社会保险费且未提供担保的，社会保险费征收机构可以申请人民法院扣押、查封、拍卖其价值相当于应当缴纳社会保险费的财产，以拍卖所得抵缴社会保险费。

## 八、社会保险基金

### (一) 社会保险基金的内容及统筹

(1) 社会保险基金包括基本养老保险基金、基本医疗保险基金、工伤保险基金、失业保险基金和生育保险基金。各项社会保险基金按照社会保险险种分别建账、分账核算，执行国家统一的会计制度。社会保险基金专款专用，任何组织和个人不得侵占或者挪用。

(2) 基本养老保险基金将逐步实行全国统筹，其他社会保险基金将逐步实行省级统筹，具体时间、步骤由国务院规定。

### (二) 社会保险基金收支平衡

(1) 社会保险基金通过预算实现收支平衡。县级以上人民政府应当在社会保险基金出现支付不足时，给予补贴。

(2) 社会保险基金按照统筹层次设立预算。社会保险基金的预算按照社会保险项目分别编制。社会保险基金预算、决算草案的编制、审核和批准，依照法律和国务院规定。

社会保险基金需存入财政专户，具体管理办法由国务院规定。

### (三) 社会保险基金的使用

(1) 社会保险基金在保证安全的前提下，按照国务院规定投资运营实现保值增值。社会保险基金不得违规投资运营，不得用于平衡其他政府预算，不得用于兴建、改建办公场所和支付人员经费、运行费用、管理费用，或者违反法律、行政法规规定挪作其他用途。

(2) 社会保险经办机构应当定期向社会公布社会保险基金的收入、支出、结余和收益情况。

(3) 国家已设立全国社会保险基金，由中央财政预算拨款以及国务院批准的其他方式筹集的资金构成，用于社会保障支出的补充、调剂。全国社会保障基金由全国社会保障基金管理运营机构负责管理运营，在保证安全的前提下实现保值增值。全国社会保障基金应当定期向社会公布收支、管理和投资运营的情况。由国务院财政部门、社会保险行政部门、审计机关对全国社会保障基金的收支、管理和投资运营情况实施监督。

## 九、社会保险经办

### （一）社会保险经办机构

统筹地区需设立社会保险经办机构。社会保险经办机构根据工作需要，经所在地的社会保险行政部门和机构编制管理机关批准，可以在本统筹地区设立分支机构，在社区、街道、乡镇设立工作站点，形成社会保险服务网络。社会保险经办机构应当按时足额支付社会保险待遇。

社会保险经办机构的人员经费和经办社会保险发生的基本运行费用、管理费用，由同级财政按照国家规定予以保障。

### （二）社会保险经办制度

（1）社会保险经办机构应当建立健全业务、财务、安全和风险管理制度。社会保险经办机构应当按时足额支付社会保险待遇。

（2）社会保险经办机构通过业务经办、统计、调查获取社会保险工作所需的数据，有关单位和个人应当及时、如实提供。社会保险经办机构应当及时为参加社会保险的用人单位建立档案，完整、准确地记录参加社会保险的人员、缴费等社会保险数据，妥善保管登记、申报的原始凭证和支付结算的会计凭证。社会保险经办机构应当及时、完整、准确地记录参加社会保险的个人缴费、领取社会保险待遇等权益记录，并根据个人要求，将个人权益记录单免费寄送本人。用人单位和个人可以免费向社会保险经办机构查询，核对其缴费和领取社会保险待遇记录，要求社会保险经办机构提供社会保险咨询等相关服务。

（3）全国社会保险信息系统按照国家统一规划，由县级以上人民政府按照分级负责的原则共同建设。

## 十、社会保险监督

### （一）社会保险监督的主体

（1）县级以上人民政府社会保险行政部门应当加强对用人单位和个人遵守社会保险法律、法规情况的监督检查。

社会保险行政部门实施监督检查时，被检查的用人单位、个人应当如实提供与社会保险有关的资料，不得拒绝检查或者谎报、瞒报。社会保险行政部门应当为缴费的用人单位和个人保密。

（2）财政部门、审计机关按照各自的职责，对社会保险基金的收支和管理实施监督。

（3）统筹地区人民政府应当成立由参加社会保险的用人单位代表、个人代表，以及工会代表、法律专家、精算专家等组成的社会保险监督委员会，掌握、分析社会保险基金的收支、管理和投资运营情况，对社会保险工作提出咨询意见和建议，实施社会监督。

社会保险经办机构应当按季度向社会保险监督委员会汇报社会保险基金的收支、管理和投资运营情况。社会保险监督委员会可以聘请会计师事务所对社会保险基金的收支、管理和投资运营情况进行年度审计和专项审计。审计结果应当向社会公开。

**（二）社会保险行政部门的监督职责**

社会保险行政部门应对社会保险基金的收支、管理和投资运营情况进行监督检查，履行下列职责：（1）受理并查处举报事项；（2）发现社会保险基金管理使用存在问题的，应当提出整改建议，向有关行政部门提出处理建议；（3）定期向社会公布社会保险基金检查结果。

**（三）社会保险行政部门的监督措施**

社会保险行政部门实施社会保险监督检查，有权采取下列措施：（1）查阅、记录、复制与社会保险基金收支、管理和投资运营相关的资料，对可能被转移、隐匿或者灭失的资料予以封存；（2）询问与调查事项有关的单位和个人，要求其对与调查事项有关的问题作出说明、提供有关证明材料；（3）对隐匿、转移、侵占社会保险基金的行为予以制止并责令改正。

**（四）组织或者个人的举报、投诉**

任何组织或者个人有权对违反社会保险法律、法规的行为进行举报、投诉。

社会保险行政部门、社会保险费征收机构、社会保险经办机构和财政部门、审计机关对属于本部门、本机构职责范围的举报、投诉，应当及时核实、处理、答复；对不属于本部门、本机构职责范围的，应当及时通知有权处理的部门、机构处理。

## 十一、法律责任

**（一）用人单位的法律责任**

（1）用人单位不办理社会保险登记的，由社会保险行政部门责令限期改正；逾期不改正的，对用人单位处应缴社会保险费数额 1 倍以上 3 倍以下的罚款，对其直接负责的主管人员和其他直接责任人员处 500 元以上 3 000 元以下的罚款。

（2）用人单位不按期缴纳或者少缴社会保险费的，由有关主管部门责令限期补缴欠缴数额，并自欠缴之日起，按日加收万分之五的滞纳金；逾期仍不缴纳的，处欠缴数额 1 倍以上 3 倍以下的罚款。

**（二）骗取社会保险的法律责任**

（1）以欺诈、伪造证明材料或者其他手段骗取社会保险基金支出的，由社会保险行政部门责令退回骗取的社会保险金，处骗取金额 2 倍以上 5 倍以下的罚款；属于社会保险服务机构的，解除服务协议；直接负责的主管人员和其他直接责任人员有执业资格的，吊销其执业资格。

（2）以欺诈、伪造证明材料或者其他手段骗取社会保险待遇的，由社会保险行政部门责令退回骗取的社会保险金，处骗取金额 2 倍以上 5 倍以下的罚款。

**（三）社会保险经办机构的法律责任**

社会保险经办机构及其工作人员有下列行为之一的，由社会保险行政部门责令改正；给社会保险基金、用人单位或者个人造成损失的，依法承担赔偿责任；对直接负责的主管人员和其他直接责任人员依法给予处分：（1）未按照规定履行参加社会保险法定职责的；（2）未按照规定将社会保险基金存入财政专户的；（3）克扣或者不按时支付社会保险待遇的；（4）丢失或者篡改缴费记录、领取社会保险待遇记录等社会保险数据、权益记录的；（5）泄露用人单位或者个人信息的；（6）有违反社会保险法律、法规的其他行为的。

**（四）国家机关的法律责任**

（1）社会保险费征收机构擅自更改社会保险费缴费基数、费率，导致少收或者多收社会保险费的，由有关主管部门责令其追缴应缴的社会保险费或者退还不应缴纳的社会保险费，并对直接负责的主管人员和其他直接责任人员依法给予处分。

（2）挪用社会保险基金的，由社会保险行政部门、财政部门、审计机关责令追回被挪用的资金；有违法所得的，没收违法所得；对直接负责的主管人员和其他直接责任人员依法给予处分。

（3）国家机关工作人员在社会保险管理、监督工作中滥用职权、玩忽职守、徇私舞弊的，依法给予处分。

此外，违反《社会保险法》的规定，构成犯罪的，依法追究刑事责任。

**（五）救济途径**

用人单位或者个人认为社会保险费征收机构的行为侵害自己合法权益的，可以依法申请行政复议或者提起行政诉讼。

个人对社会保险经办机构不依法支付社会保险待遇或者侵害其他社会保险权益的行为，可以依法申请行政复议或者提起行政诉讼。

个人与所在用人单位发生社会保险争议的，可以依法申请仲裁、提起诉讼。用人单位侵害个人社会保险权益的，个人也可以要求社会保险行政部门或者社会保险费征收机构依法处理。

## 本章小结

劳动法是调整劳动关系以及与劳动关系紧密联系的社会关系的法律规范的总称。广义的劳动法包括《劳动法》和《劳动合同法》。其中，《劳动法》主要规定了工作时间、休息休假、工资、劳动安全卫生、女职工和未成年工特殊保护、职业培训、社会保险和福利等制度。《劳动合同法》主要规定了劳动合同的订立、劳动合同的履行和变更、劳动合同的解除和终止、特别规定（集体合同、劳务派遣、非全日制用工）、监督检查等法律制度。社会保险属于国家强制保险范围，其基本功能是保障劳动者最基本的生存权。目前我国的社会保险包括五个基本方面：基本养老保险、基本医疗保险、工伤保险、失业保险和生育保险，保障公民在年老、患病、工伤、失业、生育等情况下依法获得物质帮助的权利。基本社会保险制度包括基本社会保险险种以及社会保险费征缴、社会保险基金、社会保险经办、社会保险监督五方面的内容。

## 思考与练习

### 一、简述题

1. 简述《劳动法》关于工作时间和休息休假的规定。
2. 简述劳动争议的解决。

3. 简述劳动合同的条款。

4. 简述劳动者提出解除劳动合同的情形。

5. 简述用人单位解除劳动合同的法律规定。

6. 简述《劳动合同法》关于试用期、服务期的规定。

7. 简述集体合同与劳动合同的关系。

8. 简述社会保险法的主要内容。

## 二、案例分析

1. 56岁的刘先生在一家公司已经任职17年。他的合同于2013年1月31日到期。由于他工龄太长，所以单位无论如何也不愿意再与他续签劳动合同了。于是单位在2013年1月1日正式通知他合同到期后，终止双方之间的劳动合同。刘先生认为自己已经工作17年了，而且马上就快退休，现在单位提出终止劳动合同，他不能接受。

**问：**刘先生能否要求用人单位续签劳动合同？为什么？

2. 职工王某与某公司签订了为期五年的劳动合同，合同自2011年8月起至2016年7月止。合同双方约定王某负责仓库保管员工作，月工资1 500元，经半年试用期，公司满意，合同正式履行。2014年4月，公司以食堂缺少管理人员为由，在未与王某协商的情况下，调王某到食堂工作。王某不同意，认为签订合同时双方约定是担任仓库保管员工作，一年多来工作一贯认真负责，多次受到奖励，要求公司履行合同双方的约定，拒绝前往食堂上班。而公司则认为，变动职工工作岗位是企业行使用人自主权的正当行为，并作出相应决定：以王某不服从分配为由，停发工资，并限期一个月调离公司。

**问：**该公司的做法合法吗？

3. M公司是一家外商独资公司，公司聘用了博士毕业生李某担任副总经理。在谈劳动合同时，公司提出给李某的月工资为12 000元，但是，没有其他福利待遇，基本医疗保险、养老保险、失业保险等问题由李某自己解决。李某为了得到这份工资很高的工作，也没多考虑，就跟公司签订了劳动合同，合同包含上述内容。工作以后，李某为了解除后顾之忧，每月从工资中拿出1 000元向保险公司投了一份养老保险。一年以后，李某与董事长在公司的经营管理等重大问题上产生了分歧，离开了M公司。因为M公司拒不支付经济补偿，李某申请了劳动争议仲裁，同时又提出了公司未给他缴纳养老保险费等问题，并认为这也是侵犯其合法权益的行为。但M公司认为，公司不为李某缴纳养老保险费，是事先谈好的，也写进了劳动合同。同时，M公司认为，李某已用从公司挣到的工资向保险公司投了养老保险，问题已经得到解决。

**问：**M公司是否可以根据劳动合同的约定不为李某缴纳养老保险金？

# 参考文献

1. 黄锡生，曾文革主编．经济法学．重庆：重庆大学出版社，2003.
2. 李昌麒主编．经济法学．北京：中国政法大学出版社，2002.
3. 杨紫煊主编．经济法．北京：北京大学出版社、高等教育出版社，1999.
4. 王保树主编．经济法原理．北京：社会科学文献出版社，2001.
5. 王晓晔主编．竞争法研究．北京：中国法制出版社，1999.
6. 刘剑文，崔正军主编．竞争法要论．武汉：武汉大学出版社，1996.
7. 中国注册会计师协会．经济法．北京：中国财政经济出版社，2008.
8. 张新莉，武鸣主编．经济法．北京：中国经济出版社，2009.
9. 李胜沪主编．经济法．北京：经济科学出版社，2010.
10. 夏光主编．经济法教程．北京：中国铁道出版社、经济科学出版社，2008.
11. 黄河，张卫华主编．经济法概论．北京：中国人民大学出版社，2001.
12. 叶朱主编．经济法概论．上海：上海财经大学出版社，2007.
13. 冯丽华，杨晓琳主编．经济法．北京：电子工业出版社，2005.
14. 林媛英，孟刚主编．经济法教程．长春：吉林人民出版社，2003.

**经贸类通用系列**

| 序号 | 书号 | 书名 | 作者 | 出版时间 | 定价 | 电子资源 |
|---|---|---|---|---|---|---|
| 1 | 978-7-300-15112-0 | 管理学(第四版)★☆◆ | 王凤彬<br>李　东 | 2012.1 | 26.00 | 教学 PPT |
| 2 | 978-7-300-18898-0 | 管理学基础(第二版) | 杨　强 | 2014.1 | 32.00 | 教学 PPT |
| 3 | 978-7-300-16305-5 | 管理学基础 | 赵志恒<br>李　洁 | 2012.12 | 29.00 | 教学 PPT |
| 4 | 978-7-300-17557-7 | 管理学原理(第二版) | 徐洪灿 | 2013.8 | 32.00 | 教学 PPT |
| 5 | 978-7-300-19037-2 | 管理学原理与实务 | 万胜利 | 2014.9 | 32.00 | 教学 PPT |
| 6 | 978-7-300-19642-8 | 管理学基础 | 李　静 | 2014.9 | 28.00 | PPT、答案 |
| 7 | 978-7-300-15398-8 | 经济学基础(第四版)★ | 吴汉洪 | 2012.4 | 25.00 | 教学 PPT、参考答案 |
| 8 | 978-7-300-15324-7 | 经济学基础 | 陈文汉<br>肖春蓉 | 2012.6 | 35.00 | 教学资源包 |
| 9 | 978-7-300-20841-1 | 经济学基础(第三版)★ | 陈玉清 | 2015.4 | 28.00(估) | 教学 PPT |
| 10 | 978-7-300-19351-9 | 经济学基础 | 赵全海<br>秦　刚 | 2014.1 | 32.00 | 教学 PPT、习题答案 |
| 11 | 978-7-300-18833-1 | 经济学课堂实验实训(第二版)★ | 戴　明 | 2014.3 | 26.00 | 教学 PPT |
| 12 | 978-7-300-19511-7 | 经济学基础 | 黄　倩 | 2014.9 | 27.00 | PPT、答案 |
| 13 | 978-7-300-17870-7 | 政治经济学原理(第二版) | 刘庆森<br>江新国 | 2013.9 | 29.00 | 教学 PPT |
| 14 | 978-7-300-10754-7 | 人力资源管理(第三版)☆ | 秦志华 | 2009.6 | 29.00 | 教学 PPT |
| 15 | 978-7-300-20823-7 | 人力资源管理基础与实务(第二版) | 吴　强<br>阚雅玲 | 2015.2 | 29.00 | 教学 PPT |
| 16 | 978-7-300-18138-7 | 市场营销学(第四版)☆ | 吕一林 | 2013.1 | 25.00 | 教学 PPT |
| 17 | 978-7-300-14974-5 | 市场营销★☆ | 杨　勇 | 2011.12 | 35.00 | 教学 PPT |
| 18 | 978-7-300-18613-9 | 市场营销基础与训练(第二版)★ | 潘维琴<br>贾晓丹 | 2014.1 | 29.00 | 教学 PPT |
| 19 | 978-7-300-16555-4 | 市场调查与市场分析 | 李国强 | 2012.11 | 29.00 | 教学 PPT、配套综合练习 |
| 20 | 978-7-300-14928-8 | 统计基础 | 裴更生 | 2011.12 | 29.00 | 教学 PPT、参考答案 |
| 21 | 978-7-300-16002-3 | 统计基础与实务 | 陈宏威<br>于海峰 | 2012.7 | 35.00 | 教学 PPT |
| 22 | 978-7-300-14155-8 | 统计学基础 | 孔里明 | 2011.8 | 30.00 | 教学 PPT |
| 23 | 978-7-300-19508-7 | 统计学基础 | 沈　静 | 2014.9 | 29.00 | PPT、答案 |
| 24 | 978-7-300-14186-2 | 经济法概论(第二版)★☆ | 李正华<br>丁春燕 | 2012.1 | 32.00 | 教学 PPT、参考答案 |
| 25 | 978-7-300-20715-5 | 经济法原理与实务(第二版) | 唐政秋 | 2015.8 | 30.00(估) | 教学 PPT |
| 26 | 978-7-300-12284-7 | 经济法实务 | 李　新<br>张冬梅 | 2010.7 | 28.00 | 教学 PPT |
| 27 | 978-7-300-14972-1 | 公共关系原理与实务★☆ | 蒋　楠 | 2011.12 | 26.00 | 电子课件 |
| 28 | 978-7-300-16451-9 | 公共关系实务 | 蔺洪杰 | 2012.1 | 28.00 | 教学 PPT、习题答案 |

续前表

| 序号 | 书号 | 书名 | 作者 | 出版时间 | 定价 | 电子资源 |
|---|---|---|---|---|---|---|
| 29 | 978-7-300-19888-0 | 经纪原理与实务(第二版)☆ | 何　衡 | 2014.8 | 28.00 | 教学 PPT |
| 30 | 978-7-300-16043-6 | 金融基础 | 高建侠 | 2012.8 | 35.00 | 教学 PPT、课程标准、电子教案、教学大纲、题库 |
| 31 | 978-7-300-19118-8 | 国际金融(第二版) | 高建侠 | 2014.7 | 35.00 | 资源库(含 PPT) |
| 32 | 978-7-300-18095-3 | 货币银行学(第二版) | 曹　艺<br>才凤玲 | 2013.9 | 29.00 | 教学 PPT |
| 33 | 978-7-300-17538-6 | 商业银行会计 | 缑宇英<br>马西牛 | 2013.8 | 32.00 | 教学 PPT、参考答案 |
| 34 | 978-7-300-19835-4 | 资产评估(第二版)☆ | 俞明轩 | 2014.8 | 35.00 | 教学 PPT |
| 35 | 978-7-300-19512-4 | 投资学基础 | 吴　伟 | 2014.9 | 29.00 | PPT、答案 |
| 36 | 978-7-300-20436-9 | 商务谈判 | 高玉清 | 2015.8 | 36.00 | ppt |
| 37 | 978-7-300-17871-4 | 商务谈判(第二版) | 钟立群<br>孙彦东 | 2014.2 | 29.00 | 教学 PPT |
| 38 | 978-7-300-16424-3 | 商务礼仪(第二版) | 胡晓涓 | 2012.1 | 27.00 | |
| 39 | 978-7-300-14677-5 | 商务英语基础 | 邓　忍 | 2013.12 | 26.00 | 教学 PPT、听力材料 |
| 40 | 978-7-300-19352-6 | 高级文员英语口语 | 陈苡晴 | 2014.8 | 39.00 | 教学 PPT |
| 41 | 978-7-300-16554-7 | 项目管理 | 柴彭颐 | 2012.11 | 26.00 | 教学 PPT |
| 42 | 978-7-300-18494-4 | 企业行政管理实训☆ | 程　萍<br>张　弘 | 2014.3 | 27.00 | 教学 PPT |
| 43 | 978-7-300-16724-4 | 企业管理理论与实务 | 陈建萍 | 2013.1 | 35.00 | 电子课件 |
| 44 | 978-7-300-15530-2 | 财务与会计通识教程 | 丁　蕾<br>陈红云 | 2012.6 | 29.00 | 教学 PPT |
| 45 | 978-7-300-15950-8 | 个人理财理论与实务 | 张红兵<br>李　炜 | 2012.8 | 29.00 | 教学 PPT、电子教案 |
| 46 | 978-7-300-11045-5 | 基础会计★ | 彭海虹 | 2009.8 | 35.00 | 教学课件 |
| 47 | 978-7-300-14049-5 | 财务报表分析★ | 王德发 | 2011.8 | 32.00 | 电子课件 |
| 48 | 978-7-300-16572-1 | 证券投资技术分析★ | 陈　星 | 2013.5 | 35.00 | |
| 49 | 978-7-300-18995-6 | 中级财务会计★ | 邹展霞 | 2014.5 | 49.00 | 电子课件 |
| 50 | 978-7-300-16895-1 | 审计基础与实务(第二版) | 孙　晶 | 2013.6 | 35.00 | 教学 PPT、参考答案 |
| 51 | 978-7-300-16614-8 | 财务管理(第二版)☆ | 田钊平 | 2014.2 | 38.00 | 教学 PPT、答案 |
| 52 | 978-7-300-19263-5 | 现代物流基础 | 刘会福<br>莫本新 | 2014.1 | 36.00 | 教学 PPT |
| 53 | 978-7-300-12242-7 | 实用采购与供应链管理 | 韦克俭<br>赵子渌 | 2010.9 | 35.00 | 教学 PPT |
| 54 | 978-7-300-18042-7 | 应用统计和 Excel 应用(第二版) | 方向阳 | 2014.11 | 28.00 | 教学 PPT |
| 55 | 978-7-300-20371-3 | 财政与金融 | 王惠凌<br>唐东升 | 2015.2 | 35.00 | 教学 ppt |
| 56 | 978-7-300-20346-1 | 经济法实用教程 | 吴　薇 | 2015.1 | 35.00 | 教 ppt、习题答案 |
| 57 | 978-7-300-21421-4 | 经济法 | 廖爱兰 | 2015.8 | 29.80 | ppt |

注:★ 表示"十二五"职业教育国家规划教材;☆ 表示"十一五"国家级规划教材

欲了解更多信息,请登录 http://www.crup.com.cn,或致电 010-62515923(张老师)

**图书在版编目（CIP）数据**

经济法/廖爱兰主编. —北京：中国人民大学出版社，2015.7
21 世纪高职高专规划教材．经贸类通用系列
ISBN 978-7-300-21421-4

Ⅰ.①经… Ⅱ.①廖… Ⅲ.①经济法-中国-高等职业教育-教材 Ⅳ.①D922.29

中国版本图书馆 CIP 数据核字（2015）第 120212 号

21 世纪高职高专规划教材·经贸类通用系列
**经济法**
主　编　廖爱兰
副主编　马　哲　于午丁
Jingjifa

**出版发行**　中国人民大学出版社
**社　　址**　北京中关村大街 31 号　　**邮政编码**　100080
**电　　话**　010－62511242（总编室）　010－62511770（质管部）
010－82501766（邮购部）　010－62514148（门市部）
010－62515195（发行公司）　010－62515275（盗版举报）
**网　　址**　http://www.crup.com.cn
http://www.ttrnet.com(人大教研网)
**经　　销**　新华书店
**印　　刷**　北京诚顺达印刷有限公司
**规　　格**　185 mm×260 mm　16 开本　　**版　　次**　2015 年 8 月第 1 版
**印　　张**　15.5　　**印　　次**　2015 年 8 月第 1 次印刷
**字　　数**　364 000　　**定　　价**　29.80 元